高等院校学前教育专业教材

幼儿园教育环境创设

You'eryuan Jiaoyu Huanjing Chuangshe

（第2版）

主　编　袁爱玲　单文顶
编写者　李延君　单文顶　徐炜霞　蒋俊华　王成刚　杨　敏
　　　　蒋　慧　王　颖　席小莉　袁爱玲　张三花　梁淑娴

质检

高等教育出版社·北京

内容简介

本教材共包括六章内容，前两章主要介绍幼儿园环境创设的理论基础和原则，后四章主要包括幼儿园各学习领域、幼儿园主题活动、幼儿园活动区与功能室、幼儿园特色活动的环境创设，把环境创设作为课程实施的重要途径与手段以及课程内容的有机组成部分。

第 2 版教材在第 1 版的基础上，对内容进行调整、删改，并提供了丰富的数字化资源，拓展学习者的视野。

本教材适合高等院校学前教育专业本、专科学生使用，也可作为学前教育研究者及幼儿园教师的参考用书。

图书在版编目（ＣＩＰ）数据

幼儿园教育环境创设 / 袁爱玲，单文顶主编. -- 2
版. -- 北京 : 高等教育出版社，2022.6
ISBN 978-7-04-054629-3

Ⅰ. ①幼… Ⅱ. ①袁… ②单… Ⅲ. ①幼儿园-教育环境学-教材 Ⅳ. ①G617

中国版本图书馆 CIP 数据核字（2021）第 217841 号

策划编辑	刘晓静	责任编辑	刘晓静	封面设计	贺雅馨	版式设计 徐艳妮
插图绘制	李沛蓉	责任校对	窦丽娜	责任印制	刁 毅	

出版发行	高等教育出版社	网　址	http://www.hep.edu.cn
社　址	北京市西城区德外大街 4 号		http://www.hep.com.cn
邮政编码	100120	网上订购	http://www.hepmall.com.cn
印　刷	山东韵杰文化科技有限公司		http://www.hepmall.com
开　本	787mm×1092mm　1/16		http://www.hepmall.cn
印　张	15.75	版　次	2010 年 11 月第 1 版
字　数	300 千字		2022 年 6 月第 2 版
购书热线	010-58581118	印　次	2022 年 6 月第 1 次印刷
咨询电话	400-810-0598	定　价	35.00 元

本书如有缺页、倒页、脱页等质量问题，请到所购图书销售部门联系调换

第 2 版前言

《幼儿园教育环境创设》一书自 2010 年出版至今已十年有余，得到学界前辈及同行的广泛肯定，也经多次重印，产生了良好的社会影响。鉴于近年来国内外学前教育发展迅速，相关研究成果层出不穷，为更好地为我国学前教育事业发展服务，作者感到有必要对本书进行修订。这次修订工作主要集中在以下几个方面：

一是对内容进行修改与补充。作者在广泛阅读与吸收相关研究成果（主要是近十年发表、出版的与幼儿园教育环境创设有关的期刊论文、学术著作）的基础上，对全书内容进行了审慎修改与补充，以确保教材内容的科学性、时代性。如第一章"幼儿园环境创设的理论基础"，近年来，脑科学研究无论是在宏观层面还是在微观层面均取得了较大进展，并产生了巨大影响。脑科学中蕴含着丰富的环境思想，认为适宜、适时、丰富的早期环境对儿童的发展具有十分重要的作用，这为幼儿园环境创设提供了又一重要理论支撑。因此，在本次修订中，幼儿园环境创设的理论基础部分纳入了幼儿园环境创设的脑科学依据。再如第二章"幼儿园环境创设的原则"，作者根据相关研究成果，对原有内容进行了较大调整；第三章的第三节、第四节和第五节，虽然各节标题未做更改，但内容进行了大幅修订。

二是增加了二维码，二维码提供了拓展性的文献、图片、案例等丰富的资源，以方便读者更好地学习和理解教材内容。

通过修订，本书确保了时代性、科学性和适用性，不仅能反映最新的研究成果，同时也能回应当前的幼儿园环境创设实践关切。

本次修订的具体分工为：第一章，张三花（杭州师范大学）、单文顶（江苏理工学院）；第二章，徐炜霞（山西大学）、单文顶；第三章，席小莉（广州幼儿师范高等专科学校）、王颖（广东教育出版社）；第四章，王成刚（安徽师范大学）、李延君（惠州市机关第一幼儿园）；第五章，蒋俊华（海南师范大学）、杨敏（广东凤凰城凤妍幼儿园）、梁淑娴（广东教育出版社）；第六章，蒋慧（广东省外语艺术职业学院）、李延君。袁爱玲（华南师范大学、广州城建职业学院）、单文顶负责全书的统稿工作。

本书能顺利修订，高等教育出版社的编辑刘晓静倾心尽力，在此对她表示衷心感谢！感谢高等教育出版社对我们的信任与支持！

在修订过程中，我们参考了许多相关研究成果和优秀案例，对此我们对书中所引用相关研究成果和案例的作者表示衷心感谢，因种种原因未联系上的作者，请通过电子邮箱 yuanal57@163.com 联系。

编者

2021 年 12 月 30 日

第 1 版前言

环境进入学前教育过程视野的历史不长。在蒙台梭利博士提出她的"新教育"之前，旧的教育只包括教师和幼儿两个要素，即教育教学仅仅被视为教师与幼儿的事情。而她的新教育包括教师、幼儿和环境三个要素。蒙台梭利认为：我们的教育体系的最根本特征是对环境的强调。在新的教育体系中，除了教师和幼儿发生关系外，教师和幼儿都要和环境发生关系。虽然幼儿心理的发展是受其内在本能引导的，但外部环境为幼儿心理的发展提供了必需的媒介。只有给幼儿准备一个适宜的环境，才能开创一个教育的新纪元。从那时开始发展到现在，教师、幼儿、环境三者已构成学前教育过程的金三角，离开环境谈学前教育是不可思议的。

作为一门课程，"幼儿园教育环境创设"具有应用性，十分强调实用性或可操作性。因此，我们编写人员始终铭记这一点。然而，环境创设是有灵魂的，不是无意识或无目的的杂乱行为，每一个事物的呈现，每一种表现方式，每一处空间的使用都蕴含着深刻的教育理念或有一定的理论支撑。所以，环境的创设者必须先进行理论武装，明白幼儿园环境为什么必须经过"创设"，"创设"是为了什么，什么样的"创设"是适宜的、合乎要求的，有利于幼儿良性发展，能为教育教学活动服务。这种环境必须由理解幼儿和了解幼儿内在需要、掌握教育理论的教师来准备。由此可见，"幼儿园教育环境创设"课程也必须要回答这些理论问题。此外，在现实中，幼儿园教育环境创设存在哪些颇为普遍的问题？问题的根源是什么？应如何避免？如何创设能发挥理想教育功能的幼儿园环境？这些都是"幼儿园教育环境创设"课程要回答的基本问题。

基于上述基本问题，我们这本《幼儿园教育环境创设》教材的构思和目的是：

第一章"幼儿园环境创设的理论基础"，使学生对环境的理解从"常识"上升为科学的环境概念；能从心理学、教育学、生态学等各学科、各流派的视角全面而深刻地体认环境对幼儿发展的巨大作用和对教育活动的不可或缺性，从而动力十足地、自觉地、理性地创设环境、改造环境、利用环境。

第二章"幼儿园环境创设的原则"是第一章理论的转化，基于多重理论对环境性质、类型、功能、重要性等方面的认识，基于现实存在的种种问题，提出了必须坚持的幼儿园教育环境创设的原则，从而使学生在学习创设环境时能握好"方向盘"，并能最大限度地靠近环境创设的实践。

第三章是"幼儿园领域课程的环境创设"。幼儿园大都是围绕《幼儿园教育指导纲要（试行）》规定的五大领域课程开展教育活动的，环境既作为课程内容，又作为课程实施的途径和手段，应如何依据五大领域的课程目标设计、布置和使用环境，是每一位幼儿园教师必须面对的日常工作或基础工作，不掌握这样的知识和技能是难以胜任工作的。本章内容阐述了每一领域课程对环境的基本要求和基本内容。学生既可以即学即用，又可以举一反三，以此创新幼儿园环境。

第四章是"幼儿园主题活动的环境创设"。自20世纪80年代以来，主题综合课程越来越受欢迎，以主题的形式开展教育活动几乎遍布所有幼儿园。那么，环境创设突出主题、体现主题、展开主题，同样成了幼儿园教师的基本功。据此，本章围绕主题活动的内涵与基本特点、主题活动环境创设的步骤、主题网络的设计与环境的初步创设、主题展开过程中环境创设的跟进等实践环节展开阐述。

第五章是"幼儿园活动区与功能室的环境创设"。随着建构主义学习理论的普及，教育理念不断更新，以幼儿发展为本，以幼儿为主体开展教育活动已成为广大幼教工作者的共识，活动区教学已成为幼儿园常见的或基本的教学模式。幼儿园应该常设哪些活动区？如何根据临时需要，创设临时活动区？在活动区里应提供哪些基本的活动材料和图片资料？对活动材料有何基本设计要求？活动区在空间布局上有何要求？本章就是要解决这些基本问题。

第六章是"幼儿园特色活动的环境创设"。在市场竞争条件下，幼儿园都在积极努力打造品牌，凸显特色。幼儿园越来越频繁地开展形形色色的特色活动，既给幼儿提供了锻炼机会和展示才能的平台，又向社会展示了自己的特色。这样的追求在很大程度上要体现在幼儿园的环境中。因此，如何配合这些特色活动来设计和布置环境，也应该是全园上下要十分重视的事情。本章首先让学生理解特色活动的内涵及其与一般教育活动相比的特点，继而了解如何根据特色活动的目的创设相应的环境。

本书由华南师范大学教育科学学院博士生导师袁爱玲教授任主编，由华南师范大学席小莉博士和哈尔滨师范大学教科院窦岚教授任副主编；编写人员分别是：华南师范大学的张三花、梁淑娴，山西大学的徐炜霞，海南师范大学的蒋俊华，哈尔滨师范大学的陈曼丽、王颖、王惠、孟岩、韩影，安徽师范大学的王成刚，广西师范大学的蒋慧，广东凤凰城凤妍幼儿园的杨敏。具体分工为：张三花、袁爱玲（第一章），徐炜霞（第二章），席小莉、蒋俊华、陈曼丽、王颖、王惠、孟岩（第三章），王成刚（第四章），梁淑娴、蒋俊华、杨敏（第五章），蒋慧、袁爱玲、韩影（第六章）。袁爱玲、席小莉、窦岚担任全书的修改与统稿工作。

在编写本书的过程中，我们参考了许多相关研究成果和优秀案例，对此我们对书中所引用的相关成果和案例的作者表示衷心感谢，因种种原因未联系上的作者，请通过电子信箱 yuana157@163.com 联系。

本书能顺利出版，高等教育出版社的编辑刘晓静倾心尽力，在此对她表示衷心感谢！

感谢高等教育出版社对我们的信任与支持！

编者

2010 年 7 月 17 日

目　录

第一章
幼儿园环境创设的理论基础

人类既是他的环境的创造物，又是他的环境的创造者。环境给予人以维持生存的东西，并给他提供了在智力、道德、社会和精神等方面获得发展的机会。

——《联合国人类环境宣言》

儿童从他周围世界中吸收了材料，并用这些材料塑造了未来的成人。

——玛丽亚·蒙台梭利

毫无疑义，儿童从四周的环境中可以得到教育，因此，我们需要布置环境以充实儿童的生活环境，丰富儿童的学习资料。

——陈鹤琴

给我一打健全的婴儿，把他们带到我独特的世界中，我可以保证，在其中随机选出一个，训练成为我所选定的任何类型的人物——医生、律师、艺术家、商人，或者乞丐、窃贼，不用考虑他们的天赋、倾向、能力、祖先的职业与种族。

——华生

□ 内容提要

　　本章主要任务是厘定幼儿园环境的概念及其分类；阐述创设幼儿园环境的教育学依据，选取了蒙台梭利教育的环境观、瑞吉欧教育的环境观、华德福教育的环境观以及陈鹤琴"活教育"理论的环境观进行介绍；阐述创设幼儿园环境的心理学依据，选取了机能主义心理学、行为主义心理学、格式塔心理学、精神分析学派以及皮亚杰学派五大流派对环境的主要观点进行分析；介绍了创设幼儿园环境的生态学依据和脑科学依据。

□ 学习目标

　　1. 能正确理解幼儿园环境的概念，了解幼儿园物质环境与精神环境的内涵。
　　2. 领会创设幼儿园环境的教育学、心理学、生态学、脑科学的理论基础。
　　3. 能运用这些理论分析、评价幼儿园的环境创设。

问题情境

情境一：积木柜里横七竖八地塞满了一块块的积木，其中还夹杂了一些小汽车、人偶模型等。两个小男孩跑到积木柜前，小手连挖带拨，没两下就将所有的积木扫落到地上，稀里哗啦响声一片。两个男孩正得意，教师走过来大声训斥他们："告诉你们多少遍了，积木不可以一次弄那么多下来，要一块块拿。去！站在那里，不准玩了！"教师说完，顺手又将积木全"扔回"柜子里，两个男孩站在一旁，一脸愕然与委屈。

情境二：在活动室中央，椅并椅、肩靠肩，整整齐齐地坐了四排幼儿。除了第一排的幼儿外，其余三排的幼儿不是抬头仰望，就是左摇右晃，希望能看到教师手中一本小小的图书。这时有个幼儿站了起来，但马上有人推他，教师放下图画书高声说："不要吵！小琪坐下来。"过了五六分钟，坐在后排的幼儿，有的开始东张西望，有的则从口袋里掏出东西和邻座"研究"，有的干脆"爬"下椅子，坐在地上玩，活动室里的杂音愈来愈大。教师猛一抬头，喊道："老师在讲故事，你们怎么可以这么吵？小明，你手上拿了什么东西？给我！你们都不想听故事，那老师不讲了！……"

以上两种情镜，幼儿园教师或许早已习以为常，认为这是幼儿园的工作特点之一。但进行剖析就会发现其中隐含许多问题，例如：为什么幼儿一到积木柜前就双手将积木扫落到地上？为什么教师总要训斥幼儿？幼儿为什么不想听故事？是什么原因让教师走进这些"泥沼"？是他们能力不足、专业知识不够，还是幼儿的"顽皮天性"使然？其实根源是环境中存在某种不宜。在国外一个有关"环境创设与儿童行为"的个案报告中，一位教师描述自己也因类似上述失控状况苦恼了很久，直到一次难得静下来的机会，她仔细看了教室，发现自己安排的环境在不知不觉中造成甚至"鼓励"幼儿表现出恼人的行为，是"环境"设置失误使然！于是她决定做一项实验，希望通过对环境中一些因素进行调整来改变幼儿不良的行为模式。经过一个星期的调整，教师发现幼儿的行为真的慢慢有所改变；到最后，一群原本相互伤害、干扰，又爱发脾气的幼儿，都变成喜欢探索、常常面带微笑、个个能干的"小天使"。

《幼儿园教育指导纲要（试行）》明确指出："环境是重要的教育资源，应通过环境的创设和利用，有效地促进幼儿的发展。""幼儿园的空间、设施、活动材料和常规要求等应有利于引发、支持幼儿的游戏和各种探索活动，有利于引发、支持幼儿与周围环境之间积极的相互作用。"《幼儿园工作规程》（2016 年）也明确指出："幼儿园应当将环境作为重要的教育资源，合理利用室内外环境，创设开放的、多样的区域活动空间，提供适合幼儿年龄特点的丰富的玩具、操作材料和幼儿读物，支持幼儿自主选择和主动学习，激发幼儿学习的兴趣与探究的愿望。"幼儿园作为专门的教育机构，是幼儿学习、生活的重要场所，应充分发挥其目的性、组织性、计划性、科学性强的优势，为幼儿提供健康、丰富的生活和活动环境，促进他们多方面的发展。把环境创设作为幼儿园整体教育的有机组成部分，是实现教育目标的重要途径。事实上，一个好的教育环境本身就是幼儿的教科书和良师。可以说，在促进幼儿发展方面，最有效的做法之一便是创设良好的环境。因此，创设良好的教育环境是幼儿园的重要任务，是每一位幼儿园教师的责任和义务，也是幼儿园教师必备的一项能力。

第一节 幼儿园环境的概念及其分类

一、幼儿园环境的概念

理解"幼儿园环境"这一概念，先要弄清楚什么是环境。"环境"是一个众多学科使用的概念。《辞海》中关于"环境"一词的解释：一种解释是指环绕所辖的区域；周匝。如环境保护、环境卫生。《元史·余阙传》说："环境筑堡寨，选精甲外捍，而耕稼于中。"另一种解释是指围绕人类生存和发展的各种外部条件和要素的总体。分为自然环境和社会环境。[1] 可以看出，第一种解释是广义的环境概念，其环绕中心体可以是包括人在内的一切事物；第二种解释是狭义的环境概念，是指专门以人类为中心的外部客观存在。根据《辞海》中的解释，所谓环境就是指环绕中心体的周边体。中心体和周边体是相对而言的，人们往往因研究角度的不同而人为设定环境的中心体。

哲学对环境的理解是："在环境科学中指围绕着人群的空间及其中可以直接、间接影响人类生活和发展的各种自然因素的总体。"[2] 环境要素通常指大气、水、土壤、生物和各种矿物资源等，是人类赖以生存和发展的物质基础。很明显，哲学中的环境主要指自然环境，哲学通过研究人类与环境的相互关系，谋求人与环境的协调发展。

从心理学角度来说，环境是指在人的心理、意识之外，对人的心理、意识的形成发生影响的全部条件，包括个人身体之外存在的客观现实，也包括身体内部的运动与变化。[3] 影响心理的体外环境，按其性质和作用，可分为自然环境和社会环境两大类。自然环境主要影响心理的生理素质；社会环境是人的心理、意识

---

[1] 夏征农，陈至立.辞海 [M] .6版.上海：上海辞书出版社，2009：947.

[2] 冯契.哲学大辞典 [M] .上海：上海辞书出版社，1992：922.

[3] 朱智贤.心理学大词典 [M] .北京：北京师范大学出版社，1989：272.

内容的主要源泉，对人的思想与个性倾向的形成起主要作用。社会环境按其性质可分为经济环境、政治环境与文化教育环境，按其社会职能又可分为家庭环境、学校环境与社会环境。社会环境的不同构成部分与不同性质，对个人不同时期心理发展所起的作用是不同的。如婴儿时期，家庭环境对心理的影响更大。人的心理是在与环境相互作用的过程中发展的。

在教育学中，人们通常采用《辞海》中"环境"一词的第二种解释。如《教育大辞典》关于"环境"的解释是：（1）直接或间接影响个体的形成和发展的全部外在因素，包括先天环境（胎内环境）和后天环境（自然环境、社会环境）；（2）以人的主体为中心，围绕自我的事物，包括外部环境和个体内部环境。外部环境包括先天环境和后天环境，而内部环境包括生理环境和心理环境。[①] 可见，在教育学中，"环境"的内涵进一步丰富，即环境不仅仅是指围绕在中心体外围的周边体，还包括中心体内部的环境因素。有学者认为教育可分为有意识的教育和无意识的教育两种，而有意识的教育活动不过是教育现象的一部分，人们是不断地从无意识中感到某种强势的教育影响的。这就是所谓的"环境"。也有学者认为环境是指个体生命开始之后，其生存空间中的所有可能影响个体的一切因素。

以上各种环境概念不存在孰对孰错的问题，每一种解释都是一扇打开的窗，可以让我们全面深入地认识环境的内涵。

本书采用的"环境"概念主要是指人生活于其中，并能影响人的一切外部条件的综合。这个外部条件的综合，既包括人在社会生活中的条件和社会关系的综合，也包括人们赖以生存的自然条件的综合。[②]

相对一般环境而言，幼儿园环境是一种特殊的环境，即教育环境。它有广义和狭义之分。广义的幼儿园环境是指幼儿园教育赖以进行的一切条件的总和。它既包括幼儿园内部的小环境，也包括与幼儿园教育有关的家庭、社会、自然、文化等大环境。狭义的幼儿园环境是指在幼儿园中对幼儿身心发展产生影响的一切物质要素与精神要素的总和。它涵盖幼儿园的全体工作人员、幼儿、幼儿园房舍、设备设施、空间布局以及各种信息要素，是通过一定的教育制度与观念以及文化传统所组织、综合的一种动态的、有形与无形相结合的教育空间范围。本书使用的是狭义的幼儿园环境概念。

二、幼儿园环境的分类

对环境进行分类有助于我们更全面地认识幼儿园环境的内涵。按照不同的分类依据，环境可分为以下几种：

① 顾明远.教育大辞典 [M].增订合编本.上海：上海教育出版社，1998：604.
② 田慧生.教学环境论 [M].南昌：江西教育出版社，1996：2.

（1）无机环境、有机环境；

（2）生物环境、非生物环境；

（3）自然环境、人工环境；

（4）社会环境、家庭环境、规范环境；

（5）物质环境、精神环境；

（6）政治环境、经济环境、文化环境等。

幼儿园环境也可以从多个维度进行分类：

从幼儿活动的形式来分，幼儿园环境可分为语言环境、运动环境、劳动环境和游戏环境。

从幼儿园强调"保教结合、保教并重"这一特点来分，幼儿园环境可分为保育环境和教育环境。

从幼儿生活、安全、活动和交往的需求来分，幼儿园环境可分为生存环境、安全环境、活动环境和交往环境。

从幼儿园潜课程的结构及特征来分，幼儿园环境可分为物质空间环境、组织制度环境和文化心理环境。其中，物质空间环境代表着一定的精神与灵魂，是物化的思想、观念或教育价值观，主要有园所建筑、绿化美化、活动室设置、声音色彩等形式；组织制度环境是幼儿个体与集体行为的准则或规范，主要有教育内容与活动安排、教育评价与方式及教育管理思想与方式等方面；文化心理环境是幼儿园环境的"硬核"，隐含于正规课程、教育语言、教师的期望和态度、行为的心理环境以及师生关系等方面之中。[1]

从幼儿在园一日活动的主要类型来分，幼儿园环境可分为生活活动环境、游戏活动环境和学习活动环境等。如果将幼儿的活动再具体化，幼儿园环境又可划分为若干种更微观的环境，如游戏活动环境可分为户外游戏活动环境和室内游戏活动环境。两者还可以再细分，如前者可分为玩沙玩水区环境、体育活动区环境等；后者又可以分为角色游戏区环境、表演游戏区环境、结构游戏区环境、认知活动区（如阅读区、数学区、科学区、音乐区、美工区等）环境，等等。[2]

从幼儿园环境构成内容的特质性差异来分，幼儿园环境分为物质环境与精神环境两大类。在本书中，我们主要采用这种划分方式。幼儿园物质环境又可分为自然物质环境和社会物质环境两部分，二者共同构成了幼儿在园活动的物质条件和基础。自然物质环境指幼儿园各种自然条件的总和，如花草、树木等都是幼儿园教育活动可以直接利用的教育资源；社会物质环境主要由幼儿园的活动室、户外活动场地、各种设备和活动材料、空间结构与环境布置等要素构成。幼儿园精神环境具体指幼儿与教师之间、教师与教师之间、幼儿与幼儿之间的人际关系及

① 参见陈帼眉，刘焱.学前教育新论［M］.北京：北京师范大学出版社，1996：142-150.

② 陈桂萍，郑天竺.幼儿园环境创设［M］.上海：华东师范大学出版社，2016：5.

幼儿园的班风、园风等精神氛围。

与物质环境相比，精神环境是无形的，更为复杂，难以把握。精神环境对幼儿认知、情感与个性品质的形成、发展具有十分重要的作用。幼儿园物质环境创设目标能否实现，在很大程度上取决于幼儿园精神环境的状况，取决于幼儿与教师、幼儿与幼儿之间相互作用的方式及关系。可以说，一所幼儿园能否成为真正的儿童乐园，主要取决于幼儿园的精神环境。但现实中，不少幼儿园重视物质环境创设，轻视精神环境创设，这是极其错误的。幼儿园物质环境和精神环境相辅相成、相得益彰，不可轻视任何一方，否则环境的功能就会大打折扣。

三、幼儿园环境对幼儿发展的价值

美国社会心理学家库尔特·勒温（Kurt Lewin）认为，一个人的动机行为是由其"心理生活空间"决定的。所谓"心理生活空间"是指在某一时刻影响行为的各种事实的总体，既包括人的信念、感情和目的等，即个人内在"心理场"，也包括被知觉到的外在环境，即外在"环境场"。换而言之，人的行为是个体与环境相互作用的结果。同理，幼儿园作为幼儿最初的集体生活场所，其环境必然会对幼儿的成长产生不可磨灭的影响。下面从幼儿园物质环境、幼儿园精神环境两个方面阐述幼儿园环境对幼儿发展的价值。

（一）物质环境对幼儿发展的价值

幼儿园物质环境是幼儿学习与发展的重要载体。良好的物质环境既能激发幼儿学习的兴趣，也能为幼儿提供多方面的经验，进而促进其发展。

1. 引发幼儿的主动学习

自出生开始，婴儿就对这个未知的、五彩斑斓的世界充满好奇和浓厚的兴趣，并积极地探索着。通过探索，他们不断获得对这个世界的认识，同时不断建构与丰富自己的知识系统。良好的幼儿园物质环境不仅能激发幼儿学习与探索的主动性，还能为其提供多种多样的机会。幼儿可以根据自己的兴趣和需要，自主选择操作材料、自主选择活动类型，并由此获得成长。

2. 促进幼儿认知、社会性的发展

幼儿园物质环境对幼儿认知、社会性等方面的发展具有重要价值。

首先，促进幼儿认知的发展。瑞士心理学家皮亚杰（J. Piaget）认为，认知发展是幼儿在与环境的相互作用中实现的。幼儿只有接触物质环境，感知、观察和操作物体，才能掌握物体的特征，获得对物体的认识，实现认知发展。在这一过程中，幼儿的感觉、记忆、想象、思维等均能得到发展。

其次，促进幼儿社会性的发展。社会性是指人在社会交往过程中建立社会适应，理解、学习和遵守社会规范，控制自身社会行为的心理特性。幼儿社会性的发展是在一定环境中实现的。幼儿园物质环境的诸多方面，如环境的主题和内容、活动空间的安排、材料投放等都会影响幼儿的活动方式、交往方式和交往行为，进而对幼儿社会性的发展产生影响。例如，环境内容会对幼儿的行为产生暗示和引导作用，如以亲社会行为为主题的环境布置更有可能引发幼儿积极的社会行为。又如，活动空间的安排也会对幼儿的行为产生影响，如过于拥挤的环境更有可能引发冲突、攻击等行为。

3. 促进幼儿审美的发展

对美的追求是人的本能。幼儿的年龄特点决定了幼儿审美能力的发展必须依赖他们直接看到的和接触到的事物。美观、整洁的幼儿园物质环境可以让幼儿直接地欣赏美、感受美、体验美，获得美的享受，这对培养他们健康的审美观大有裨益。

（二）精神环境对幼儿发展的价值

幼儿园精神环境主要包括幼儿园文化、教师的教育观念、人际关系、情感氛围等。精神环境虽然无形，但却是可感受和可体验的。

一方面，精神环境以幼儿的情绪、情感和动机为中介对幼儿的学习和认知发展产生影响。众所周知，幼儿是情绪的"俘虏"，"高不高兴""快不快乐""愿不愿意"，对幼儿的心理和行为影响极大。换句话说，情绪直接支配和左右着幼儿的行为。良好的精神环境能为幼儿提供情绪情感的安全基地，使其能够积极参与相关活动，大胆探索周围环境，这为幼儿的学习和发展奠定了基础。此外，良好的精神环境还能激发幼儿积极的情绪体验，而情绪是智慧的高级组织者，能够指导和影响幼儿的认知过程，即愉快的情绪有利于幼儿进行认知活动，提高认知活动的效果；消极的情绪则会对认知活动产生负面影响，消极情绪的激活水平越高，认知活动的效果越差。

另一方面，精神环境直接影响幼儿情感、个性等的发展，这种影响是潜移默化的。在一个温暖、安全、信任的环境中，幼儿容易形成积极、快乐、幸福的情绪情感。相反，一个令幼儿感到压抑、紧张甚至害怕的环境，不仅会使幼儿变得焦虑、沉默寡言，影响其心理健康和健全人格的形成，还会引起幼儿机体的病变。

总而言之，与物质环境一样，精神环境也是幼儿园环境的重要组成部分，其对幼儿健康成长的价值同样不可忽视。

四、幼儿园环境创设的目标

幼儿园环境创设首先要解决创设目标的问题。环境创设目标要符合学前教育的培养目标，具体而言要有利于幼儿的全面发展。下面是国内外学者及教育决策部门提出的幼儿园环境创设的具体目标。

国外学者布罗非、古德和内德勒（J. E. Brophy, T. L. Good & S. E. Nedler）

提出了幼儿园环境创设的 11 个目标[①]：

（1）能关注幼儿的健康和安全；

（2）能经常保持与成人的联系；

（3）有积极的情绪氛围，促进幼儿自信心的发展；

（4）能满足幼儿的需要；

（5）教师对幼儿的行为有适当的反应；

（6）对幼儿的限制减少到最低程度，以鼓励幼儿的探索行为；

（7）能帮助幼儿确认和预测事情的结果；

（8）能为幼儿提供各种不同的且具有意义的文化经验；

（9）安排丰富的游戏材料和设备，促进幼儿动作技能的发展；

（10）应与幼儿的发展水平相符合；

（11）应由负责计划和制定教育目标的管理者规划和设计环境。

国内学者阎水金认为良好的幼儿园环境创设应该考虑以下 8 个目标[②]：

（1）能满足幼儿发展的需要；

（2）能增进幼儿的身心健康；

（3）能发展幼儿的潜力；

（4）能充实幼儿的生活经验；

（5）能促进幼儿动作技能的发展；

（6）能鼓励幼儿的探索行为，促进自信心的发展；

（7）能养成幼儿良好的行为习惯；

（8）能增强幼儿的交往能力。

2001 年，教育部颁布的《幼儿园教育指导纲要（试行）》对幼儿园环境创设提出的要求可以看作我国幼儿园环境创设的总体目标。

环境是重要的教育资源，应通过环境的创设和利用，有效地促进幼儿的发展。

（1）幼儿园的空间、设施、活动材料和常规要求等应有利于引发、支持幼儿的游戏和各种探索活动，有利于引发、支持幼儿与周围环境之间积极的相互作用。

（2）幼儿同伴群体及幼儿园教师集体是宝贵的教育资源，应充分发挥这一资源的作用。

（3）教师的态度和管理方式应有助于形成安全、温馨的心理环境；言行举止应成为幼儿学习的良好榜样。

（4）家庭是幼儿园重要的合作伙伴。应本着尊重、平等、合作的原则，争

---

① 朱家雄，华爱华 . 幼儿园环境与幼儿行为和发展的研究 ［M］. 北京：世界图书出版社，1996：66.

② 阎水金 . 学前教育学 ［M］. 上海：上海教育出版社，1998：200.

取家长的理解、支持和主动参与，并积极支持、帮助家长提高教育能力。

（5）充分利用自然环境和社区的教育资源，扩展幼儿生活和学习的空间。幼儿园同时应为社区的早期教育提供服务。

2012年，教育部颁布的《幼儿园教师专业标准（试行）》在"专业能力"部分明确规定了幼儿园教师在"环境的创设与利用"方面应具备的能力。具体包括：

（1）建立良好的师幼关系，帮助幼儿建立良好的同伴关系，让幼儿感到温暖和愉悦。

（2）建立班级秩序与规则，营造良好的班级氛围，让幼儿感受到安全、舒适。

（3）创设有助于促进幼儿成长、学习、游戏的教育环境。

（4）合理利用资源，为幼儿提供和制作适合的玩教具和学习材料，引发和支持幼儿的主动活动。

幼儿园环境创设的目标既应关注幼儿发展的物质环境，也应关注精神环境；既应考虑环境对幼儿发展的引导作用，也应考虑幼儿主动性的发挥；既应看到幼儿园内部环境对幼儿发展的影响，也应看到与幼儿园有关的园外环境对幼儿发展的作用。

另外，制定幼儿园环境创设的目标还要考虑两个方面：其一是环境本身的教育功能，也就是说环境本身提供给幼儿的发展信息和发展的可能性。如墙饰对幼儿的感染作用，宽松和谐的精神环境对幼儿个性发展的影响，等等。这种功能对幼儿的影响更多是潜移默化的、渗透性的，但其作用又是长期的。其二是环境创设服务于幼儿园课程的功能，即环境创设还发挥着为幼儿园课程顺利开展提供资源、作出引导、创造条件等作用。如教师制作动物头饰等材料以顺利完成童话故事表演；再如，幼儿园周围的小区，为幼儿了解小区中的安全事项创造了条件。这种功能对幼儿的影响更多是显性的、灵活的，但又是短期的。通常，幼儿园环境创设的目标既要考虑到其本身的教育功能，又要考虑到其服务于课程的功能，二者可以相互转化，互为补充，不能截然分开。

第二节　幼儿园环境创设的教育学依据

倡导为幼儿创设良好的环境，注重环境与幼儿身心发展的关系，是20世纪以来许多中外卓越教育家的共识。他们提出的一些有影响力的教育理念与模式，都包含了对环境重要性的认识，形成了富有特色的环境理念。下面分别介绍蒙台梭利教育、瑞吉欧教育、华德福教育及陈鹤琴活教育理论中的环境观。

一、蒙台梭利教育的环境观

（一）蒙台梭利生平与事迹

玛丽亚·蒙台梭利（Maria Montessori）（图 1-1）于 1870 年 8 月 31 日出生在意大利安科纳地区的基亚拉瓦莱小镇，她是意大利著名幼儿教育家。

1896 年蒙台梭利成为罗马大学第一个女医学博士，被罗马大学聘为该校附属医院精神病诊所的助理医生，并从事低能儿童教育的研究。

1898 年，在都灵召开的教育会议上，蒙台梭利提出"儿童的智力缺陷主要是教育问题，而不是医学问题"，并向社会呼吁智力缺陷儿童应当与正常儿童一样享有同等受教育的权利。她确信，自己为智力缺陷儿童设计的教育方法同样适用于正常儿童，而且会获得更显著的效果。于是，她决心投入正常儿童的教育工作。

图 1-1 玛丽亚·蒙台梭利
（1870—1952）

1907 年，蒙台梭利在罗马贫民区建立"儿童之家"，招收 3—6 岁儿童加以教育，她运用自己独创的方法进行教学，收到了惊人的效果：那些"普通的、贫寒的"儿童，几年后，心智发生了巨大的转变，被培养成了聪明自信、有教养的、生机勃勃的少年英才。蒙台梭利崭新的、具有巨大教育魅力的教学方法，轰动了整个欧洲。人们仿照蒙台梭利的模式建立了许多新的"儿童之家"。蒙台梭利在世界范围内引起了一场学前教育的革命。

蒙台梭利的主要著作有：《教育人类学》《蒙台梭利方法》《高级蒙台梭利方法》《蒙台梭利手册》《童年的秘密》《家庭中的儿童》《新世界的教育》《儿童的发现》《有吸收力的心智》。

蒙台梭利对于 20 世纪以来世界各国的学前教育产生了深刻的影响，促进了现代学前教育的改革和发展。

（二）蒙台梭利教育蕴含的环境观

在生命与环境的相互作用中怎样探讨生命与环境的关系，从而促进生命的更进一步发展，不仅是一个哲学命题，也是一个教育命题。蒙台梭利作为一个超时代的前瞻者，一直站在哲学的高度探讨教育中的问题。她通过教育实践研究发现，环境是促进生命成长的一个极其重要的因素，因此将环境作为蒙台梭利教育体系中的一个重点来研究。

1. 环境反映生命的跃动

蒙台梭利认为环境与生命相互制约，环境反映生命的跃动。教育的任务在于利用好环境因素，从而改进生命所依赖的环境，进而促进其内在生命潜能的激发。蒙台梭利提出，儿童只有在一个不受约束的环境中，即在一个与他年龄相适合的环境中，他的心理、生理才会自然发展并展现他内心的秘密。如果不坚持这条原则，那么今后的教育只能使他陷入无穷的混乱之中。

蒙台梭利认为儿童的发展既不是单纯的内部成熟，也不是环境的直接产物，而是机体和环境交互作用的结果，是"通过对环境的经验而实现的"[①]。她说："正在实体化的儿童是一个精神的胚胎，他需要自己特殊的环境。正如一个肉体的胚胎需要母亲的子宫并在那里得以发育一样，精神的胚胎也需要外界环境的保护。这种环境充满着爱的温暖，有着丰富的营养，在这种环境中所有的东西都倾向于欢迎它，而不会对它有害。"[②]如果儿童被置于一个有利于他们自然发展的环境中，使他们能按自己的需要、发展节奏和速度来行动，他们就会显示出惊人的特性和智慧。蒙台梭利强调，"我们教育体系的最根本的特征是对环境的强调"[③]，这个环境就是"有准备的环境"。

2. 为儿童提供"有准备的环境"

"有准备的环境"是为了让精神处于胚胎状态的儿童能够顺利成长，将秩序与智慧等精神食粮的环境准备好。对六岁前的儿童而言，大人的环境与儿童的环境在大小及步调上相差极大，因此儿童在活动时时时需要大人从旁协助。儿童一直依赖大人的协助便无法完成应有的成长，不能支配自己的生活，教育自己、锻炼自己。如果没有理想的环境，儿童无法意识到自己的能力，这样永远无法脱离大人而独立。为此，必须在成人和儿童的世界之间建立一座"桥梁"，而"有准备的环境"就是要起这样一种桥梁作用，其目的是使成人的世界适合儿童的发展。所以"有准备的环境"其意义不仅仅只是环境，而是儿童不久将要面临未来世界的方法与手段。它需要具备以下一些要素。

（1）提供有规律和有秩序的生活环境

蒙台梭利认为，秩序感是儿童生命的自然本质之一。"最幼小的儿童的一个特点就是对秩序的热爱。1岁半或2岁的儿童能清楚地指明一些东西，他们甚至很早就具有了这种能力，但并没有引起人们的注意。他们需要自己周围的环境有秩序。"[④]此外，蒙台梭利还认为，秩序对儿童相当重要，外在的秩序有助于帮助儿童形成内在的秩序。正如，"儿童总是通过物体的外部秩序而认识他周围的环境，并理解他自身与环境的关系"[⑤]。事实上，儿童会以秩序感为中心运用智慧，进行区分、模拟的操作，将周围的事物加以内化。如果没有秩序的话，一切事物

---

① 蒙台梭利.有吸收性的心灵［M］.高潮，薛杰，译.北京：中国发展出版社，2006：5.
② 蒙台梭利.童年的秘密［M］.梁海涛，译.上海：上海人民出版社，2007：48.
③ 蒙台梭利.童年的秘密［M］.梁海涛，译.上海：上海人民出版社，2007：214.
④ 蒙台梭利.童年的秘密［M］.单中惠，译.北京：中国长安出版社，2010：52.
⑤ 蒙台梭利.童年的秘密［M］.单中惠，译.北京：中国长安出版社，2010：52.

将产生混乱，儿童会因而失去方向感，所以秩序必须存在于准备好的环境中的每一部分。

蒙台梭利教室比传统的教室在摆设上更有秩序及结构，但她生怕这种主张被人误解为是一种呆板、无生气的学习情境，因而一再强调外在环境的结构只是为配合儿童的学习，教师应视儿童的需要，适时地更换，在有结构的秩序中仍可保有相当大的弹性空间。

（2）给予儿童自主选择的自由

蒙台梭利认为儿童只有在自由、开放、没有压力的环境下，才能将自己的学习潜能发挥到极点。但她并不赞同没有经过过滤的自由，她主张儿童的自由必须以不侵犯他人的利益为范围，对于儿童任何可能侵犯或干扰他人，或者是可能造成伤害的粗鲁行为，都必须加以制止。在蒙台梭利教室，只有儿童的粗野破坏行为必须受到限制，其他的一切不管任何意图或任何形态的活动，不但是被允许而且教师必须进行观察。

蒙台梭利所主张的自由较强调学习上的自由，儿童可以依照自己的兴趣选择教具；也可以依照自己的喜好，选择学习地点及时间。他们不仅可以在教室中自由活动，也可以在教室外自由活动。她认为教室外的环境是一个与教室直接交流的开放空间，只要儿童喜欢，他们可以整天自由地进出教室。所以蒙台梭利教室的一大特点是没有所谓的上课或下课时间，儿童之间可以相互观摩学习，是一种混龄式的教学。此外，蒙台梭利教室中没有传统教学惯用的比赛或奖惩制度，她认为这种威胁利诱会阻碍儿童学习的自由。

（3）提供真实与自然的环境

蒙台梭利指出，环境的真实与自然，有助于儿童发展探索内在及外在世界所需的安全感，从而成为敏锐、有赏识力的生活者。因此，蒙台梭利教室中的各种教具，都是儿童尺寸的真实物品，如冰箱、电话、炉子、水槽、玻璃杯、熨斗等，而且每种教具只有一件，这也是反映现实的真相。同时，教师鼓励同一教室的儿童共同使用一套教具，如此可从中学习耐心等待及尊重别人。

蒙台梭利认为儿童是自然的一部分，因此成人必须设法让儿童有机会接触自然环境，借此让儿童认识与欣赏自然的秩序、和谐与美。她指出："人总还是属于自然，特别是当他在孩童时期，更必须从自然中获取力量以发展其身心。"[①] 蒙台梭利所用的方法是让儿童照顾动、植物，与自然做最真实的接触，此外，还让儿童有充裕的时间在林野乡间活动，吸收大自然的奥妙。

（4）营造美的环境与温馨的氛围

蒙台梭利认为美对儿童具有非常大的吸引力，儿童最初的活动欲是因美引起

---

① 李小飞，张萌萌.有准备的环境：蒙台梭利的环境观述评 [J].教育观察，2020（20）：18-19，22.

的，而真正的美则是以简洁为基础的；同时她也重视教室所使用的建材及教材是否有良好的质量。因此蒙台梭利教室的布置不强调豪华铺陈，也无须装潢得太精巧，但是每一件物品必须具有吸引幼儿的特质，不论颜色、光泽、形状都必须让人有美的感觉。

蒙台梭利认为教室中的气氛必须轻松、温暖、温馨、和谐，以吸引儿童乐于参与其中。就教室墙壁上的布置而言，应以儿童创作的作品为主，而不是去购买一些现成的海报或饰品来装饰。这样布置出来的环境，更能培养儿童对环境的亲切感与归属感，同时成为儿童工作上的一种刺激。

蒙台梭利在著作中曾描述了她所创办的"儿童之家"的情形，可作为"有准备的环境"的一个范本。她认为，"儿童之家"并没有什么固定的形式，而是给儿童提供了活动和发展的一种环境。由此可见，蒙台梭利的"有准备的环境"就是一个符合儿童需要的真实环境，是一个供给儿童身心发展所需之活动、练习的环境，是一个充满自由、爱、营养、快乐与便利的环境。

二、瑞吉欧教育的环境观

（一）瑞吉欧·艾密莉亚——一个小镇的奇迹

一提起瑞吉欧，在人们的脑海中总会勾画出这样的一副图景：活泼、可爱、健康、自由探索的孩子，认真、尽职、协同工作的教师，优美、独特的空间环境，以及家长、社区参与的学校管理。40 多年前，"如果眼睛能跃过围墙"和"儿童的一百种语言"两次著名的展览，向人们展示了瑞吉欧的一种新的儿童观及教育观，让世界各地的人们为之惊叹：这里创造了一种独特的学前教育方式！

为什么瑞吉欧的学前教育，具有如此魅力，使众多儿童教育家、心理学家、学前教育工作者倾情关注？这是因为瑞吉欧植根于意大利的文化传统，吸取与继承了杜威、克伯屈、皮亚杰、维果茨基等人的理论，从而形成了独具特色的瑞吉欧教育理念，并绽放出耀眼的光芒。瑞吉欧教育价值取向皆以幼儿为中心，充分肯定了学前期的价值。正如创始人马拉古奇（Loris Malaguzzi）所说："假如大自然已下令，人类的婴儿期在所有动物中应该持续最久的实践，正如托尔斯泰所说的，那是因为大自然知道有多少河流必须跨越，有多少小径必须重新走过，大自然让成人与幼儿有更正错误的时间、克服偏见的时间，幼儿可以掌握他们自己呼吸的韵律，重塑自己、同伴、家长、教师和这世界的形象。"[1] 瑞吉欧教育的目标就是要创造一个和谐的环境，使在这个环境中的每一位幼儿、教师都感到自在、愉悦，生活幸福。教育不仅仅追求什么外在的目标，而是更多地注重内在的品

---

① Carolyn Edwards, Lella Gandini, George Forman. 儿童的一百种语文：瑞吉欧·艾密莉亚教育取向——进一步的回响 [M]. 罗雅芬，等译. 台北：心理出版社，2000：9.

质。教育要发展幼儿的创造力，使幼儿形成完满的人格。①

（二）瑞吉欧教育蕴含的环境观

瑞吉欧教育模式中的环境是基于其教育价值取向而创设的，认为环境是教育的一个组成部分，环境应该具有教育的内涵，而且特别强调学校里没有一处是无用的环境。

☞瑞吉欧环境创设对我国幼儿园环境创设的启示

1. 环境中的教育取向

瑞吉欧教育工作者认为空间具有教育的内涵，也就是包含教育性的信息和对互动的经验以及建构式的学习产生刺激。教育是否成功，有赖于环境中各个要素是否具有教育的成分，是否充分地参与到教育过程中，是否有助于互动，是否有益于幼儿在"做"的过程中建构知识等。在瑞吉欧学前学校，环境绝不是装饰品，也不仅仅是硬件设备的堆砌，而是和教育相互依赖、相互包容、相互影响的，两者是一个不可分割的共同体。因此，瑞吉欧教育工作者不断地追求环境的教育取向，即"环境的设计倾向于将所有与教育有关的事物相结合而发展"②。它体现在以下四个方面：

（1）环境是"第三位老师"

瑞吉欧的教育取向是把环境作为教育的一个重要因子。用瑞吉欧人形象的说法，即环境是"第三位老师"，因为在瑞吉欧学前学校中，每班有两位老师。由此可以看出，他们把环境看得与教师一样重要，把环境也作为教育的"内容"，包含着丰富的教育信息和资源，对幼儿的学习起着促进、激发的作用。③

环境作为"第三位老师"，一方面表明环境不是被动的，而是由幼儿和教师根据他们的需要不断修正的。学校里所有的事物以及所使用的物品、材料和器具都不是被动的物质，而是靠幼儿与成人的积极互动成为有意义的情境。另一方面表明环境不是一成不变的，可以根据幼儿与教师的需要而改变，如当阳光在墙壁上投下树枝斑驳的影子时，教师就把一块布挂在这面墙上，让幼儿随时观察影子的变化；再如方案"雨中的城市"中的环境是雨中的街道、古迹、戏院，对幼儿来说，"雨中的城市"是一个具有出人意料但又精彩无比双重背景的舞台。环境是"第三位老师"还形象地指出了环境的教学功能。正如马拉古奇所说："我们重视环境，因为环境有能力去组织、提升不同年龄的人之间的愉悦关系，创造出美好的环境，提供变化，让选择和活动能更臻完善。而且环境的潜能可以激发社会、情感和认知方面的种种学习"④。

（2）环境是课程设置与实施的要素

---

① 屠美如.向瑞吉欧学什么:《儿童的一百种语言》解读 [M].北京:教育科学出版社，2002: 27.

② 屠美如.向瑞吉欧学什么:《儿童的一百种语言》解读 [M].北京:教育科学出版社，2002: 47.

③ 屠美如.向瑞吉欧学什么:《儿童的一百种语言》解读 [M].北京:教育科学出版社，2002: 28.

④ Carolyn Edwards, Lella Gandini, George Forman. 儿童的一百种语文: 瑞吉欧·艾密莉亚教育取向——进一步的回响 [M].罗雅芬，等译.台北:心理出版社，2000: 180.

在瑞吉欧课程中,"环境"是课程的重要组成部分。"环境"不仅是幼儿所处的地理、物质环境,更是一种时间、精神沉淀的文化环境。

瑞吉欧课程的环境设置生动地体现了美国进步主义教育与皮亚杰等人的教育思想的完美结合。杜威的"行动处于观念的中心"这一教育理念被瑞吉欧教育工作者充分地运用到环境设置中,表现为环境生成课程和课程创造环境。因此,瑞吉欧课程的环境设置充分体现了尊重幼儿、尊重幼儿兴趣的原则。另外,瑞吉欧课程的环境设置还来自皮亚杰的建构主义、维果茨基的文化历史发展论、"支架教学"。在瑞吉欧的课程中,环境为幼儿认识的建构搭建一个脚手架,成为幼儿学习与成长的一种支架,支持幼儿不断建构自己。因此,可以说,瑞吉欧课程中的环境创设,其思想渊源既是沿袭意大利传统文化的,又是海纳百川的。所以,"一旦有了课程的基本哲学理念与选择后,瑞吉欧教育工作者就着手设计空间的安排并付诸行动"[①]。

(3)环境是幼儿与幼儿之间、幼儿与成人之间、幼儿与物之间互动的关键性因素

马拉古奇曾说:"教育乃是由复杂的互动关系所构成,也只有'环境'中各个元素的参与,才是许多互动关系实现的决定性关键。"[②]可见,互动是否顺利很可能直接与环境因素密切相关,要实现幼儿与幼儿之间、幼儿与教师之间、教师与家长之间、幼儿与物之间的互动,少不了环境的支持与介入。在瑞吉欧的学前教育机构,大到学校的地理位置,小到教室内每一个小物件的摆放都充分地为幼儿的各种互动经验提供便利条件,确保每一位幼儿拥有幸福感和团体的归属感。

另外,在瑞吉欧教育工作者的眼里,关系是幼儿的教育得以完善的渠道,让幼儿与他人建立关系是教育的基本目标及学校的基本工具,构成了一种"精神环境"。在瑞吉欧学前学校里,关系涉及三个方面:幼儿与教师平等、对话的关系,用瑞吉欧教育工作者喜欢的一种隐喻就是"接过孩子抛过来的球";学校与家长沟通、合作,共同管理学校的关系;教师与教师集体协作的关系。

(4)环境是最佳的"记录"方式之一

马拉古奇说:"我们学前学校的墙壁会说话,也有记录的作用,利用墙面的空间暂时或永久地展示幼儿与成人的生活。"[③]记录的方式很多,教师最常用的记录方式是墙壁上的告示栏。在告示栏上,贴着由教师认真挑选的活动记录和幼儿作品,在作品旁边有教师对幼儿成果的意见、解释活动过程的相片、有关活动方案的革新想法以及幼儿在不同阶段对方案的评论和交谈。这反映出瑞吉欧教育工

① 屠美如.向瑞吉欧学什么:《儿童的一百种语言》解读 [M].北京:教育科学出版社,2002:48.
② 马拉古齐.孩子的一百种语言——意大利瑞吉欧方案教学报告书 [M].张军红,等译.台北:光佑文化事业股份有限公司,1999:33.
③ Carolyn Edwards, Lella Gandini, George Forman.儿童的一百种语文:瑞吉欧·艾密莉亚教育取向——进一步的回响 [M].罗雅芬,等译.台北:心理出版社,2000:195.

作者的智慧与勤奋，他们最大限度地发挥了空间展示的作用。

环境记录对教师、幼儿和家长都有很大的益处。环境记录促进了教师的成长，它如一面镜子再现教师的想法，促使教师自我反思；它增加了教师之间的经验分享，促进彼此间取长补短。环境记录对幼儿也很重要，它让幼儿知道成人重视他们的工作，使幼儿十分热情地投入到工作中，并珍惜自己的劳动成果；它为幼儿提供了检视、反省和解释的机会，有助于知识的自我整合和集体建构。同时环境记录是家长了解幼儿的重要途径，它让家长了解到孩子在学校的所作所为；不仅使家长了解孩子的成果——作品，也了解到孩子学习的每一个过程；环境记录还为家长提供探讨教育的素材，进而协助家长明确自己的角色定位。

记录不仅在墙壁上展示，瑞吉欧学前学校还设置了档案资料室，那里收集了更为详尽的幼儿发展信息，以及教师和家长提供或制作的各种物品。参与记录的不仅有教师，还有家长。对于家长参与记录工作，马拉古奇做了一个形象的比喻："我们的学校就像一艘航行于大海上的船，家长将一直和我们在这艘船上，一起出航，见识不同的风景、变化、现象等。也就是说，当家长跟随着孩子一起看世界时，就会看到不同的景象、得到不同的体会。"[1]

2. 瑞吉欧教育环境创设的特色

美国教育专家总结瑞吉欧学前学校环境时说："瑞吉欧·艾密莉亚的学校不会是任何地方，也不是在任何地方都能完全复制出来的模式。"[2]那里的每一个学校的环境都是根据幼儿、家长、教师的需要创设的，都是经过他们共同研究、共同创造、共同论证的。瑞吉欧学前学校的环境主要由以下四部分构成。

（1）校门口：会"说话"的展示长廊

瑞吉欧的教育工作者把校门口设计成会"说话"的长廊，用每一个精心的布置向来访者、家长传达学校的概况，一目了然，形象生动，无须语言解释和说明。例如，有的学前学校墙上展示幼儿活动的相片，相片下挂有幼儿的自画像，它们大约和幼儿的视线齐平，而且和书本的封面一样，打开后有一个正方形的小镜子，小镜子里映照着幼儿的身影。更为有趣的是，"如果有人想要对着镜子扮鬼脸的话，也是可以的"[3]。

（2）教室：分隔的两三个活动空间

在瑞吉欧的学前学校里已经看不到传统的方形封闭式的教室，因为它们早已不适应新型的开放式学习的需要。新型的学习方式是个别或一组幼儿从各种不同的资源中提出问题并收集资料，然后重新与他人沟通；在幼儿的学习过程中，教

① 屠美如.向瑞吉欧学什么 [M].北京：教育科学出版社，2002：50.

② Carolyn Edwards, Lella Gandini, George Forman.儿童的一百种语文：瑞吉欧·艾密莉亚教育取向——进一步的回响 [M].罗雅芬，等译.台北：心理出版社，2000：195.

③ 屠美如.向瑞吉欧学什么：《儿童的一百种语言》解读 [M].北京：教育科学出版社，2002：42.

师不是讲授者，而是敏感的观察者、监督者和训练者。

每间教室各自分隔成两三个空间，这种设计有两个明显的优势：一方面，对于幼儿来说，可以在小组中，倾听他人和被倾听，并让沟通更容易进行；另一方面，对教师来说，更有机会设计具有建构性的探索和活动情境。

（3）广场：点子和想法诞生的地方

每个教室都通向广场，广场用透明的墙壁将室内和户外连为一体。广场也是一段通道，里面除了摆设物品外，幼儿也从这里走过，或随兴在此逗留。幼儿可以在广场从事自己想做的事情，或为了解决某个问题寻找材料，或与同伴、教师谈话而产生某种想法。

幼儿园"广场"是以社区为基础的空间设计理念的具体体现。马拉古奇认为，广场不仅仅是教室的延伸，也是鼓励不同意见和活动的一个场所。"在此处所进行的意见交流会变得更有品质，幼儿与成人常在此碰面，就有更多的点子出现，我们可以这样说，'广场'是各种想法和点子诞生和出发的地方。"[1]

（4）工作坊：双手和心智探索的空间

每一个年龄段幼儿的教室隔壁都有一间工作坊，里面摆放了各种工具箱和设备。工作坊是1970年出现的，是课程整体设计的一个组成部分，它的创设有十分特殊的意义。

第一，工作坊是鼓励幼儿用各种"象征语言"表达的地方。在马拉古奇那首最著名的诗——《不，一百种是在那里》里有一句最著名的话"孩子有一百种语言"，其实就是说幼儿可以用一百种方式表达他们对事物的态度。工作坊的设置，将视觉表现形式的教育摆在突出的地位，让人们看到幼儿本身是丰富的资源，让幼儿用自己的双手再现、创造他们的世界。

第二，工作坊是激发幼儿创造性的地方。在工作坊里，幼儿可以选择任何工具和材料进行方案活动，没有成人的限制和要求，可以实现任何大胆的设想，避免了说教式教育的知识灌输。"工作坊的颠覆性十足，它能够为思维提供更新和更丰富的工具。它帮助幼儿通过多种方式将不同的（符号化）语言结合在一起，并激发更多的可能性。"[2]

第三，工作坊是让家长了解幼儿的地方。工作坊让家长随时都能知道学校进行中的事情，其建立的记录幼儿接收的全部教育内容的交流系统能让家长了解幼儿们如何进行思考、如何表达、如何用双手和智慧创作出作品、如何与他人一同玩耍嬉戏、如何讨论假设、如何运用逻辑思维。[3]

---

① 屠美如.向瑞吉欧学什么:《儿童的一百种语言》解读.北京:教育科学出版社，2002:44.
② 爱德华兹，甘第尼，福尔曼.儿童的一百种语言——转型时期的瑞吉欧·艾米利亚经验:第3版[M].尹坚勤，等译.南京:南京师范大学出版社，2014:51.
③ 爱德华兹，甘第尼，福尔曼.儿童的一百种语言——转型时期的瑞吉欧·艾米利亚经验:第3版[M].尹坚勤，等译.南京:南京师范大学出版社，2014:51.

　　第四，工作坊是一个充满愉悦和祥和氛围的地方。幼儿可以用各式各样的形式、技术、设备和材料，探索自己决定或成人建议的主题，并分享彼此新的发现、收获和喜悦。正如马拉古奇所说："在这里永远都不会无聊，身心都会获得巨大的解放和愉悦。这种愉悦来自生理和进化的规定。"①

　　第五，工作坊是教师进行研究的地方。瑞吉欧教师的研究工作涉及面广，既有方案主题一环接一环地不断开发，也有对幼儿学习行为的研究，还有为幼儿或教师遇到的各种困难寻找解决方法，这些工作经常在工作坊中进行。

　　总之，工作坊是瑞吉欧学前学校最富有特色的环境，它全面的功能为学前教育带来了生气和活力。马拉古奇曾说过："在我们的教育取向里，工作坊是幼儿园一个额外的空间，在那里幼儿通过双手和心灵去探索；通过实际操作以及视觉艺术去修正观点；去进行与教室活动相结合的方案；去试验、探索和结合新的或已知的工具、技术和材料。"②

　　毫无疑问，瑞吉欧学前学校拥有一个自己的"环境"，一种自己的"建筑"，一种自己"对空间、形状、功能的概念和使用"③。对于每一个希望学习瑞吉欧教育环境创设经验的人来说，不能简单地模仿照搬瑞吉欧的教育环境，而要领悟他们环境创设的基本理念与精神。

三、华德福教育的环境观

（一）华德福教育简介

　　第一次世界大战后，无数的孩子忍受疾病、营养不良及种种不利社会条件的威胁。奥地利哲学家、教育家鲁道夫·斯坦纳（Rudolf Steiner）（图1-2）应 Waldorf Astoria 烟草工厂老板的邀请，为其工厂员工子女创办学校。斯坦纳以其"人智学"学说为基础，建立了世界上第一所华德福学校，这所学校也被称为鲁道夫·斯坦纳学校。其教育目的在于希望透过探寻生命存在的起源及其本质，揭开人类生存及命运的奥秘，唤醒人类认识并联结人与自然、宇宙之间的灵性，启发人对自然界、宇宙间的一切产生感恩之心与虔诚之心。华德福的教育理念

图1-2　奥地利哲学家、教育家鲁道夫·斯坦纳（1861—1925）

① 爱德华兹，甘第尼，福尔曼.儿童的一百种语言——转型时期的瑞吉欧·艾米利亚经验：第3版［M］.尹坚勤，等译.南京：南京师范大学出版社，2014：51.

② Carolyn Edwards, Lella Gandini, George Forman.儿童的一百种语文：瑞吉欧.艾密莉亚教育取向——进一步的回响［M］.罗雅芬，等译.台北：心理出版社，2000：190.

③ 马拉古齐.孩子的一百种语言——意大利瑞吉欧方案教学报告书［M］.张军红，等译.台北：光佑文化事业股份有限公司，1999：33.

认为教育应建立在对人的本质、人与宇宙关系深刻认识的基础上，围绕着人、社会和宇宙的和谐发展进行；在教育过程中，把每一个人都作为一个独立的精神统一体来看待。

华德福教育，简单地说是一种以人为本，注重儿童身体和心灵整体健康和谐发展的全人教育。课程设置是根据儿童不同阶段的意识发展，针对意志、感觉和思考，对儿童进行整体平衡教育，并结合儿童与生俱来的智慧和独特的个性本质，进行深层意识教育，协助儿童生成智慧，使儿童最终具有超越物质、欲望和情感的洞察力与判断力，找到自我的定位和人生方向，实现自我。

（二）华德福教育蕴含的环境观

华德福教育同样重视环境对儿童发展的作用，与斯坦纳的教育哲学观念一致，其环境观主要体现在以下几个方面：

1. 有生命感觉的美和自然的环境

自然主义是华德福教育的核心主张。华德福教育把人看作大自然的一个组成部分，主张人与自然和谐相处，并认为自然是最伟大的老师，亲近大自然是一种最佳的早期教育方式。① 所以，华德福教育主张创设亲自然的环境，注重利用自然元素和天然材料。在华德福幼儿园里，孩子们好像是生活在 19 世纪，他们不使用塑料材质的玩具或物品，而使用贝壳、石头、木块、棉布等天然素材；使用真正的乐器与人声歌唱，而非多媒体唱盘；避免有化学调味料或色素的饮食，改用有机食材。孩子与大自然之间保留开放和愉快的关系，没有过早地被人造物或人为意识干扰其身心发展。教育方式对应人类生长历程，提供充分的体验与探索机会，以期幼儿"在实作中培养责任感，在大自然中工作，以内化和谐与平静的感受"②。

☞自然主义：华德福教育的核心主张

华德福教育亲近自然的思想在自然离我们越来越远的今天无疑具有重要意义，它提醒我们把人类放到大自然中来认识，尊重自然，与自然融为一体，从而保持身心健康成长。在教育中，教师应该增加自然的内容，强化自然的意识，在教育手段上多注意运用自然素材，在活动安排上多注意与自然的和谐统一，让幼儿更多地感受、认识和亲近自然。

另外，华德福教育主张成人尽量为儿童提供能够呈现这个世界本来面目的自然环境；由于儿童来到这个世界需要重新认识这个世界，在儿童没有能力抵挡不美好和丑恶之前，成人要尽量将世界美好的一面呈现给儿童，使儿童内心具有一颗向往美好的种子，带着一种美好的力量逐渐地认识世界的真实面目。随着儿童心理力量和生命力量的强大，他能够用自己内心的美好综合自己发现的不美好，

---

① 蔡连玉，傅书红. 华德福教育的理论与国内实践研究 [J]. 比较教育研究，2013，35（7）：31-35.

② Rawson M, Richter T: The Educational Tasks and Content of the Steiner Waldorf Curriculum. Forest Row, Sussex: Steiner Waldorf Schools Fellowship, 2000：145.

并且正确地去处理它们之间的关系。

2. 成人在儿童成长的环境中起重要作用

根据华德福个体成长分期论，个体在7岁前对周围环境只是一个"吸收器"，没有区分能力，因此周围的物质环境与人文环境就需要给个体好的榜样。[①]另外，华德福教育还认为，7岁之前儿童学习的主要方式是模仿。所以，华德福教育认为，在儿童早期，成人的言谈举止非常重要。成人应给儿童树立良好的榜样，供他们学习与模仿。

除此之外，成人还必须为儿童准备一个可以供儿童发展的环境和跟其生命状态相适应的生活节律，使儿童自然的生活节律逐渐地适应社会的自然节律。这就意味着成人要对儿童的生活进行设计和安排。儿童的生活节律不是由成人观察儿童获得的，而是由成人用心灵对儿童进行感应或者说在人智学指导下获得的。

3. 讲究自然、感受与内心相协调的环境

华德福教育的一大特色是人与自然的协调融洽，强调物质环境和精神的平衡和谐，强调给儿童创造一个美丽、快乐和健康的环境。比如，华德福学校的建筑反映了试图创造完全整合的学习环境的努力，被称为"有机建筑"，这样的环境包括硬设备、心理的氛围及生活在其中的人。如果说学校建筑物是环境的躯体，人就是建筑物的灵魂，一所学校的建筑物可以丰富人的灵魂。教室设计和布置要让儿童感到美、亲切和温暖，儿童可以像一家人那样在一起玩、聊天和分享喜悦，自由地在其中玩耍。

华德福提供的环境更有生命的感觉，更温暖，更柔和，在秩序和结构上，不太以数学逻辑的标准作为要求，而以生活逻辑为标准，所以看上去不像蒙台梭利教具那样有序，分类方式也与蒙台梭利教具不同。华德福教育与蒙台梭利教育相同的是儿童可以在这个教育环境中自由选择他们的工作，成人在观察儿童的基础上给予帮助，但不主动输入和唤醒儿童去进行钻研和思考。

可以看出，华德福教育是从心灵发展出发，为儿童准备一个身心合一的环境；注重儿童身体与内在器官的成长，注重儿童自然地吸收天地气息，使物质的身体充满自然的力量。

四、陈鹤琴"活教育"的环境观

(一)陈鹤琴:中国幼教之父

陈鹤琴（图1-3）是我国现代学前教育的先驱者和奠基人，一生致力于学前教育研究与教学。他是我国第一个运用近代科学方法研究儿童心理、进行教育实验的教育家。他建立并完善中国化、科学化的儿童教育理论体系，构建了现代中

---

① 蔡连玉，傅书红.华德福教育的理论与国内实践研究［J］.比较教育研究，2013，35（7）：31-35.

图1-3 中国幼教之父陈鹤琴
（1892—1982）

国儿童教育新结构，被誉为"中国幼教之父"。他指出教育工作者要注意发挥孩子的创造力，可从五方面着手，即解放小孩子的头脑、解放小孩子的双手、解放小孩子的嘴、解放小孩子的空间以及解放小孩子的时间。陈鹤琴在学前教育方面总结出丰富的经验和观点，其中影响最大的是他的"活教育思想"，这是由我国学者提出的第一套系统的教育理论和方法体系。

什么是"活教育"？陈鹤琴为了将当时的死教育变为前进的、主动的、有生气的活教育[1]，提出了要使教师"教活书、活书书、教书活"，使儿童"读活书、活读书、读书活"的教育主张，并把这一教育主张定义为"活教育"。[2] 陈鹤琴"活教育"理论的内涵主要体现在"三大纲领"（目的论、课程论、方法论）和"两大原则"（教学原则、训育原则）中，其核心是要让儿童从"做"中获得身心的全面发展。陈鹤琴关于幼稚园环境创设的思想就是其中一部分，同样也体现了"中国化""科学化"的特色。

（二）陈鹤琴"活教育"蕴含的环境观

在"活教育"理论体系中，陈鹤琴非常强调环境对儿童发展的作用与重要性。他认为："小孩子生来大概都是好的，但到了后来，或者是好，或者变坏，都是因为环境的关系。环境好，小孩子就容易变好；环境坏，小孩子就容易变坏。一个小孩子生长在诡诈恶劣的环境里，到大来也会变成诡诈恶劣的。一个小孩子生长在忠厚勤俭的环境里，到大来也是忠厚勤俭的。这是什么缘故呢？他所看见的，所听见的，都是坏的印象，那他所反应的大概也是坏的；倘使他在一种很好的环境里生长，他所听见的，所看见的，都是很好的印象，那他所表现的，大概也是很好的。"[3] 环境何以能够在儿童发展中发挥如此大的作用呢？陈鹤琴认为，这主要是因为儿童有三种基本能力：一是接受外界的刺激，二是这种刺激在脑中可以保留着，三是他受到那种刺激到相当时期会发生相当反应。这三种基本能力是儿童生存与发展的基础。刺激就是从环境中来的，接受好的刺激，就会得到好的印象；反之，接受坏的刺激，就会得到坏的印象。因此，陈鹤琴明确指出："我们诚不可不为小孩子创造优良的环境啊。"[4]

陈鹤琴针对当时我国幼稚园教育的现状，指出其弊病在于儿童"与环境

① 唐淑，钟昭华.中国学前教育史［M］.北京：人民教育出版社，1993：278.
② 唐淑，钟昭华.中国学前教育史［M］.北京：人民教育出版社，1993：279.
③ 陈鹤琴.陈鹤琴全集：第二卷［M］.南京：江苏教育出版社，2008：636.
④ 陈鹤琴.陈鹤琴全集：第二卷［M］.南京：江苏教育出版社，2008：636.

的接触太少"①。他说:"小孩子生来是无知无识,没有什么能力的。后来与环境、社会相接触始渐渐地稍有知识,稍有能力了。他与环境和社会相接触的机会愈多,他的知识愈丰富,他的能力也愈充分。倘使我们不给他玩弄沙土,他断不会知道沙土的性质;倘使我们不让他与猫狗等动物相接触,他哪里会知道猫狗等动物的生活;倘使我们不带他到街上去观察人们的生活,他哪里会晓得民生的艰难;倘使他没有别的小孩子做伴侣,他哪里能够学得做人的道理。"②基于以上认识,他进一步阐述了幼稚园环境创设的一系列根本问题,如幼稚园环境的布置、以"儿童的环境"为中心的课程观以及幼稚园环境创设的原则等。

1. 幼稚园环境的布置

陈鹤琴先生关于幼稚园环境布置有着丰富的论述,他提出要为儿童创设一个审美的环境和科学的环境。关于审美的环境,他认为爱美是儿童的天性,透过天性可以培养儿童的情感,陶冶儿童的性情,应提倡在室外尽可能开辟草场、花园、菜圃,栽培美丽鲜艳的花卉和蔬菜、绿荫浓郁的树木;在室内布置一些富有教育意义的挂图、画片、故事画等,使儿童在这个美丽的环境里身心舒畅,受到良好的审美教育。科学的环境是指尽可能带领儿童栽培植物、布置庭院,从事浇水、锄草、收获种子、饲养动物等工作,儿童通过自己的双手和感官,不断理解自然界与自然现象之间的关系,通过实践获得真知,不断提高自己的认识能力。教师可以用自然物、儿童成绩和有教育意义的图画、挂图和画片布置幼稚园的环境。

总之,陈鹤琴认为,布置环境应根据自然现象和社会情况,在各个幼稚园现有的条件上,引领儿童一同布置,使儿童从布置环境之中,认识四周环境中的事物,了解事物与事物之间的关联,使儿童从改造环境之中创造环境,并培养儿童坚毅、积极、合作互助等优良品质。

2. 以"儿童的环境"为中心的课程观

陈鹤琴认为,幼稚园的课程应以"儿童的环境"为中心。所谓儿童的环境包括自然的环境和社会的环境。自然的环境就是各种动植物的现象;社会的环境就是个人、家庭、集体等类的交往。由于这两种环境是儿童天天要接触的,所以我们应当把这两种环境作为幼稚园课程的中心。总之,大自然、大社会是我们的活教材,我们应当注意环境、利用环境。

陈鹤琴认为,所有的课程都要从人生实际生活与经验里选出来,切合人生的课程内容应是儿童的一饮一食,与一草一木的接触,以及灿烂的玩具用品。当课程内容取材于儿童的生活经验时,儿童将产生极大的兴趣和热情,更积极主动地

---

① 陈鹤琴.陈鹤琴全集:第二卷 [M].南京:江苏教育出版社,2008:1.
② 陈鹤琴.陈鹤琴全集:第二卷 [M].南京:江苏教育出版社,2008:1.

运用其心智去探索、发现和尝试，去寻求对自己所熟悉世界的更深刻的理解。同时，源自儿童真实生活的课程不以获取新异的、可炫耀的知识为目标，它能够充分揭示儿童日常生活的意义。这种源自生活的课程内容观，能够尊重儿童的特点、兴趣、爱好、动机，是建立在儿童真实需要的基础上的，真正体现了儿童在学习活动中的主体地位和课程内容选择的适宜性原则。

3. 幼稚园环境创设的原则

陈鹤琴认为，环境的布置也通过儿童的双手和大脑。通过儿童的思想和双手布置的环境可使他们对环境中事物的认识更加深刻，也更加爱护。因此，儿童参与创设环境，会使他们的主动性、积极性充分发挥，创设环境的过程就成了教育过程。

儿童的兴趣是由环境的刺激产生的，儿童所处的环境包括儿童周围的人和物对儿童的影响。在幼稚园环境创设方面，还要强调"变"，要求有时间性、季节性，要根据自然现象和社会情况变化，使幼稚园的环境和自然、社会的大环境相契合，使之更贴近幼儿的生活经验，并要以经常变化的新异环境引起儿童的兴趣。

另外，环境的创设还要考虑儿童的特点。教师必须清楚，环境是为儿童创设的，他们是环境的主人，是环境的使用者。因此，在创设环境时，教师应以儿童为基准，如挂图、照片和墙饰等的悬挂要与儿童的视线齐平。

以上陈鹤琴关于幼稚园环境创设的思想充分说明，他是我国从理论角度深入系统地探讨幼稚园环境创设的第一人。他以心理学为基础，结合儿童自身的特点，系统、深入地分析了环境在儿童发展中的作用，阐述了幼稚园环境创设的一系列根本问题，如创设怎样的环境，如何创设环境，环境创设应遵循哪些原则等。对这些问题的深入研究，填补了我国当时学前教育研究的一个空白。

陈鹤琴关于幼稚园环境创设的思想是他留给我们的一份宝贵"遗产"，至今仍然充满着生命活力，是我们继续前进的"基石"，并且对我国当前的学前教育，特别是幼儿园环境创设仍具有借鉴和指导意义。

第三节　幼儿园环境创设的心理学依据

1879 年，德国心理学家冯特（W. Wundt）在莱比锡大学建立了第一个心理学实验室，这一事件标志着科学心理学的诞生，意味着心理学作为一门独立的学科门类登上了历史舞台。然而，心理学的独立并非意味着它的统一，事实上，从心理学诞生之日起，人们关于心理学研究什么、怎么研究等问题始终争论不断，整个 20 世纪就是一个学派争论、理论更迭的历史过程。从宏观来看，西方心理学的主要流派包括构造主义心理学、机能主义心理学、行为主义心理学、格式塔心理学、精神分析心理学、皮亚杰学派、认知心理学、人本主义心理学等。在这些流派中，注重环境与人的身心发展关系的主要有机能主义心理学、行为主义心理学、格式塔心理学、精神分析心理学、皮亚杰学派等。下面分别阐释这些心理学流派中的环境思想。

一、机能主义心理学的环境观

（一）机能主义心理学概述

机能主义是西方现代心理学一种主要的研究取向。机能主义心理学的核心思想是心理学应该研究心理的功能、功用而不是心理的结构、构造，认为这种机能可以在现实世界中产生显著的实际结果。它的思想基础是生物进化论和实用主义哲学，进化论强调的"自然选择"与"适者生存"思想以及实用主义强调的"有用即真理"思想成为机能主义心理学的思想内核。从达尔文的进化论角度看，人类为了生存需要适应环境，且只有那些与环境相适应并有利于生存变异的生理功能、特征才可保留下来。[①]

人类的心理活动同样如此。人之所以具有感知觉、记忆、思维、意识等心理机制和心理活动，也是因为这些机制和活动有利于人适应环境，从而更好地生存和繁衍。因此，机能主义心理学认为应该从这个角度出发，研究各种心理功能如何帮助人们适应环境，或反之从环境角度理解人的心理活动的本质。

（二）机能主义心理学的环境思想

机能主义心理学因研究心理对环境的适应功能而知名，对教育理论与实践有一定影响。

机能主义心理学的早期代表人物詹姆斯（W. James）十分强调心理生活在适应环境中的作用，主张意识的机能是指导有机体达到生存的目的，而意识的选择受到一些因素的影响。他认为，一个人的思想经验依赖他所经历的事物，可他经历什么事物在很大程度上取决于注意的习惯。詹姆斯强调习惯在人们生活中的重要作用，进而把习惯与教育联系起来，认为教育的任务在于培养好习惯、预防坏习惯，"教育的大事在于把我们的习惯作为基金，以后安闲自在地靠这基金的利息过活。为达到这个目的，我们必须将好多有用的动作弄成机械的、习惯的。这种动作尽量学得多，而且学得越早越好。还要必须预防将来会不利于我们的习惯，像预防瘟疫那样认真"[②]。在他看来，环境对心理活动起到了一种模塑的作用，人的神经系统具有可塑性，可以被生活经验所改造，人的大多数习惯是在早期的生活过程中形成的，因而从早期教育开始就需要注重对儿童进行习惯的培

① 叶浩生.心理学史［M］.北京：高等教育出版社，2005：74-75.
② 叶浩生.心理学史［M］.北京：高等教育出版社，2005：74-75.

养，成人则需要提供良好的环境。

人与环境之间的互动是进化论思想的基础，正是这种互动的力量使进化论的观点体现了人类智力解放的可能性。"人在环境之中，环境也在人之中，就像人的皮肤并不是一道将人和环境分离开来的屏障，相反，人的皮肤就像人身上的其他器官一样，都是环境的一种延续"[①]。杜威接受了达尔文的进化论思想，认为人总是生存于某种环境中，有机体要生存下去，就必须适应环境，在人与环境的相互作用中产生经验，这种经验使人与环境形成一个不可分割的整体。[②] 杜威认为经验是一个主动的过程，人不仅受着环境的塑造，同时也对环境进行主动的改造，"经验变成首先是做（doing）的事情"[③]。关于"经验"的内在性质，杜威提出了连续性和交互作用两条原则，它们互相交叉又互相联合，就如经与纬两个方面。[④]

杜威不但充分重视主体作用，也非常重视主体活动的外部环境。在他看来，社会生活对人的影响繁杂混乱，学校应该成为一个典型的、纯净的、理想的社会环境，以便让儿童在这种良好的环境中受到好的影响。所以，教师要把儿童学习的环境变成活动的乐园，引导他们积极主动地投入到活动中，在活动中自觉地获得知识，实现生活、生长和经验的改造。

此外，机能主义心理学的知觉理论涉及了关于环境认知的内容。知觉经验包含许多我们可以意识到的重要的有意义刺激或事件，事实上，引起我们注意的事物往往是那些对作为人类成员的我们来说很重要的东西，也许主要因为它们有利于我们生存下去。根据这一观点，与周围环境和谐相处的需要影响着人的知觉，例如，儿童会把现在的感觉与自己以前的感觉相比较，目的是为了辨别现在的刺激信号给自己带来的是快乐的还是痛苦的结果。

总的来说，机能主义心理学对环境创设的贡献主要体现在两个方面：一是把人与环境的关系提到了一个新的高度，避免了单纯关注人的心理结构的研究倾向，更具现实性；二是机能主义心理学以进化论为理论基础，提供了一种考察人与环境关系的独特视角，即从功能分析的角度理解人的心理活动，这对于幼儿园环境创设来说是一种重要的研究取向。

二、行为主义心理学的环境观

（一）行为主义心理学概述

行为主义心理学被称为西方心理学的"第一势力"，从 1913 年华生

---

① 塔利斯.杜威传［M］.彭国华，译.北京：中华书局，2003：102.
② 叶浩生.心理学史［M］.北京：高等教育出版社，2005：82.
③ 杜威.民主主义与教育［M］.王承绪，译.北京：人民教育出版社，2001：46.
④ 杜威.我们怎样思维·经验与教育［M］.姜文闵，译.北京：人民教育出版社，2005：262.

（J. B. Waston）的"行为主义宣言"到20世纪五六十年代，行为主义经历了早期行为主义和新行为主义等几个发展阶段。行为主义心理学主导西方心理学长达半个世纪之久，对西方心理学的整体发展产生了重大影响。行为主义心理学是美国机能主义心理学的进一步发展，共同体现了美国心理学和美国文化的基本精神。正如华生所言："行为主义是一种机能主义，是唯一彻底的合乎逻辑的机能主义。"[1] 它是机能主义的逻辑延续，同样重视环境对人的影响和模塑，所不同的是，极具颠覆与挑战精神的华生向前迈出了一大步，把传统心理学研究的意识彻底扫地出门，因而行为主义心理学研究的不再是环境与人的心理和意识的关系，而是环境对人的外显行为的改造和控制作用。早期行为主义心理学代表华生认为，心理学的研究对象是人和动物的行为，而人和动物的行为都是由刺激 - 反应的联结构成的。在他看来，行为就是一种可以观察到的有机体反应，其本质是人和动物对外界环境的适应，刺激 - 反应是有机体所有行为的共同要素，而刺激就是引起有机体反应的外界环境或身体组织内所发生的各种变化；反应则是特定刺激所引起的有机体的内隐或外显的变化。[2]

20世纪30年代以后，行为主义的发展进入了一个新的阶段。一些对早期行为主义无视有机体内部因素、把复杂心理现象简单化的极端观点不满的心理学家试图在不改变行为主义基本原则和立场的基础上，对早期行为主义进行改造，因而出现了所谓的"新行为主义"，可以说"新行为主义者就是操作主义者"[3]。行为主义后期的理论有所变化，开始在内部心理过程是否存在的问题上有所松动，尝试用所谓客观的方法描述内部心理活动。例如，托尔曼的目的行为主义提出了行为的整体性、目的性和认知性的观点。在他的理论中，人不是完全受环境被动控制的，而是在行动中抱有一定目的的，并存在对环境的主观认知。托尔曼提出了"认知地图"的概念，意指动物和人对于客观环境的内在表征。

（二）行为主义心理学的环境思想

作为行为主义心理学的创始人，华生在心理发展问题上突出的观点是环境决定论。华生认为，行为可以通过训练加以控制，只要确定了刺激和反应之间的关系，就可以通过控制环境塑造人的心理和行为。正如他在《行为主义》（1925）一书中所说："给我一打健全的婴儿，把他们带到我独特的世界中，我可以保证，在其中随机选出一个，训练成为我所选定的任何类型的人物——医生、律师、艺术家、商人，或者乞丐、窃贼，不用考虑他的天赋、倾向、能力、祖先的职业与种族。"[4] 他又补充说道："我的观点已胜过了事实，我确信它，但是与此观点对立

---

① 叶浩生.西方心理学的历史与体系[M].北京：人民教育出版社，1998：185.
② 叶浩生.心理学史[M].北京：高等教育出版社，2005：100.
③ 高觉敷.西方近代心理学史[M].北京：人民教育出版社，1982：275.
④ 华生.行为主义[M].李维，译.北京：北京大学出版社，2012：257.

的提倡者，他们已从事反对环境决定论几千年了。"[1]华生认为一个人的人格是习惯系统的最终产物，并认为人格是可以改变的，因为它是受环境影响而形成的，"完全改变人格的唯一的方法，就是完全改变一个人所处的环境，使他在新的环境中形成习惯。环境变化的程度越高，人格改变的程度也越高。"[2]而且他还认为："朋友、教师、戏剧、电影都会帮助我们塑造、重建和改变人格。从来不想使自己面临这种刺激的人，将永远无法使自己的人格变得更为完善。"[3]另外，华生还提出了一个重要论断，即构造上的差异和幼年时期训练上的差异就足以说明后来行为上的差异，认为早期训练的不同使人们行为更加不同。现在人们越来越体会到早期教育的重要性，这与华生提出的早期训练的影响，是有关系的。

华生的环境决定论思想被激进的行为主义心理学家斯金纳（B. F. Skinner）进一步发挥。在斯金纳看来，人类的一切行为都是由环境决定的，要改变行为必须先改变环境。[4]他最关心的是环境在儿童行为发生和发展中所起的作用。斯金纳认为，人的行为大部分是操作性的，任何习得行为，都与及时强化有关。[5]为此，他提出了一系列关于儿童行为的强化控制原理，可以应用到很多场合，既可用于消除不良的行为，也可用于巩固理想的行为。例如，儿童偶然表现出的助人行为受到表扬，以后在类似的情境中就倾向于更多地表现这种助人行为。当助人行为在儿童身上经常表现出来时，我们就说这个孩子已经形成了乐于助人的道德品质或人格特征。

班杜拉（A. Bandura）的社会学习理论是从行为主义的基本观点出发，汲取大量认知心理学实验研究成果后又接受了一定的人本主义思想而形成的，班杜拉进而建构起社会学习理论。他从传统理论在解释人的行为时所面临的种种困境中突围出来，提出三元交互决定论。班杜拉认为，行为、人的因素、环境因素实际上是作为相互连接、相互作用的决定因素产生作用的。在这里，"交互"是指事物之间的相互作用；"决定论"是指事物影响的产物。首先，环境是决定行为的潜在因素。即环境确实对行为有影响，甚至产生决定性作用；这种作用是潜在的，只有当环境和人的因素相结合，并且被适当的行为激活时，环境才能发挥这种作用。换句话说，环境只是一种可能性，而非现实性。其次，人和环境交互决定行为。班杜拉认为，人既不是完全受环境控制的被动反应者，也不是可以为所欲为的实体，人与环境是交互决定的。最后，行为是三者交互的相互作用。班杜拉认为，环境、人和行为的相互关系和作用，是一种交互决定的过程。三元交互决定并不意味着三者有着相同的影响力，交互作用模式也不是固定不变的。相

① 格莱因.儿童心理发展的理论［M］.计文莹，等译.长沙：湖南教育出版社，1983：313.
② 华生.行为主义［M］.潘威，等译.北京：商务印书馆，2019：320.
③ 华生.行为主义［M］.潘威，等译.北京：商务印书馆，2019：321.
④ 张厚粲.行为主义心理学［M］.杭州：浙江教育出版社，2003：409.
⑤ 王振宇.儿童心理发展理论［M］.2版.上海：华东师范大学出版社，2016：69.

反，班杜拉尤其重视人的因素，并把人的因素进一步概括为自我系统。班杜拉指出，在三元交互系统中，自我系统不仅作为行为的交互决定因素而起作用，也在环境影响本身的形成与对环境的知觉中处于重要地位。班杜拉深入而丰富地把握了人与环境之间的关系，把人性不仅看作个体化的存在，更看作社会化的存在，从而赋予了人的主体地位，改变了传统行为主义的行为因果观，人不再是一个被动接受环境刺激的消极主体，而是一个可以通过行为改变环境、创造环境的积极主体。

综观行为主义心理学的环境思想可知，他们都非常强调环境和教育在儿童心理发展中的重要作用，认为儿童的行为是由环境力量塑造起来的，只要具备或提供适当的条件，任何正常儿童都能学会做任何事情。这一流派的环境思想虽有夸大环境功能之嫌，但还是可为幼儿园环境创设带来诸多启示：

华生从行为塑造的角度出发，认为人的行为就是"刺激 – 反应的联结，通过刺激可以预测反应，通过反应可以推测刺激"[①]。预设的条件刺激，可以使人获得预期的行为。那么幼儿园环境作为幼儿发展的一种刺激条件，可以有目的地塑造幼儿的某些行为习惯。幼儿园环境创设一旦具有明确的指向性，就可以影响或促进幼儿特定方面的发展。

斯金纳则从强化控制的角度提出，"可以通过强化来塑造儿童的行为"[②]，个体只要做出期望的行为，并由外界予以及时强化，就可以逐渐习得这种行为。幼儿园环境作为一种特定的教育情景，也必定应该包含这样的强化控制机制，帮助幼儿习得某些期望的行为。

班杜拉从三元交互作用的角度出发，认为环境是儿童学习的一种潜在课程，在指导幼儿学习时，除了重视个人的能力发展以及情绪反应、认知过程外，还应注重设置良好的环境。因为无论通过有意安排还是随意发生的观察途径，环境力量均可以左右个人行为的发展。

三、格式塔心理学的环境观

（一）格式塔心理学概述

格式塔心理学也称完形心理学，是西方现代心理学的主要流派之一，主要代表人物包括韦特海默（M. Wertheimer）、苛勒（W. Kohler）（图1-4）、考夫卡（K. Koffka）、勒温（K. Lewin）等。格式塔心理学继承了古代整体论的思想传统，以康德的先验论和胡塞尔的现象学为主要哲学基础，同时吸取了

图1-4　沃尔夫冈·苛勒
（1887—1967）

① 王振宇.儿童心理发展理论［M］.2 版.上海：华东师范大学出版社，2016：57.
② 王振宇.儿童心理发展理论［M］.2 版.上海：华东师范大学出版社，2016：70.

科学界的"场论"思想、马赫的理论和形质学派理论作为思想基础。[1] 格式塔心理学既反对美国构造主义心理学的元素主义，也反对行为主义心理学的刺激-反应公式，主张研究直接经验（即意识）和行为，认为整体不等于并且大于部分之和，主张以整体的动力结构观来研究心理现象。格式塔心理学家认为人类有一种天赋倾向，就是将其知觉世界组织得越简单越好。他们强调，人们必须决定在知觉范围里，哪些因素会突出于背景之上而构成清楚的图形（即知觉的目标、对象或焦点）。格式塔心理学试图阐明这样一条规律：我们如何把小的部分组织成一个大的整体以及为什么物体的有些部分会成为我们的注意中心，有些部分则成为知觉的背景。"简化原则"是一个被格式塔心理学家广泛使用的组织原则。该原则表明，当视野范围内有模棱两可的对象出现时，知觉者会把它感知为与其所获得的信息相一致的最简单图形。人们会使用各种方式从背景中确认图形，如相似性或空间上的接近性，或者将对称、连续以及与知觉领域中其他部分形成对比的物体排列视为图形。格式塔心理学的理论要义可以概括为"整体大于部分之和"，强调刺激或环境的整体性，认为人们对环境的知觉是以整体的方式进行的，而不是去认识分裂的片段。

（二）格式塔心理学的环境思想

格式塔心理学强调环境的现象学特征，即环境的影响取决于人们如何去认识和评价它，环境并不是脱离人的客观存在，人们对环境的主观理解才是决定行为及行为结构的主要因素。考夫卡把环境分为地理环境和行为环境，地理环境就是外界的现实环境，行为环境就是意象中的环境。他认为，行为既产生于行为环境，又受行为环境的调节。

为此，考夫卡用了一个生动的例子来说明这个问题：一个冬天的晚上，在暴风雪中，有一人骑马来到一个旅店，暗自庆幸经过几小时的奔驰，骑过冰天雪地的平原，居然能够找到暂时安身的地方。旅店主人开门迎接，惊问客人从何方来。客人遥指他所来的方向。旅店主人用惊奇的语调说："你知不知道你已经骑过了康斯坦斯湖啊？"客人听他一问，立即惊毙于地。[2] 在这里，考夫卡认为地理环境是康斯坦斯湖，行为环境则是冰天雪地的平原，在这种认识状况下，这个人能骑过大湖；而当店主人告诉了他真实情况后，康斯坦斯湖这个地理环境就成了这个人的行为环境，于是他便被吓死了。

格式塔心理学的另一位代表人物勒温更加关注人与环境的关系，进一步丰富了格式塔心理学，并提出了"心理场"等概念说明人与环境的关系。当然这里的环境不仅指物理环境，也包括人际关系等在内的社会环境。勒温将完形的观点带入社会心理学的研究，认为个人的感受和行为是由当时他察觉到的世界中所有事

---

[1] 参见叶浩生.心理学史［M］.北京：高等教育出版社，2005：143-145.
[2] 考夫卡.格式塔心理学原理：上册［M］.黎炜，译.杭州：浙江教育出版社，1997：34.

物彼此之间的牵引力所决定的。勒温称这些影响为心理事实，并且共同组成了所谓的生活空间。心理事实可能在个人身上引发正向与负向的引力，但也有中性的心理事实。个体在生活空间中受到正向和负向力的交互作用而被推拉，其行为的方向则是要消除互相冲突的力所造成的紧张。勒温相信，个体对环境的内在表征是决定生活空间之移动的关键因素，亦即个体基于自己的想法，而在心中所描述的环境，比实际存在的环境更会影响他的行为。这种内在表征终究与个人对物理环境的知觉有关。勒温提出了一个非常重要的公式：$B=f(PE)$，即行为是人和环境的函数。也就是说，不同的人对同样的环境可以产生不同的行为，同一个人对不同的环境也可以产生不同的行为，甚至同一个人在不同的情境下，对同样的环境也可以产生不同的行为。[①] 例如，儿童对于事物的看法需视儿童的发展阶段及性格而定，并受儿童的意识形态影响；2岁、4岁及6岁儿童虽处于同一物质或社会环境，但其所体验的世界不尽相同；同一儿童在饥饿或饱腹以及精力充沛或虚弱的不同情境下，相同的环境对他会构成不同的意义世界。这里的环境不是指客观环境或物理环境，而是指心理环境。勒温所说的心理环境与考夫卡所说的行为环境有所不同。行为环境单纯指人意识到的、理解到的环境，但问题在于许多环境的影响并非个体所能够意识到的，而是一种潜在的无意识的影响。因此，勒温用心理环境的概念力图包含这种个体没有意识到但对人的心理事件产生了实际影响的环境。[②]

总体来说，格式塔心理学对环境创设产生了很大的影响。首先，格式塔心理学提供了一个视角，即把环境视为一个整体，强调整个环境对人的影响和人们对整个环境的知觉，这是现代环境创设研究非常重要的观点。事实上，格式塔心理学可能是21世纪对设计师影响力最大的理论。设计师需要了解他的建筑设计的视觉效果，如一座幼儿园建筑外观的哪些部位更容易被幼儿感知？在对幼儿园环境进行整体设计时，需要考虑哪些要素进而确定整体风格？格式塔心理学家认识到整体分析的重要性，并对这些实际问题提供了部分具有操作性的答案。

其次，格式塔心理学突出了人们对于环境的理解，即突出了环境的主观层面。人与环境的关系不是一分为二的，环境对于人来说不是纯粹的客观实在，环境的作用如何最终取决于人们如何认识和理解环境。这一观点对我们如何创设幼儿园环境具有重要启示。

例如，在活动室里有一只乌龟，它的存在对所有幼儿来说都是一种地理环境，当某一幼儿主动去观察或触摸乌龟时，就构成了一种行为环境。在存在的地理环境中，真正起作用的是行为环境。由此可见，幼儿园布置的环境是否能成为幼儿的行为环境，是值得幼儿园教师特别关注的。

---

① 车文博.西方心理学史［M］.杭州：浙江教育出版社，1998：435.
② 参见叶浩生.心理学史［M］.北京：高等教育出版社，2005：160-161.

按照勒温的观点，幼儿的心理环境具有十分复杂的内涵，他们对自身心理环境的体验与感受，直接影响着他们对幼儿园及幼儿园教师的情感和态度，也影响着他们的在园生活、活动质量及身心的健康发展。幼儿在选择、利用幼儿园教育环境时总表现出自身的主体性，教师在创设环境时，不能忽视"幼儿"这一因素。例如，对教师布置的环境，幼儿在活动时会表现出"选择"或"不选择"的态度，即使选择了也时常会出现"人在曹营心在汉"的现象。在自主游戏环境中，幼儿又总会按自己的需要、兴趣去选择乐意参与的游戏环境，这些都是幼儿主体性的表现。针对这一问题，我们可以用勒温的理论来加以阐释。

根据勒温对"心理环境"的阐述，我们可以把幼儿在幼儿园活动室中的"心理环境"用图 1-5、图 1-6 表示[①]：

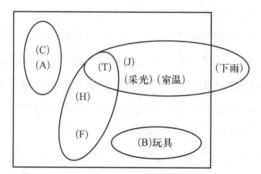

（T）——指教师；（A）（B）（C）（F）（H）（J）——指有各自心理环境的个体；
（下雨）（采光）（室温）——指下雨影响活动室的采光和室温

图 1-5   幼儿在活动室中的心理环境

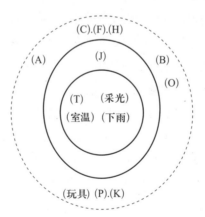

实线内——表示幼儿（J）的心理环境；实线外至虚线——表示幼儿（J）的心理环境外缘；（O）——活动室中的其他同伴；（玩具）——活动室中的玩具；（P）——活动室中的其他东西；（K）——活动室外的其他东西

图 1-6   由图 1-5 演变而来的幼儿（J）的心理环境及其外缘

分析图 1-5、图 1-6，我们可以看到幼儿的心理环境具有如下主要特点和功能。

[①] 潘扬 . 学前教育学［M］. 南京：河海大学出版社，2005：55.

（1）幼儿的心理环境受自然、社会两种环境诸因素的影响。

（2）幼儿的心理环境对环境中的诸因素具有选择功能，主要表现为：在相同的教育环境中，不同幼儿的心理环境可能不一样，如幼儿（A）和幼儿（C）各自以对方为心理内容，而幼儿（B）的心理内容是"玩具"。按照勒温的观点，这种不同的选择一方面与外界刺激物的特点以及幼儿的理解等因素有关，另一方面与幼儿心理发展的水平、心理结构的特点以及其机能的性质有关。

（3）被选择的诸因素会成为影响幼儿身心发展的因素和内容，而不被选择的因素会成为心理环境的"外缘物"，但有可能是潜在的"影响物"。

（4）无论是被选择的因素，还是未被选择的因素，其影响作用都有可能是"两极"的，即被选择的因素不一定都是有利因素，而未被选择的因素也不一定都是不利因素。

上面的分析，至少给我们两点启示：首先，幼儿对环境的选择性，表明了幼儿不是被动地接受环境影响，而是主动地、积极地、个性化地接受环境影响。这也正是幼儿主体性的真实表现。其次，幼儿对环境的选择，往往表现出较低的目的性水平，甚至带有盲目性，这对幼儿的成长和发展是极为不利的。因此，教师在创设教育环境时应尽量排除不利因素，同时充分发挥自身的调控作用，将幼儿的主体性与教师的主导作用有机地结合起来。

四、精神分析学派的环境观

（一）精神分析学派概述

精神分析学派是西方现代心理学的一个重要的、独特的学派，影响极大，被称为西方心理学的"第二势力"。精神分析产生于19世纪末，既是一种神经症的治疗方法和理论，又是一种潜意识心理学体系。到20世纪20年代，这个理论逐渐扩展到社会科学的各个领域，发展成为无所不包的人生哲学[①]，其主要代表人物有弗洛伊德（S. Freud）（图1-7）、阿德勒（A. Adler）、荣格（C. G. Jung）、埃里克森（E. H. Erikson）等。精神分析以叔本华、尼采哲学思想为基础，受到莱布尼兹、赫尔巴特、费希纳的影响，还同当时的心理病理学的进展关系更加直接和密切。它主张用临床观察法研究神经症和精神病患者，探讨人的心理与行为的深层动力机制，所揭示的

图1-7　弗洛伊德（1856—1939）

---

① 车文博.西方心理学史［M］.杭州：浙江教育出版社，1998：452.

潜意识决定作用与治疗程序在心理学中有很大影响。[①]

　　人格理论是精神分析的核心理论，在人格心理学史上占有举足轻重的地位。陈仲庚等人认为，以弗洛伊德为代表的精神分析人格理论是"心理学历史中第一个重要人格理论，大多数现代人格学说在不同程度上受到这一理论影响"[②]。它里面蕴含丰富的人格教育思想。精神分析本身虽不是一门教育科学，但从精神分析的角度探讨人格形成与发展的规律，可以为有效实施人格教育提供心理学的理论依据，使人格教育不停留在任何行为现象的"表面价值"。

　　精神分析的代表人物都在不同程度上重视个体过去的历史，尤其重视儿童期的生活经验，认为现在的行为与过去的经验具有因果关系，如果要了解人类行为的内涵，必须抽丝剥茧，追溯过去的生活史；同时他们还强调教育的目的在于健全人格的培养，不适当的早期教育方式，足以产生"固着现象"，贻害人格的发展；另外，要以儿童的发展为前提开展道德教育，避免教条灌输。道德教育是一种不断人格化的力量，其成败影响一定社会团体的内在聚合力及社会性格。精神分析在道德教育上提出了"人格化"的教学方法，认为所有的品德必须能在实际活动和体验中纳入人格，这样才能陶冶行善的能力。

　　（二）精神分析学派的环境思想

　　童年期是在弗洛伊德著述中广为论述的一个重要主题。无论是在早期作为一种治疗方法，还是在晚期作为一种人格体系，他都强调了幼年生活经验和教育对儿童心理发展和人格发展的重大意义，他在其代表作《精神分析引论》中一再指出："我们往往由于注意祖先的经验和成人生活的经验，却完全忽视了儿童期经验的重要；其实儿童期经验更有重视的必要，因为它们发生于尚未完全发展的时候，更容易产生重大的结果；正因为这个理由，也就更容易致病。"[③]"由观察的结果，可以深信幼时的经验有其特殊的重要性，这在儿童期已很明显……当神经病发生于年纪较大的时候，分析的结果总是表明这种病为幼时神经病的直接继续，只是幼时可能表现为具体而隐微的方式。"[④]也由此，弗洛伊德断言道："凡此种种似乎只可引起这个印象，那就是：这种儿童期内的经验乃是神经病不可或缺的条件。"[⑤]

　　上述言论深刻揭示了童年期在人生中的重要地位。弗洛伊德特别强调和重视儿童发展，他坚信病人的精神病因可追溯到童稚时期，成人的人格模型从很早就开始形成，并且在5岁前后就完全定型了。因此，儿童将来的人格发展是正常还是变态，5岁前的经历具有决定性的意义。

---

① 参见叶浩生.心理学史［M］.北京：高等教育出版社，2005：169-171.
② 陈仲庚，张雨新.人格心理学［M］.沈阳：辽宁人民出版社，1986：14.
③ 弗洛伊德.精神分析引论［M］.高觉敷，译.北京：商务印书馆，2017：299.
④ 弗洛伊德.精神分析引论［M］.高觉敷，译.北京：商务印书馆，2017：305.
⑤ 弗洛伊德.精神分析引论［M］.高觉敷，译.北京：商务印书馆，2017：299.

奥地利心理学家阿德勒继承和发扬了弗洛伊德的精神分析理论，并将自己的思想称为个体心理学。与弗洛伊德把人格发展的动力归结到性因素不同，阿德勒从社会因素方面理解人格发展，重视家庭环境、学校教育等。在众多因素中，遗传因素提供了个体发展的可能性；环境因素则为个体发展提供了引导性、现实性；社会兴趣决定发展的方向与品质；活跃程度决定发展的力度；而创造性力量犹如一个超级心理场，把这些因素汇集起来指向一个运动目标。从另一个角度看，遗传因素、环境因素、社会因素以及活跃程度都是比较客观的因素，而个体的创造力是重要的主观因素。[1] 从学校教育开始，教师就应该发现孩子对世界的看法以及孩子的特长等，以便在教育当中结合多种手段，使教学既传授知识，又培养孩子的兴趣。当然，只有教师自身是一个健康、平衡、很懂得心理的人，才会像一个朋友那样去接近孩子，传给他们在他自己身上已经唤醒的社会感情。[2]

新弗洛伊德主义的主要代表人物霍妮很重视社会文化对健康人格发展的重要性。霍妮对弗洛伊德学说的最大改造是在精神分析理论中引入了社会文化因素，认为"特定的文化环境造就特定的品质和才能，于男人如此，于女人也如此。我们希望了解的，正是其造就方式"[3]。在此基础上，霍妮指出，神经症人格的产生除了跟一个人的先天性格有关系外，还跟其所处的社会文化环境有关。霍妮同样认同早期经验对人的发展的重要性。"童年经历对一个人的发展产生了决定性影响，这是毫无疑问的。"[4] 在霍妮看来，早期经验的影响方式有以下两种：一是早期经验留下了可被直接追溯的痕迹，二是童年的整个经历带来了某种性格结构。

精神分析理论阐述的幼年生活经验和教育对于儿童人格健康发展具有重大意义，"帮助了众多从事幼儿教育工作的进步主义者加深对其承担任务的理解，或者说对这一任务的重要性有了更为透彻的认识"[5]。幼儿园教师需要创设良好的教育环境，发展幼儿的多种能力，尤其要培养幼儿的创造力；强调使幼儿形成良好的态度，形成良好的自我，注重情感培养，提供自由开放的教育环境，鼓励幼儿的创造性思考；尤其重要的是，幼儿园教师不但要为幼儿的健康成长创设一个物质条件丰富的环境，还要为幼儿提供一个良好、和谐、充满爱的精神环境，让他们能够较好地、充分地、全面地发展，为其一生奠定良好的发展基础。

虽然精神分析理论没有形成系统的学前教育思想，但对学前教育产生了重大影响。正如，"尽管精神分析是一种神经病学的临床治疗方法，但正是这种临床治疗的方法发现早期经验对人的最终发展的深远影响，才发掘出精神分析学说的

① 沈德灿.精神分析心理学［M］.杭州：浙江教育出版社，2005：177.
② 沈德灿.精神分析心理学［M］.杭州：浙江教育出版社，2005：224.
③ 王振宇.儿童心理发展理论［M］.2版.上海：华东师范大学出版社，2016：120.
④ 王振宇.儿童心理发展理论［M］.2版.上海：华东师范大学出版社，2016：120.
⑤ 梅逊.西方当代教育理论［M］.陆有铨，译.北京：文化教育出版社，1984：266.

儿童心理学价值，以及发现儿童心理发展对人格形成的不可忽视性。"[1] "也许在历史上再也没有什么能比弗洛伊德心理学对教育的影响更大。"[2]

五、认知心理学的环境观

（一）皮亚杰学派概述

皮亚杰学派又称日内瓦学派，20 世纪 50 年代由瑞士心理学家皮亚杰（Jean Piaget）（图 1-8）创立，是当代儿童心理学和发展心理学的重要派别之一。该学派是以日内瓦大学及发生认识论国际中心为主要基地，以研究儿童认知发展为主要内容的学术共同体。

图 1-8　皮亚杰（1896—1980）

任何理论和思想的产生都不是一种"灵光一现"，而必然有它的背景和源头，皮亚杰的认知理论也不例外。生物进化论奠定了皮亚杰认知理论的基调，同时它又受康德哲学、结构主义、机能主义心理学以及完形学派、精神分析等理论的影响，形成了一套完整的认知发展科学体系，从而引起了心理学界的广泛重视。

20 世纪下半叶，皮亚杰的认知理论在认知发展领域的影响进一步扩大，他坚持从内因和外因相互作用的观点研究儿童的认知发展，认为儿童是在与周围环境相互作用的过程中，逐步建构起关于外部世界的知识，并使自身认知结构得到发展的。儿童与环境的相互作用涉及两个基本过程，即"同化"与"顺应"。儿童的认知结构就是通过同化与顺应过程逐步建构起来的，并在"平衡—不平衡—新的平衡"的循环中不断得到丰富、发展和提高。

（二）皮亚杰学派的环境思想

皮亚杰认知理论的核心是发生认识论，而发生认识论的核心是主客体相互作用的儿童发展心理学。皮亚杰认为，认识既不发端于客体，也不发端于主体，而是发端于联系主客体的动作（活动）之中，活动的特性就在于它是主客体相互作用的过程。也就是说，儿童的发展是儿童与环境相互作用的结果。成熟、物理环境、社会环境、平衡化是影响儿童认知发展的主要因素，其中物理环境和社会环境尤为重要。他认为儿童发展的每一个阶段都是由儿童的成熟和环境的相互作用产生的。个体的经验是与外界物理环境和社会环境的接触而获得的，离开了环境，个体无从获得经验，因而也就无从发展。儿童通过各种有组织的活动，探索、了解外界的客观事物，了解事物之间的关系。他认为，生物体不仅依赖环

① 王振宇.儿童心理发展理论［M］.2 版.上海：华东师范大学出版社，2016：144.
② 参见杨汉麟.弗洛伊德的精神分析学说对现代教育的影响［J］.教育研究，1998，19（4）：63-69.

境，也对环境作出积极的反应和回答，而这就要依赖生物体自身的积极性。主体只有作用于客体才能认识客体，这就要求客体和生物体的活动之间进行不可分割的相互作用。最后，皮亚杰还强调儿童的主动活动，儿童的发展主要在于儿童本身主动活动，在于有机体自身所具有的积极适应能力。

幼儿园环境可以被认为"教育的影响和物理的经验在这方面都是建立在同一的基础上（的），它们对于儿童能有某些影响，只要他能同化它们……实际上只有当所教的东西可以引起儿童积极从事再造的和再创的活动，才会有效地被儿童所同化"①。当幼儿园环境可以真正为儿童所喜爱、所接受，它就能被儿童同化。当儿童探索环境的时候，他们遇到能引起兴趣的事件。这些事件是适度新奇的，不很适合现存结构。然后儿童调整他们的动作，把这些事件弄清楚，在这个过程中找到应对世界的新方法。例如，我们看见一个小男孩把手放在水龙头下面，而且被水向外喷射所吸引。于是，男孩上下调整他的手进一步去了解它。当他这样做的时候，他稍许懂得用不同的动作积极实验以观察不同的结果（感觉运动的第五阶段）。在这样的行动中，不是环境本身创造儿童的智力，而是儿童发展自己新的认知图式。②幼儿的学习更多的是从自己的经验中建构意义的，因而幼儿园的学习环境必须从幼儿自身的经验出发，为他们创设一种认知情境，提供一个交流、互动、合作的平台，展示总结和记录幼儿自身的经验。从这个角度而言，幼儿园的环境创设是早期教育不可或缺的一部分。

另外，皮亚杰认为幼儿的发展与社会环境不可分离，社会环境造就了幼儿的认知过程，其本身就是幼儿发展过程的一部分。而社会环境包括几个不同的层次，其中一个就是"儿童在寻常时刻能直接与之发生作用的层次"③。对于幼儿而言，幼儿园中的环境就是他们在寻常时刻能接触到的一种社会环境。恰当的幼儿园环境创设不仅随时随地处于幼儿的视野之中，而且可以与幼儿产生互动，作为教育的一部分。例如，前运算阶段的儿童在与同伴争吵和冲突的相互关系中克服自我中心主义。在这样的交换中，他们懂得别人有和自己不同的观点，也学会在合作的形式中协调不同的利益去行动。这种协调观点的能力，促进科学思维的发展。④

皮亚杰认知理论促进了西方基础教育的发展，我国南京师范大学附属幼儿园根据皮亚杰的活动课程模式，学习美国密歇根州海斯可什实验学校的经验，主张教师要为儿童提供一定的教育环境，儿童根据自己的意愿、兴趣与环境相互作用而获得发展，强调儿童的自主性活动。这种活动法在我国的幼儿园越来越受到重视。⑤

① 王振宇.儿童心理发展理论［M］.上海：华东师范大学出版社，2000：83.
② 格莱因.儿童心理发展的理论［M］.计文莹，等译.长沙：湖南教育出版社，1983：144.
③ 朱家雄.幼儿园课程［M］.上海：华东师范大学出版社，2003：29.
④ 格莱因.儿童心理发展的理论［M］.计文莹，等译.长沙：湖南教育出版社，1983：145.
⑤ 车文博.西方心理学史［M］.杭州：浙江教育出版社，1998：526.

从西方心理学的发展历史来看，学派对立和理论冲突一直在继续，但整体而言，心理学研究形成了两大基本取向，即科学主义取向与人文主义取向。同样，这些学派涉及的环境思想也存在这样的分裂倾向。具体而言，科学主义取向的代表学派有机能主义心理学、行为主义心理学、认知心理学，这种认识论基于现有的经验来处理知识，对空间形式的了解基于感觉得到的数据。环境是独立于人之外的客观存在，环境表征或环境意向则是经由感觉经验来表现对象客体的。人文主义取向的代表学派有格式塔心理学、精神分析学派，强调主体赋予环境意义，以及主体在与环境的持续互动之中建构其生活世界。他们认为观察到的环境不必然是客观实在的，而是一组心理的意象。环境是一种心灵的建构，环境的经验现实，只能经由特殊心灵（主体）的努力来主动建构。所以，不能够脱离主体的知觉与认知来界定现实。人之主体成为理解环境的核心，而环境是人类存在的条件，以及生命开展之所在。

第四节 幼儿园环境创设的生态学依据

随着社会生态学、教育生态学、人类发展生态学等领域研究成果的扩大，对影响幼儿发展的环境的研究视野也在不断地扩展，生态学给我们提供了一个新的视角。它从生态环境多层次、多维度的联系去把握影响幼儿发展的众多环境因素和组合性的影响及其作用。本节主要探讨人类发展生态学的环境思想。

一、人类发展生态学的环境思想

生态学探索有机体与其所在环境之间相互作用的规律，是研究有机体的生存条件以及有机体与其生存环境之间相互关系的科学。[1] 人类发展生态学研究的早期工作是由巴克（R. Barker）和赖特（H. Wright）开始的，他们主要从两个方面进行：一是将研究的注意力放在个体儿童在其每日生活环境中的行为；二是调查生态环境对人的行为的影响。他们关于人类发展的生态学理论是建立在勒温及其追随者关于行为—人—环境三者关系的理论基础上的。这种交互作用理论认为个体以十分重要的方式影响环境，同时又受环境的影响。他们最有说服力和最为重要的研究发现之一是当儿童进入不同的生活情境时，他们的行为会产生可以预期的变化。在大多数情况下，我们人类的行为更多地受到环境因素的影响，而不是任何其他的因素。[2]

另外，巴克研究了个体与环境之间交互作用的效应，将个体的行为对情境的

---

① 钟启泉，李其龙. 教育科学新进展［M］. 西安：陕西人民教育出版社，1993：44.
② 钟启泉，李其龙. 教育科学新进展［M］. 西安：陕西人民教育出版社，1993：48.

反应概括为三个方面：第一，当个体从一个情境转移到另一个情境时，个体的行为就会发生变化；第二，不同的个体在同一情境中的行为比他们在另一情境中的行为更为相像；第三，在任何一个情境中，个体的行为都具有稳定性，即儿童的行为较少受情境的特殊部分的影响，而主要由整体的环境所决定。同时，巴克指出行为情境具有四个特点：固定的行为模式、环境本身所具有的物质结构方面永久性特征、固定行为模式和环境的一致性以及行为情境的相互依赖性。

　　研究个体与环境之间的交互作用的效应，不仅要研究个体对环境的反应，也要研究个体对环境的影响作用。戴埃（D. E. Day）将儿童对环境的影响归为三种方式：修饰（modification），即儿童可以通过修改某个活动区或者活动本身的目的而影响教室内某一部分环境；建构（construction），即儿童建构自己的知识，儿童的建构活动能影响行为情境；不参与（nonparticipation），教师精细设计的活动区如果没有儿童的参与是不会有教育功能的。因此，环境的布置在很大程度上取决于儿童的兴趣以及他们自己想要做些什么的决定。

　　研究和探讨生态环境与人类行为的关系，不能忽视美国学者布朗芬布伦纳（U. Bronfenbrenner）的生态系统理论。他认为，每个人都生活在一个生态环境中，人的发展就是正在不断生长的有机体与其所处的不断变化着的环境之间的逐步的、相互的适应，这个过程受到情境和情境所涉及的背景之间的各种关系的影响。因此，"了解儿童所处的情境比了解儿童的各种特征能够更为精确地预测儿童的行为"[1]。

　　布朗芬布伦纳认为，自然环境是人类发展的主要影响源，并认为"环境（或生态系统）是一组嵌套结构，每一个嵌套在下一个中，就像俄罗斯套娃一样"[2]。换言之，发展中的个体处在从直接环境（如家庭）到间接环境（如宽泛的文化）的几个环境系统的中心或嵌套于其中，每一系统都与其他系统以及个体发生作用并影响个体发展。人的生活环境包括以下四种系统：第一个环境层次是微观系统，指个体活动与交往的当前环境。每天，这些环境对个体产生直接影响。对于婴儿来说，微观系统主要限于家庭。随着他们不断成长，幼儿园、学校、同伴关系等也会纳入微观系统。与此同时，布朗芬布伦纳认为，为认识这个系统中的儿童发展，必须看到所有关系都是双向的，即儿童不仅受到微观系统中其他人的影响，他们的生物和社会性特征也影响着其他人。第二个环境层次是中间系统，指影响个体的两个或更多微观系统之间的联系或相互关系。布朗芬布伦纳认为，如果微观系统之间有较强的支持性关系，发展可能实现最优化；相反，微观系统的非支持性关系则会导致不良后果。例如，如果幼儿园教育得到家长支持，那么教

① 钟启泉，李其龙. 教育科学新进展 [M]. 西安：陕西人民教育出版社，1993：49.
② 谢弗拉，等. 发展心理学：儿童与青少年：第八版 [M]. 邹泓，等译. 北京：中国轻工业出版社，2009：5.

育效果将会更优。第三个环境层次是外层系统，是指儿童并未直接参与却对他们的发展产生影响的那些系统。例如，父母的工作环境就是一个外层系统影响因素，亲子关系可能会受到父母工作环境的影响。第四个环境层次是宏观系统，是指以上三个系统所处的文化、亚文化和社会环境。宏观系统实际是一个广阔的意识形态，它规定了如何对待儿童、教给儿童什么等。布朗芬布伦纳的模型还包括时间纬度，或称为历时系统。即生态系统的任何变化都会影响儿童的发展，如家庭结构的变化、家庭居住环境的变化。但布朗芬布伦纳同时也指出，环境变化对儿童产生的影响大小也取决于儿童自己。

二、人类发展生态学的环境思想在幼儿园环境创设中的实践

根据布朗芬布伦纳对环境研究提供的视角，我们可以把幼儿园环境分为既相互独立又相互联系的四个生态系统。

微观系统：主要指幼儿可以直接参与其中，并与之发生相互作用的环境，如在幼儿园环境中，他们所经历的活动、承担的角色以及建立的人际关系模式。

中间系统：主要指幼儿可以直接参与并与之发生关系的更广泛的环境，如家庭与家庭间的关系、家庭邻里间的伙伴关系、家庭与幼儿园的合作关系、家庭或幼儿园可利用的社区环境（植物园、动物园、公共游乐园等）。这种环境系统会因幼儿进入新的环境而不断生成和扩展。

外层系统：主要指幼儿一般不能直接参与其中，但对他们的成长有影响的环境，如玩具工厂、大众传媒或其他社会群体机构（如图书馆）和社会组织（如各级教育机关和其他政府部门）等。

宏观系统：主要指社会所持的教育观、人才观、儿童观等。

参照布朗芬布伦纳的理论，我们绘制了以幼儿为中心的模型图（图1-9），来说明各生态系统之间的相互关系。

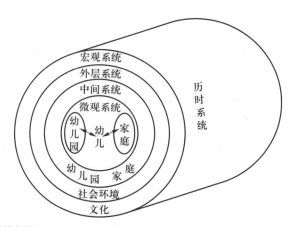

图1-9　根据布朗芬布伦纳人类发展生态学理论建构的幼儿生态系统模型图

　　过去，幼儿园比较重视园内小环境的创设，而对大环境的影响不够重视。有一种看法认为，随着科学技术的发展，幼儿可以从许多媒体中获得各式各样的信息，接受正反两个方面的影响，这些是教师难以控制的。因此，教育更要注意给幼儿提供一个理想的小环境，在这一方"净土"中教育他们。对此人们不禁要问，脱离了社会大环境，是否真能创造出和谐的小环境？假如可以，在这种所谓的"净土"中培养出来的幼儿能否适应与幼儿园环境差异很大的社会生活？如果不能，那么教育应当采取什么对策？进行怎样的改革？这一系列问题涉及幼儿园小环境与外部大环境的关系，涉及学前教育改革的一个根本观念——大教育观问题。在信息高度发达、变化快速的现代社会里，世界教育的发展已经证明，脱离社会大环境而独善其身的教育是不可能取得成功的。如果一味陶醉在封闭的幼儿园小环境中，是难以使受教育者具备适应社会变化所需要的素质与能力的。只有把幼儿园小环境与社会大环境结合起来，才能真正反映社会的特点和要求，让幼儿园教育焕发出时代精神。

　　按照人类发展生态学的"生态环境"理论，幼儿园是一个微观系统，它与其他微观系统之间密切地相互作用，并植根于更高层次的生态系统之中。因此，教师在创设幼儿园环境时，除了要考虑幼儿园本身这一微观系统外，还要考虑到中间系统、外层系统和宏观系统等不同层次、不同性质的生态环境与幼儿园环境之间的联系。认识和理解幼儿园环境的不同层次，有利于我们建立"大环境""大教育"的观念，并在实践中从环境多样性、联系性的原则出发，正确协调各种环境之间的关系，充分发挥环境在幼儿发展中的综合优势。

第五节　幼儿园环境创设的脑科学依据

　　从狭义上讲，脑科学就是神经科学，是为了了解神经系统内分子水平、细胞水平、细胞间的变化过程，以及这些过程在中枢功能控制系统内的整合作用而进行的研究。从广义上讲，脑科学就是研究脑的结构和功能的科学，包括认知神经科学等。1989 年，美国率先推出了全国性的脑科学计划，将 1990 年至 2000 年命名为"脑的十年"，并制定了以开发右脑为目的的"零点工程"。紧随其后，欧洲于 1991 年出台了"欧洲脑的十年计划"。1996 年，日本开始启动为期 20 年的"脑科学时代"计划。此后，日本又于 2001 年启动了"脑科学与教育"研究项目。

　　近年来，随着脑成像技术的发展以及脑科学研究的推进，科学家们取得了诸多激动人心的研究成果，对脑的发育、脑的工作机制等有了更为深刻的认识。脑科学蕴含着丰富的环境思想，为幼儿园教育环境的创设提供了坚实的证据支撑。

一、脑科学中的环境思想

1. 脑的发育与环境

脑是生物体内结构和功能最复杂的器官，同时也是高超、精巧和完善的信息处理系统。虽然人脑的结构很复杂，但婴儿出生时大脑在结构上已接近成人，且在生命的头几年发育得特别快。如婴儿出生时，脑重达到了成人脑重的 25%，到 2 岁时，脑重达到了成人脑重的 75%。而且与成人相比，婴儿有更多的神经元和神经联结，那些经常被刺激的神经元或突触会保留下来，而那些得不到刺激或不经常受到刺激的神经元则会失去突触（这种现象又称为突触修剪）。可见，大脑的发育并不单纯按照既定成熟顺序展开，而是生物性因素和经验相互结合的产物。

此外，丰富适宜的环境刺激更利于大脑发育，并帮助大脑建立更为高效的神经回路。如研究发现，在复杂和群居环境中饲养的动物，其神经元的毛细血管、神经胶质以及突触的数量要显著多于在贫瘠环境中圈养的动物。[①] 又如，研究人员把 45 只新生大鼠随机分为丰富环境组、隔离环境组以及对照组（普通环境）三组，分别进行饲养。结果发现，丰富环境组大鼠达到学会标准所需训练的次数最少、记忆保持百分率以及神经元数量最优，隔离环境组最差。[②] 所以，"即使基因可能提供了大脑该如何被塑造的粗略的指导信息，早期经验还是在很大程度上决定着大脑的具体结构"[③]。

2. 脑发育的敏感期与环境

"敏感期"这一概念是在"关键期"概念的基础上提出来的，"关键期"概念的提出最初源自动物研究。所谓敏感期是指脑在发育过程中一些独有的时间片段，在这些时间片段内，脑的结构或功能特别容易受某些特定经验的影响。如果错过了敏感期，不仅会使相应能力得不到发展，甚至还会造成永久性的伤害。"所有重要的大脑回路塑造过程——树突的生长、脊柱的形成、突触的精简，甚至髓鞘的形成——都会受到儿童经历的影响。而一旦某个脑区渡过了塑造期，它发育的关键期也就结束了，重新建构回路的机会非常有限。"[④]

蒙台梭利提出了 9 大敏感期：语言敏感期（0—6 岁）、秩序敏感期（2—4 岁）、感官敏感期（0—6 岁）、对细微事物感兴趣的敏感期（1.5—4 岁）、动作敏感期（0—6 岁）、社会化发展敏感期（2.5—6 岁）、书写敏感期（3.5—4.5 岁）、

---

① 程志，范爱华 . 现代脑科学研究及其对教学设计的启示 [J] . 现代远距离教育，2010（1）: 22-24.

② 陈金兰，陈燕惠 . 早期环境对大鼠脑源性神经营养因子及其受体表达和脑发育的影响 [J] . 中国当代儿科杂志，2012（9）: 703-707.

③ 谢弗拉，等 . 发展心理学：儿童与青少年：第八版 [M] . 邹泓，等译 . 北京：中国轻工业出版社，2009: 187.

④ 埃利奥特 . 0—5 岁——大脑发育的黄金五年 [M] . 章薇，译 . 上海：上海社会科学院出版社，2020: 37.

阅读敏感期（4.5—5.5 岁）、文化敏感期（6—9 岁）。

当然，这并不是说错过了敏感期，发展的机会就完全丧失了。只不过，不少研究都发现后期的干预虽然能产生效果，但要付出几倍甚至是几十倍的努力，而且即使这样，也很难达到应有的发展水平。正如有学者所言，"在儿童发展的最早几个月和数年间发生的事情具有重大的意义，这不是因为这个时期的发展为成人期的安宁和幸福描绘了一个不能涂改的蓝图，而是因为它为日后的发展设定了一个或者坚固或者脆弱的舞台"①。

3. 脑的可塑性与环境

大脑是一个复杂的系统，也是一个动态的系统。受经验、学习等因素的影响，大脑皮质会出现结构变化和功能重组，也就是出现所谓的可塑性。"传统的脑的可塑性的概念具有一些共同的特征，将脑的可塑性看成大脑对外界刺激或病理性损伤所做出的消极、被动的反应"②，而后来的研究表明，这一概念是有局限性的。在脑科学看来，"可塑性不是脑组织对损伤所做出的消极被动反应，而是发展过程中的脑以及成熟以后的脑对环境积极适应的特性"③，即脑的可塑性是脑组织的基本特性。

脑的可塑性表现在两个方面：大脑皮质出现结构的改变和功能的重组。结构的改变既有宏观层面，也有微观层面。前者的改变包括脑重的变化、皮质厚度的变化、不同脑区沟回面积的改变等，后者的改变包括树突长度的增加、树突棘密度的改变、神经元数量的改变。功能的重组也发生在不同的层面，主要包括分子层面和细胞质面、皮质地图层面、神经网络层面等。分子层面和细胞层面的功能重组包括突触效能的改变、突触连接的改变等；皮质地图层面的功能重组主要包括表征面积、表征区域、表征方位等的变化；神经网络层面的功能重组主要表现为系统水平的可塑性，即不同感觉通道之间跨通道的可塑性。

脑的可塑性虽然在任何年龄段都在发生，但婴幼儿时期的大脑更容易受到环境影响。神经发展的可塑性随着机体的成熟不断降低，可以肯定的是，与后来的发展时期相比，生命最早几年拥有更多样化的潜能。④ 此外，研究还发现，"早期有害经历明显对脑发育有严重负面影响，这种影响可能一直持续到童年甚至更久"⑤。

---

① 单文顶，袁爱玲. 环境如何影响幼儿发展：来自脑科学的证据 [J]. 早期教育（教科研版），2016（2）：30-33.

② 刘海燕，李玲玲. 脑的可塑性研究探析 [J]. 首都师范大学学报（社会科学版），2006（1）：115-119.

③ 刘海燕，李玲玲. 脑的可塑性研究探析 [J]. 首都师范大学学报（社会科学版），2006（1）：115-119.

④ 肖可夫，菲利普斯. 从神经细胞到社会成员：儿童早期发展的科学 [M]. 方俊明，李伟亚，等译. 南京：南京师范大学出版社，2007：26.

⑤ 泽纳. 婴幼儿心理健康手册：第 3 版 [M]. 刘文，等译. 北京：中国人民大学出版社，2014：43.

总的来说，脑的可塑性是一把双刃剑，既能给予机体适应环境的能力，也可能使机体遭遇危险。脑科学的研究表明，不良的环境会伤害到脑的发展。这些环境因素包括营养缺乏、有毒化学物质、疾病、环境中的毒素等，以及社会性心理因素，如家庭暴力、家庭忽视、贫困等。这些不良环境有些可以直接对脑的发展造成伤害，有些虽然不是直接的，但无疑会增加脑出现问题的可能性。

二、脑科学中的环境思想对幼儿园环境创设的价值

脑科学中的环境思想对幼儿园环境创设的价值主要体现在以下方面：第一，教师应重视环境创设，为幼儿提供较为丰富的材料和刺激，促进幼儿大脑发育；第二，由于大脑存在可塑性，教师应根据幼儿园教育目标以及幼儿的年龄特点和需要，有针对性地进行环境创设，为他们提供适宜的刺激和经验，进而引导他们朝着预期方向发展；第三，教师应抓住大脑发育的敏感期，为幼儿提供适宜的环境和学习条件，以促进大脑相应功能的发展。

阅读推荐

1. 蒙台梭利. 有吸收力的心灵 [M]. 蒙台梭利丛书编委会，译. 北京：中国妇女出版社，2017.

《有吸收力的心灵》是集蒙台梭利思想和方法之大成之作。该书是蒙台梭利博士最受欢迎，并且最能体现她理论创新意义的书。该书将蒙台梭利对儿童发展的探索与她有关"如何确立一种新的教育方法"的论述结合起来，是一本了解蒙台梭利教育思想的必读书。

2. 甘第尼，福尔曼，爱德华兹. 儿童的一百种语言 [M]. 罗雅芬，等译. 南京：南京师范大学出版社，2008.

《儿童的一百种语言》讲述了孩子有一百种语言，一百双手，一百个想法，一百种思考、游戏、说话的方式；一百种倾听、惊奇、爱的方式，一百种歌唱与了解的喜悦。瑞吉欧·艾密莉亚，意大利北部的一个小镇，因其卓越的学前教育，成为全世界教育家的灵感来源。瑞吉欧教育体系鼓励儿童通过各种可"表达的、交流的和认知的语言"，探索周围的环境并表达自我。作为阐释该体系的经典著作，《儿童的一百种语言》将带领你越过围墙，开始一次探索儿童、发现儿童、教育儿童以及向儿童学习的奇妙之旅。

3. 戴文青. 学习环境的规划与运用 [M]. 南京：南京师范大学出版社，2005.

该书首先分析环境与行为的互动关系、幼儿本质与学习的基本信念，接着讨论规划学习区的基本原则，再进一步详述各类学习区的规划要点、活动示例及教

师在幼儿游戏活动中所应该扮演的角色，最后阐明观察工作的重要性。

对于一线幼儿园教师来说，该书不失为一本极佳的行动指南；同时，该书可为幼儿园的各级管理者更加务实地评价幼儿的学习、教师的教学管理水平等提供参考。

思考与探索

1. 什么是幼儿园环境？什么是幼儿园的物质环境和精神环境？
2. 简述幼儿园环境创设的意义。
3. 试分析蒙台梭利教育与瑞吉欧教育的环境观之间的异同。
4. 简述陈鹤琴"活教育"的环境观
5. 精神分析学派的环境思想对幼儿园环境创设有哪些启示和价值？
6. 脑科学中的环境思想对幼儿园环境创设的价值是什么？
7. 参观一所幼儿园，运用相关幼儿园环境创设的理论评析该园的环境创设状况。

第二章
幼儿园环境创设的原则

环境不但对于成人发生关系，发生影响，对于我们的小孩子也会发生更大的关系，发生更大的影响。我们诚不可不为小孩子创造优良的环境啊。

——陈鹤琴

儿童的发展是从他对周围环境的认识开始的。

——蒙台梭利

□ 内容提要

本章内容由两部分构成：一是幼儿园物质环境创设的原则，二是幼儿园精神环境营造的原则。前者包括十项基本原则：安全性原则、适宜性原则、丰富性原则、平衡性原则、效用性原则、动态性原则、主体性原则、启发性原则、挑战性原则、开放性原则。后者包括"十多"原则：多关注原则、多尊重原则、多接纳原则、多肯定原则、多信任原则、多赏识原则、多支持原则、多互动原则、多自由原则、多自主原则。

□ 学习目标

1. 深入理解幼儿园物质环境创设与精神环境营造的各项基本原则及其它们之间的关系或联系。

2. 能依据这些原则分析现实中幼儿园环境的优缺点或存在的问题，并在今后的实践中能运用相应原则指导自己的工作。

问题情境

　　活动室太过拥挤，不仅常常引起幼儿之间的冲突，还会造成磕碰等安全事故；幼儿园的环境创设没有充分考虑幼儿的年龄特点和个性特点，不能引起他们的兴趣，导致有些孩子无所事事，产生厌烦情绪；环境设计流于"形式"，"装饰"多，"实用"少，表面上的"丰富"却造成了实际教育内容的"空洞"；有的幼儿园教师只是站在自己的角度设计环境，如擅长语言教育的教师设计活动室会偏重语言内容或材料，因而影响了幼儿的全面发展；一些幼儿园把环境布置当作"责任田"分配给不同的教师来完成，致使环境内容之间缺乏联系和整体规划；"精心设计"的环境长期固定不变，不能带给幼儿新的学习经验；创设环境时不能因地制宜，充分利用已有资源或本土资源，不仅造成浪费，同时也会产生事倍功半的结果；环境创设常常由教师包办，即使有幼儿参与，也仅限于展示幼儿的作品；环境"知识陈述"多，"问题情境"少，未能有效地激发和培养幼儿思考和解决问题的能力；还有的幼儿园把自己"封闭"起来，与社区缺少交流，或怕有危险不组织幼儿到社区活动，使孩子的身心都受到一定程度的"禁锢"……

　　我们知道，幼儿园作为专门的教育机构是幼儿学习、生活的重要场所。因此教师在进行环境创设时，不应依据成人的眼光、好恶、需要或方便而为之，"一切为了孩子"在幼儿园环境创设中永远是对的。然而，由于种种复杂的原因，幼儿园的环境总是存在这样那样的问题。若要避免以上形形色色的问题，首先是掌握幼儿园环境创设的基本原则。

第一节　幼儿园物质环境创设的原则

　　幼儿园物质环境主要是指幼儿园内影响幼儿身心发展的物化形态的教育条件，包括园舍建筑、设施设备、活动场地、教学器材、玩具学具、图书声像资料、环境布置、空间布局以及绿化等有形的东西。幼儿园物质环境是幼儿园整个教育环境的重要组成部分，它是开展各项工作的前提条件和基础。若无一定的物质条件，教育工作的质量是无法保障的。幼儿园物质环境的创设应遵循以下十项原则。

一、安全性原则

　　幼儿的自我保护意识和能力不足，容易受到环境中危险因素的伤害，这决定了在幼儿园环境创设中，安全性原则是首要原则。安全性原则主要是指幼儿园的园舍建筑、设施设备、活动场地、玩教具等有形的物质条件必须符合国家颁布的相关卫生标准和安全标准，对幼儿的身体或心理没有危险，不存在安全隐患。安全的幼儿园环境是幼儿健康发展的前提条件，只有在安全的环境里，幼儿的身体健康和生命安全才能得到保障，幼儿才可能快乐地学习、成长。

所谓的安全是和危险相对的，讲安全就要避免危险的情况出现。幼儿园的园舍和设施方面的不安全因素有很多，主要表现为：幼儿园园舍中的危房、危墙；户外活动器材年久失修；栏杆过高或过低；玩教具不符合安全标准，甚至有毒；楼梯过高、缺少护栏；建筑物内外、各种设施有锋利的棱角等——这些都是潜在的安全隐患。幼儿园安全性环境的创设主要从园舍建筑、设施设备、活动场地、玩教具等方面进行考虑。

（一）园舍建筑

1. 幼儿园整体建筑的安全

幼儿园的建筑物必须坚固、安全，建材必须经久耐用，以达到防风、防震、防火、防水的功能（参照国家有关部门的规定执行）。建筑物的楼高、楼梯踏步高度、护栏等都应符合国家相关标准，同时应经常检修维护，避免出现安全隐患。

2. 幼儿活动室的空间安全

《幼儿园工作规程》规定，幼儿园规模应当有利于幼儿身心健康，便于管理，一般不超过 360 人。幼儿园每班幼儿人数一般为小班（3 周岁至 4 周岁）25人，中班（4 周岁至 5 周岁）30 人，大班（5 周岁至 6 周岁）35 人，混合班 30 人。如果班级空间密度太大，不仅会造成拥挤、磕碰、摔伤等安全事故，也会造成幼儿心理上的不安，减少幼儿与活动材料的互动，增加幼儿之间的冲突。反之，如果班级空间密度太小，幼儿之间的互动和交往也会降低，因此适当的空间密度才是有利的。同理，在设置活动区时教师也要考虑活动区的空间大小和安排，根据活动区和幼儿的特点来设置，例如，建构区就应空间大些、材料多些，这样才能让幼儿进行合作学习；而角色区不应空间太大，温馨、整洁的环境更有利于幼儿进行角色扮演。

3. 走廊、过道及其他辅助设施的安全

走廊和过道等场所不是幼儿活动的主要场所，其安全性往往容易被忽略，但这些场所是幼儿每天必须经过，也是更容易存在安全隐患的场所。因此，走廊、过道及其他辅助设施的安全尤为重要。如活动室至少应有两个出口以供出现紧急情况时使用，楼梯除成人扶手外，还应在靠墙一侧设幼儿扶手。走廊、过道的宽度应考虑幼儿紧急疏散和集中进出时的承载量，且不能堆放无关物品，避免发生拥堵、踩踏等问题。过道和楼梯要考虑防滑，幼儿经常进出的门要在材料的选择

☞注重安全性
的环境创设示例

和形式的设计上考虑幼儿使用时的安全。另外，幼儿园还应考虑为行动不便的幼儿设置安全通道和相应设施。

特别要注意的是，教师需从幼儿的角度来设置活动室的物质环境，如果只站在成人的角度，很可能对幼儿造成极大的安全隐患，下面的案例就说明了这一点。

▶【案例 2-1】

玻璃门划伤幼儿[①]

某幼儿园新建园舍装修考究，其中连通走廊与办公室的门是落地式透明玻璃门。平时为了教师进出方便，玻璃门基本是开着的。一天傍晚，上日班的教师离开办公室时顺手关上了玻璃门。办公室旁边有一个全托班，幼儿们在走廊上自由活动、追逐嬉戏时，一位幼儿朝落地透明玻璃门冲去，玻璃门被撞破，幼儿面部多处被玻璃划伤，尽管无生命危险，但后来幼儿的面部留下一些疤痕，造成了终身遗憾。

（二）设施设备

考虑到幼儿在使用中可能会出现的危险，设施设备的设计应符合幼儿的年龄特点。如幼儿桌椅、玩具柜的角应为钝角，不同界面相交处应为圆弧形，以确保不给幼儿造成伤害。在活动室内避免使用吊扇，北方幼儿园的暖气片要包起来，以防冬天烫伤幼儿等。

（三）活动场地

1. 游戏场的安全

室外游戏场地应选择安全耐用的器材，器材之间的距离应是安全的，游戏器材应定期检查维护，地面应进行防滑设计。在实践中，这些游戏场地的大型器材常常疏于维护，所以幼儿园必须提高安全意识，否则一颗螺丝钉的松动都有可能给幼儿造成巨大的安全隐患。

2. 幼儿园整体园区的安全

幼儿园是幼儿一日生活、学习的场所，因此幼儿园中的每一处环境设计都应为幼儿考虑。例如，幼儿园前门入口不要临街或设计专门车道以便接送幼儿；幼儿园内道路及便道应远离游戏区，以防车辆靠近；容易翻倒的设施应牢牢固定，必要的障碍物也应设置明显标志；园内应设置多处安全疏散通道以及防滑坡道等。

（四）玩教具

玩教具应安全、卫生，严禁使用有毒的材料（玩教具的各项指标应符合国家相关标准）。

---

① 邢利娅，陈婕.对幼儿园设施安全性的思考[J].内蒙古师范大学学报（教育科学版),2006（10）:55-57.

对于幼儿来讲，幼儿园就是家庭的延伸。因此，教师在创设安全环境的同时，也要为幼儿创设舒适的环境。舒适、卫生、温馨、整洁的环境不仅会让幼儿产生家庭的归属感，同时也有益于幼儿的身心发展。

例如，幼儿园的园舍应给人亲切、愉快并富有艺术性的感觉，围墙、大门、房屋造型应富于童话色彩和儿童情趣，这不仅会引发幼儿的兴趣，同时也会消除幼儿进入幼儿园的陌生感。室内采光应充足，色彩应多用令人愉快的暖色调，应具备良好的通风设施系统。另外，对噪声要进行一定的控制，在一些干燥的活动场地多使用地毯、壁毯、抱枕、靠垫等柔软的器材。

二、适宜性原则

适宜性原则是指幼儿园所有的物质条件都要从保障与促进幼儿身心顺利、健康发展出发，要与幼儿发展水平、年龄特点、兴趣爱好、个性特征等相互匹配、同步、协调，要能满足幼儿全面发展的需要。因为"发展"是幼儿阶段的第一要务，促进幼儿身心发展是幼儿园工作的中心。幼儿园物质环境被赋予促进幼儿身心发展的功能，而要发挥此功能，创设环境就必须遵循适宜性原则。

我们在现实中经常发现，有的幼儿园教师缺乏明确的幼儿年龄特点意识，创设环境"随心所欲"，创设的环境不符合幼儿的认知水平。例如，形象思维占优势的小班幼儿的活动室用文字进行标识，而大班幼儿的活动室仍在大量使用图形标识，这种"错位"的设计就体现了教师缺乏必备的幼儿年龄特点意识。而有的教师虽了解一般幼儿的年龄特点，但只依据幼儿的一般水平进行环境创设，并没有重视幼儿的个性特点和需要，忽视了个性化环境中的潜在教育资源。遵循适宜性原则要按照以下两个"适合"对环境进行创设。

（一）适合幼儿的年龄特点

幼儿园环境创设要符合特定年龄段一般幼儿的身心特点，体现幼儿的年龄差异，满足幼儿在不同发展阶段的需要。例如，小班环境要结构简单、色彩鲜艳、富有感官刺激等；中班环境在小班的基础上突出操作性；大班环境要突出探索性和实验材料的丰富性。在活动区材料数量的投放上，由于小班幼儿倾向于单独游戏或平行游戏，小班应多投放相同的材料；而大班幼儿更喜欢合作游戏，大班可以投放较复杂的合作性材料。在室外游戏场设计上，幼儿的体能和动作技巧的灵活性随年龄的增长而增强，游戏器材的复杂性、难度也要随之提高。年龄特点不仅具有稳定性，同时也具有可变性。因此，教师不仅应依据"书本上"幼儿的年龄特点，更要依据现实中、本地区、本班幼儿的年龄特点来进行环境创设。与年龄特点相关的概念"敏感期"也为创设环境提供了理论基础。我们知道，敏感期是教育的最佳期，在敏感期内提供相应的环境刺激会对幼儿的发展起到事半功倍的效果。例如，2—4岁是幼儿个体秩序感发生、发展的敏感期，因此小班幼儿的环境材料不应太"多"、太"杂"，应尽量让幼儿感受到环境中的秩序性，同时也应满足幼儿对环境控制感的需要。

（二）适合幼儿的个性特点

幼儿园环境创设要充分考虑每个幼儿的特点，包括每个幼儿的动机需要、兴趣爱好、学习方式、能力水平、性格特点等，使环境尽量体现个性化。因此，创设幼儿园环境既要考虑幼儿的年龄特点，又要兼顾幼儿的个性特点。一般的做法是先根据幼儿的年龄特点创设活动空间和投放材料，然后随时随地添加材料或修正环境，以使个别幼儿的需要得到满足，最终使环境能够"容纳"不同兴趣和能力的幼儿。适合幼儿个性特点的环境应考虑从以下几个方面进行创设。

1. 满足幼儿智能发展的不同需要

根据加德纳（H. Gardner）的多元智能理论，每个幼儿都有自己的优势智能，因此教师要尊重每个幼儿的需要和能力，同时，满足某些幼儿优势智能发展的环境因素也会成为"资源共同体"，可能会成为发展其他幼儿劣势智能的教育元素。

2. 适合幼儿不同的性格特点和性别差异

例如，有的幼儿性格比较内敛，教师应考虑为这些幼儿设置专门的安静区或私密区，使他们有独处的时间和空间，在空间上相对"隔离"的私密区是这类幼儿感到安全和放松的地方。有的幼儿性格比较"外向"，那么具有操作性和冒险性的游戏材料更适合这些幼儿。另外，已有研究表明，在选择游戏材料和方式上，男孩、女孩具有一定的性别差异。例如，男孩喜欢室外动态的大型器材、冒险游戏和沙、水等无结构材料，女孩更喜欢室内较安静的建构游戏、桌面游戏和角色扮演等。因此，室内外环境场地和器材应兼顾男孩、女孩的差异，使他们都能成为游戏的主人，而非旁观者。

三、丰富性原则

教育环境区别于一般生活环境的根本特征之一就在于其富含高度浓缩的达成培养目标所需的教育因子。幼儿园环境创设的丰富性原则是指幼儿园要依据《幼儿园教育指导纲要（试行）》提出的幼儿发展目标，为全体幼儿提供足够的、多种多样的、富含教育价值的可供幼儿从中获取丰富的知识信息、情感体验以及活动技能等。做到"没有一处无用的环境"，只有生活在这样的教育环境中，幼儿的潜能才能得到最大限度地发挥。

由于对幼儿园环境所蕴含教育价值的重要性认识不足，传统的幼儿园环境创设更多地关注外观上的"装饰性"，而忽略内在教育价值上的"丰富性"，使得有些幼儿园环境看起来"色彩绚丽""琳琅满目"，实际在教育价值上却是"单一重复""空洞无物"。这样的环境非但不能促进幼儿的发展，反而会限制和阻碍幼儿的发展。遵循幼儿园环境创设的丰富性原则，就要从幼儿活动空间、方式和材料等方面进行考量和设计。

（一）活动空间的丰富

丰富的物质环境应体现在幼儿园室内外三维空间的设计和利用上。空间的丰富首先体现在室内活动区和室外活动场地的设计上。室内环境应尽量提供丰富多样的活动区，如科学区、图书区、美工区、音乐区、建构区、益智区、娃娃家、沙水区、电脑区等；室外环境应提供丰富有趣的游戏场地和设施，如各式游戏设施（如滑梯、秋千、跷跷板、攀爬架等）、草地（塑胶地）、植物园、养殖区（鸟、兔等）、沙水区等。只有物质环境丰富，才可能丰富幼儿的学习和活动经验，激发幼儿的兴趣并为幼儿提供多样的选择机会。相反，如果没有丰富的物质环境，幼儿的活动和学习必定是单一重复和低效的。例如，许多幼儿园都在实施主题教学，如果没有活动空间设置的丰富性，主题选择在范围、广度和深度上都会受到限制，也就使主题教学的价值大打折扣。

1. 室内活动区的丰富

限于空间大小和发展需要，每一个活动室不可能也没必要配置所有类型的活动区，因此室内活动区分常设区和临时区。常设区就是指幼儿园中常见的、普遍开设的区域。幼儿园班级常见的活动区可以分为生活类、角色类、建构类、表演类、语言类、美工类、益智类、科学类等。[①] 临时区是随幼儿发展的需要、问题的生成、主题的变更而临时设置的活动区，如展示区。因此，教师应根据幼儿的年龄特点、兴趣、需要、教育活动开展情况等合理设置常设区和临时区。

2. 室外活动场地的丰富

作为幼儿最喜爱的活动之一，幼儿园户外活动不仅可以让幼儿获得全身心的放松，体验到亲近自然和游戏的快乐，还可以促进幼儿身体、动作、认知、社会性、情绪情感等的发展[②]。然而，不少研究发现，幼儿园比较重视室内环境的创设，而忽视室外环境的创设，没有认识到室外环境也是幼儿园环境创设不可或缺的一部分。因此，幼儿园必须做好室外环境的创设与利用。《幼儿园标准化建设基本标准（试行）》规定，室外活动场地应设置游戏场地、活动器械场地、30m直跑道、沙地、戏水池、种植园地及饲养区等。要做到室外活动场地的丰富，就必须做到室外活动场地类型的丰富，以及各活动场地设置的丰富。

瑞吉欧教育指出，没有一处无用的环境。因此，在环境创设过程中教师还要充分利用幼儿园室内外的地面、墙面、天花板甚至栏杆、楼梯等，在可利用的所有三维空间内为幼儿提供尽可能多的认知信息、操作材料和探索材料等，以丰富幼儿的学习内容并激发幼儿的潜能。

---

① 杨枫.幼儿园教育环境创设与玩教具制作[M].北京：高等教育出版社，2018：120.

② 陈月文，胡碧颖，李克建.幼儿园户外活动质量与儿童动作发展的关系[J].学前教育研究，2013（4）：25—32.

（二）活动方式的丰富

幼儿有不同的活动方式，教师在环境创设过程中要兼顾静态活动（如益智区、图书区）和动态活动（如建构区、沙水区），团体活动（建构区、娃娃家）和个别活动（私密区），室内活动区和室外活动场地等。另外，有些活动区是相对固定的（如电脑区），有些活动区则随课程、主题变化而变动。因此，教师在创设环境时，要注意在这些维度上进行全面丰富的创设。

（三）活动材料的丰富

活动材料的选择和投放应从多种维度进行考量。（1）在材料的数量上，教师应提供充足的活动材料。种类丰富、数量充足的材料是幼儿进行操作和探究的物质保障。丰富的材料既能激发幼儿的兴趣，又能为幼儿运用多种感官、多种方式进行探索提供活动条件，还能为幼儿提供较多的选择机会，避免出现无所事事和争抢的行为。因此，幼儿园应提供丰富的材料，如既要提供锻炼大肌肉的器械，也要提供发展小肌肉的材料；既要提供单独玩的材料，也要提供合作玩的材料。当然，丰富并不意味着材料越多越好，过多的材料容易使幼儿分心，不能专心地进行探究活动。（2）在材料的结构化程度上，教师既要投放高结构材料，也要投放低结构材料。因为无论高结构材料，还是低结构材料，对幼儿都有特殊的发展价值。高结构材料目标指向性强，操作方法较为单一，能让幼儿较快地获得预先设定的知识与技能。低结构材料可变性强，没有固定的玩法，可以自主发挥，能有效培养幼儿的问题解决能力、想象力和创造力。（3）在材料的投放上，教师应注意层次性。幼儿之间存在差异，材料的投放千万不能一刀切，应为不同年龄段、不同发展水平的幼儿提供不同的材料，使材料与幼儿的实际能力水平相匹配，切实促进幼儿的发展。

☞丰富的活动材料创设示例

四、平衡性原则

平衡性原则是以丰富性原则为基础的补充性原则。也就是说，幼儿园物质环境创设不仅要考虑内容的丰富多样，更要关注环境中各种内容之间及其各种教育功能之间的相对平衡和全面。具体而言，提供的物质环境所含的各个领域的内容，对幼儿各种感官的刺激量要大体均等，使其所发挥的教育功能既能保障幼儿身体发育，又能促进幼儿心理发展；既能增长幼儿的知识，又能提升幼儿的能力；既能促进幼儿智力因素的发展，又能促进幼儿非智力因素的发展。

为何要强调平衡性原则呢？我们知道，人体每天摄入的食物不仅要营养丰富，同时也要平衡，如果不注意营养之间的平衡，那么某些营养的过多摄入会影响其他必要营养的摄入和吸收，最终引起身体疾患。同理，幼儿园环境创设也要在环境刺激丰富的基础上兼顾平衡。传统的幼儿园环境经常表现为各教育元素严重失衡，例如，有些"特色"幼儿园为充分彰显"特色"，整个环境都围绕着"特色"进行创设，那么这种"特色"幼儿园的环境创设就存在不均衡的可能性。再如，有的幼儿园教师常以自己的擅长领域或已有经验来创设环境，而不是依据幼儿的全面发展进行环境创设。这些情况都会阻碍幼儿的全面、完整发展。因此，幼儿园环境创设一定要遵循平衡性原则。贯彻平衡性原则应在环境创设中注重以下几个方面的平衡。

（一）身体发展与心理发展的平衡

从毕生发展的角度来看，幼儿阶段是身体发展和心理发展的快速时期，而且身心的发展是相互依赖、相互促进的，因此，环境创设应注意身体发展与心理发展之间的平衡，不得偏废一方。

由于幼儿身心的发展需在活动中进行，因此身心发展的平衡可表现在活动方式和活动内容方面的平衡。例如，在活动方式上要兼顾动态活动和静态活动的平衡，在活动内容上要注重语言、运动、操作等方面的平衡。活动方式和活动内容应动静结合、交替进行。

（二）智力因素与非智力因素的平衡

传统的环境创设所蕴含的教育元素注重的是幼儿智力因素的发展，如益智区、语言区、数学区等，其目的都是发展幼儿的思维、判断、推理、语言等，而培养幼儿动作、行为、习惯、态度、情感等非智力因素的环境创设却相对较少。例如，重视室内操作区的构建，忽视室外体能区的投入；活动区设计的空间太小、配置材料太少，只适合幼儿单独学习和操作，不适合幼儿之间的合作和分享。我们知道，非智力因素是智力因素发展的"助推器"，两者相辅相成，都是幼儿全面发展不可或缺的重要方面。因此，教师在创设环境中的教育元素时，要重视智力因素和非智力因素之间的平衡。

（三）各种感官发展的平衡

幼儿期是感官发展的关键期。因此环境的感官特质也是很重要的，环境创设要注意视觉、听觉、触觉、嗅觉等多种感官发展的平衡。幼儿园环境应有供幼儿观察、触摸、闻或品尝的各种材料。有的幼儿园为了让幼儿认识水果，就购买了蜡质或塑料的高仿真水果，这样就不如放置一些真实的水果，让幼儿运用各种感官认识和体验。例如，在科学活动区，教师可以要求幼儿：

（1）观察木材、叶片及树皮的颜色；

（2）触摸树皮，体会其质感；

（3）闻不同树木的味道（如白桦树、香柏、松树、柳树）；

（4）分辨不同建造技术的声音（如钉东西、锯东西）；

（5）品尝由树木所结的果实为原料的食品（如坚果）。

教师提供的材料应包含多种感官刺激，并且注意发掘材料中所蕴含的潜在教育价值。例如，每个活动室都会配置多盏照明用的灯具，如果把不透明的灯具外壳换成透明的外壳，就会引起幼儿对灯具造型、功能、原理的兴趣，并提供潜在的学习和探索机会。

（四）知识的平衡与系统

知识是客观事物的属性和联系的反映，是客观世界在人脑中的主观印象。知识是人类认识世界的结果。教师要做到在创设环境时平衡地提供各类知识，需要先知道知识的分类。然而，知识有不同角度的分类，如感性知识、理性知识，个人知识、社会知识，陈述性知识、程序性知识、策略性知识。此外，还有按照学科或领域分类的各科知识。这些类型的知识都不应该被忽视，而应该在合适的时间、合适的地点，以合适的方式呈现在环境之中。

环境创设注重知识之间的平衡主要体现在以下两个方面。

1. 知识类型的平衡

教师在创设环境时应考虑其所包含知识类型的全面、平衡。要想让幼儿掌握知识，不仅要让幼儿了解知识，还要让他们亲自动手操作，最后总结知识中蕴藏的方法和规律，这样掌握的知识才能全面、平衡。例如，幼儿掌握"水的形态"这样的知识，可以模拟科学实验，幼儿亲自体验、动手操作以探寻其中的规律和方法。

2. 知识领域的平衡

知识领域涉及诸多方面，依照《幼儿园教育指导纲要（试行）》中的五大领域划分，教师在创设环境时应考虑五大领域知识之间的平衡，不可偏重或缺失任何领域。当前幼儿园多开展主题教学，虽然主题教学也强调知识的网络化，但以主题为中心，有些主题不会涉及知识的所有领域，因此，教师在领域教学或活动区教学中就应进行补充，关注主题没有涉及的知识，对活动区进行设置。

环境创设同时也要关注知识的系统性。我们知道，作为人类认识结果的知识体系是系统的，而且系统的知识也有利于幼儿学习和掌握。在传统的幼儿园环境创设中常常出现知识"支离破碎""杂乱无章"的情况，这种情况不利于幼儿的感知和学习，从某种角度来说，这些知识对幼儿来说是无意义的。出现这种情况，一方面是因为教师本身的知识结构就是不系统的，在创设环境时缺乏系统意识，只是根据自己的知识背景对知识进行主观"过滤"，最终使环境中蕴含的知识之间毫无关联。另一方面，有的幼儿园把环境布置当成任务，分配给不同的教师，不同教师的知识结构和背景是不同的，这种各自为政、缺少沟通最终导致创设的环境缺少系统性和整合性。因此，在创设环境时要保证知识的系统性，教师就要注意活动区的学习内容之间要有横向联系，活动区的设置和更换要注意纵向联系，同时还要注意提供的材料中蕴含的知识的层次性。

五、效用性原则

如果将环境创设过程视为"投入"，将其发挥的作用视为"产出"，那么效用性原则就是指要以最小的投入换取最大的产出。此处的"投入"涵盖创设环境所耗费的人力、物力、财力、时间等资源。因此，一旦创设了环境就要用好、用足，如一物多用、一室多用等，以实现教育功能的最大化。

我们在现实中常看到的现象是考虑了"丰富"，忽略了"平衡"；加大了"投入"，忽视了"效用"。例如，有的幼儿园通常是在为了应付上级检查的情况下投放材料，这种一次性大规模购置和创设的环境对幼儿来说发挥的教育作用一定是低效的，因为幼儿是在与环境的互动过程中获得发展的，材料要依据幼儿和环境"对话"的结果进行多次、渐进式的投放。因此，创设环境一定要依据效用性原则，具体应从以下几个维度进行考量。

（一）简易

保持活动室设计简易化，可避免幼儿在活动时过于拥挤，虽然幼儿需要丰富的环境，但太复杂的活动区会产生"过犹不及"的效果。有些教师在狭小空间里设置了太多的活动区，而这些活动区之间又缺少联系，导致活动室充满混乱、争执。已有研究表明，幼儿在拥挤、喧闹的环境中会变得不知所措，并容易感到挫折。因此，教师不应当盲目设置活动区，应根据班级幼儿的情况分阶段设置；在设置活动区时，教师应站在幼儿的角度，不断回应、反思幼儿的兴趣和需要，以创设阶段性的、渐进式的环境。没有一开始就创设得很完美的环境，教师只有根据变化不断修正最初的设计思路，才能最终创设出真正适合幼儿发展的环境。

（二）近便

首先，从空间上，活动室入口和活动室各活动区的入口要留有较宽敞的空间，这样既方便幼儿通过，又减少拥挤及潜在的危险；其次，从活动区上，活动区的设置要考虑活动类型，如美工区、沙水区等要安排在水源附近，这样方便幼儿取用；再次，材料放置在幼儿视线高度左右的开放性架子上，激发幼儿参与活动，而开放的材料也给予幼儿更多的自我选择机会。最后，室外活动场地也要符合近便性，避免设在幼儿园的偏僻角落，能让幼儿利用户外活动时间就近游戏，同时也能减少安全隐患。

（三）相关与结合、分隔与边界

在设置活动区时，教师应在确定活动区的种类、数量后，根据活动区的性质和特点确定它们的大小和位置。确定活动区的大小要区别对待，如积木区的空间应宽敞，益智区的空间可以小一些。教师应把热闹的活动区与安静的活动区分开，把性质相似的活动区安排在一起，如应把阅读区与表演区分开。此外，教师还应把便于结合起来的活动区进行有机组合，如娃娃家、商店、医院等可以尽量靠近。

尽管在设置活动区时要考虑相关与结合，但各活动区必须要划分清楚，界限分明，以让幼儿明确各活动区的位置，知道各活动区的功能以及可进行的活动，这样既便于幼儿开展活动，也便于教师进行管理。如果界限不清晰，会导致

☞活动区分割
方法示例

幼儿没有区域的意识，不利于活动的开展和进行。为此，教师可使用不同颜色的线、图案等作为活动区之间的分界线。教师也可以采用立体的物品，如用柜子、桌子、隔板等直接将不同的活动区隔开。但教师也要明白一点，"区域的空间虽然做了区隔，但不是僵死的边界，边界应该具有渗透的特性，应让区域之间形成适宜的互动，不仅材料可以移动和共享，幼儿也应该被允许在不同区域之间移动"①。只有这样，各活动区的效用才能得到最大限度发挥。

（四）多功能

1. 空间使用的多功能

为了使幼儿园有限的空间最大地发挥效用，教师应尽量使环境设施具有多种功能。例如，在空间的利用上，可采取一室多用的方法，用隔板、桌子、布帘、拉门、屏风等将布局的空间进行临时的、有效的分割，使固有的空间具有多种功能，以解决幼儿园空间不足的矛盾，满足幼儿活动的需要。又如有的幼儿园把原来用于走路的路面，规划成各种道路线，配上红绿灯设施，对幼儿进行交通规则与安全行路的教育。发挥环境设施的多功能效用，可以提高环境的利用率。

2. 材料使用的多功能

材料使用的多功能体现在材料使用上能够一物多用和以物代物。教师应多使用结构化程度低、用途多的材料。低结构材料在造型及操作功能上不固定，可以一物多用，具有较强的可塑性，幼儿在使用时可以千变万化，既能够更好地适应不同年龄阶段、不同发展水平幼儿的兴趣与能力，也能满足幼儿多样化的游戏意愿和操作需求②。低结构材料可以是来自自然界的，如石子、树枝、竹子等；也可以是废旧物品，如纸盒子、瓶子、轮胎、易拉罐等；还可以是专门的建构材料，如雪花片、积木等。另外，随着年龄的增长，幼儿的游戏水平和表征水平越来越高，教师可逐步增加替代物的投放。多放置能够以物代物的材料（如线绳、瓶罐、木棍等），培养幼儿的想象力和创造力。

六、动态性原则

"动态"与"静态"是相对而言的，环境创设一方面强调事物的"静止"状态，另一方面要体现事物发生与形成的"过程性""变化性""生成性"。动态性原则是指幼儿园物质环境创设要从空间、内容、材料、规则等方面关注环境的不断变化和生成。

我国幼儿园环境创设的一个重大问题是"固定的多，变化的少"③。具体来说，迫于时间、精力、经费等原因，一些幼儿园的环境创设存在"一劳永逸"和

①　黄进．幼儿园区域活动的来源与挑战 [J]．学前教育研究，2014（10）：31-35.
②　丁海东．幼儿园区域环境的游戏性缺失与回归 [J]．学前教育研究，2019（12）：77-80.
③　吴冬梅．幼儿园室内环境的教育价值及其创设 [J]．学前教育研究，2009（10）：57-59.

静态化的现象。我们知道,"环境是幼儿的第三位教师",这样的环境显然无法满足幼儿的需求,更不能和幼儿互动,又怎么能称为"第三位教师"呢?创设幼儿园物质环境遵循动态性原则包含以下两个方面。

一方面,幼儿园物质环境应尽量体现"动"的形式,这样的环境才能与幼儿随时随地进行互动。例如,一所幼儿园在大门处,根据幼儿园门厅弧形的墙面结构,量身定制了一个直通二楼的多功能玩具区,幼儿可以通过钻、爬、攀、滑等多种方式上下楼梯。活动区投放的材料尽可能选择能让幼儿动手操作的材料,应该多一些操作的低结构材料(如沙、水),少一些高结构材料、观赏性的图片、装饰物品和成形物体。即使是知识的呈现,教师也不能以"一览无余"的方式向幼儿展示,应为幼儿提供亲自探索的机会,体验知识产生的过程,得到不同层次的认知结果。幼儿园环境创设应从幼儿真实的生活情境出发,这样才能帮助幼儿联系已有的生活经验,激起幼儿真实的生活体验。例如,在活动区内设置"餐厅"的主题活动背景,其中包括中餐厅、西餐厅、餐厅工作间等功能区,所有的用品、用具都是真实的,幼儿在真实的情境中进行食物制作、买卖、品尝,从中了解中、西方不同的饮食文化,如西餐餐具的摆放、中餐的菜系,也能由此了解到世界各地的文化,让幼儿在真实的体验中成就自信、获得知识。

另一方面,"动态性"还体现在"变化性"和"生成性"上。游戏材料应强调多功能和可变性。有研究表明,最有效的学习来自简单且易变的器材和环境,它能延伸幼儿的想象,并且使幼儿能根据自己的经验和需求进行选择。幼儿园环境可变性的设计,可从可变空间、可变内容、可变材料、可变规则等方面入手。

首先,在可变空间上,教师在设置活动区时可以使用可移动的矮柜、隔板等材料,增加活动区的弹性。这是一种实际而经济的方法,可以解决幼儿在活动过程中的环境随时随地生成的问题。另外,活动区的储物箱可以装上轮子,以方便随时移动。当然,不一定所有的器材都要能移动,为了安全起见,有些大型器材是需要固定安装的。

在可变内容上,环境创设应随着活动主题、季节、节日等的变化而变化。环境的变化不仅能够引发幼儿的探究灵感,还能够引领幼儿的探究活动步步走向深入。[1] 因而,环境创设应随着幼儿的兴趣、教育的需要而发展变化,依据各种可变因素,不断扩展、增加、调整、更换环境,真正实现环境对幼儿的发展价值。

再次,在可变材料上,由于材料是教育意图的物质载体,它本身的特性及由这些特性所规定的活动方式决定着幼儿可从中获得什么样的学习经验,获得哪些方面的发展。同时,材料的投放并不是一蹴而就的,也不是一成不变的,而是要根据教育目标以及幼儿的发展需要,定期或不定期进行调整、补充和更换。此

---

[1] 孙德荣,张馨予.幼儿园探究性学习活动环境的创设与利用[J].学前教育研究,2006(3):52-53.

外，当幼儿对已有材料不感兴趣时，教师应及时反思，并对材料进行调整。总而言之，教师一定要仔细观察，并能根据幼儿的需要、活动的进展状况等，及时更换、增减材料，最大限度地支持和促进幼儿的发展。

最后，在可变规则上，在创设活动区时必然考虑相应的规则，而新的游戏规则也会改变材料的投放与使用。游戏规则既可由教师和幼儿共同商讨制定，也可由幼儿制定。因此，在活动区内，幼儿可以根据已有材料改变规则，增加新的活动方式；也可以根据新的规则更换或增减材料。

新的变化必然会生成新的事物。依据幼儿的兴趣、需要、能力生成的新的空间、内容、材料和规则都是适合幼儿身心发展的环境。

七、主体性原则

幼儿是环境的主人，也是幼儿园环境设计的出发点，是环境的服务对象。主体性原则是指尊重幼儿在环境设计、使用、管理中的主体地位。主体性有别于参与性，幼儿不仅参与环境的创设，更是环境创设的主人，对环境有着绝对的支配权和管理权。主体性原则一方面强调幼儿在环境创设与使用中的主体地位，另一方面也强调幼儿在环境创设中表现出来的自主性、能动性和创造性。

传统的幼儿园环境创设更多是以教师为主导的。一方面，从设计到布置再到评价都由教师完成。一些教师虽然让幼儿参与到环境创设之中，但是从环境主题的生成、设计到实施，幼儿只是"配合"教师去做，这种被动参与并没有发挥幼儿的主体性，这样的环境创设仅是站在教师的角度，而不是站在幼儿的角度。"教师们主要根据自己教育教学的方便考虑环境创设，全凭自己感觉评价好看或不好看，较少倾听孩子们的建议，也很少顾及孩子们的感受，这种做法颠倒了环境创设中的主客体关系，没有弄清楚为谁创设环境以及创设什么样的环境。"[1] 另一方面，在环境布置的内容方面，由于注重艺术性，经常会出现教师擅长什么就布置什么的情况，幼儿常常被当作被动的受体，机械地接受教师的安排；布置好的环境，就成为只供观赏的"静态景观"，使幼儿不能自主地与环境发生作用。下面的案例就表现了教师对幼儿在环境创设中主体地位的忽略。

> ▶【案例 2-2】[2]
>
> 甲班教师准备好材料，向孩子们宣布："我们要把墙面打扮得很漂亮，老师请你们一起来参加，好不好？"
>
> "老师，那画什么呢？"一个孩子问。
>
> "你们喜欢什么呀？"教师以商量的口吻询问孩子们。

---

① 杨文. 当前幼儿园环境创设存在的问题及解决对策 [J]. 学前教育研究, 2011 (7): 64-66.
② 资料来自笔者的观察笔记。

　　"我喜欢宇宙。""我觉得有各种各样的小动物也很好看。""画我们的幼儿园吧。"……孩子们七嘴八舌地讨论了起来。

　　教师微笑着、倾听着，她示意孩子们安静下来，然后宣布："我们让墙面变成一个美丽的海底世界，好吗？"

　　然后教师开始分配工作，将一些简单的鱼、水草分配给孩子制作，自己则开始设计大鱼、海螺、珊瑚等。虽然有几个孩子噘起嘴说自己不喜欢画鱼，但孩子们基本都服从了教师的安排，活动室里恢复了安静。

　　小涵平时的绘画作品深得教师的赞赏，因此他分配到的工作是画鱼。接下这个重要的任务后，小涵想了很久。小涵看过科学漫画，知道在深海中的许多鱼由于常年不见阳光，眼睛基本都退化了，而且是黑黝黝的。当小涵将自己设计的几条深海鱼递给教师时，教师不禁皱起了眉头："小涵，你画的是什么呀？"

　　"这是深海中的鱼。"小涵辩解着。

　　"哦，是深海中的鱼呀。不过这贴在墙上不好看。这样吧，老师给你几张画得很好看的彩色鱼，你照样画吧。小涵肯定可以画得很好看，对不对？"

　　最后，一个美丽的海底世界诞生了，基本与教师当初设想的一致，教师欣赏着美丽的墙面非常满意。几个孩子则围着小涵，传阅着被教师否定的画，讨论着深海中各种奇怪的鱼；大部分孩子已围在玩具架前玩了，他们已经对之前一直画水草不耐烦了。

　　案例中的教师绞尽脑汁布置的充满艺术色彩的墙面并没有得到幼儿的认同，幼儿既不知为何要布置墙面，也不知为什么要如此布置，教师强迫幼儿画水草的做法也导致了他们对墙面布置的不满，同时教师对小涵的消极反馈也使幼儿丧失了兴趣。幼儿在这样的墙面布置中完全是消极被动的，幼儿主体性的丧失使环境的教育价值大打折扣，同时也严重影响了幼儿的积极性。

　　因此在创设环境的过程中，教师一定要尊重幼儿的主体地位，遵循主体性原则。尊重幼儿的主体地位，就要在环境的设计、使用和评价、管理与规则的制定等方面突出幼儿的主体性，给予幼儿参与的机会。

　　（一）环境的设计、使用和评价

　　当幼儿主动参与改变周围环境的工作时，他们会感觉自己有控制周围世界的能力。当然，幼儿毕竟年龄尚小，大型环境不可能完全由幼儿创设，因此幼儿在设计上的主体性可从主题的生成、彩绘墙饰等方面体现。

　　第一，主题可以依据幼儿的兴趣生成，也可以由幼儿的"问题"生成。幼

☞幼儿参与环境创设示例

儿的"问题"包括幼儿提出的问题，如幼儿想知道海底动物除了鱼之外还有什么，那么由此生成的"海洋生物"主题就属于幼儿提出的问题；幼儿的问题还涉及幼儿出现的"错误经验"，如幼儿想表达天气很热，说"今天天气好热，都80℃了"，为了纠正这种错误经验而生成的关于"温度"等相关主题也属于幼儿的"问题"。再如，教师针对幼儿出现的"不礼貌行为"而展开"懂礼貌，讲文明"主题活动。不管生成的方式如何，主题都必须"围绕"着幼儿，依据幼儿的经验、兴趣、水平、能力来生成。

第二，幼儿的学习环境即为幼儿展示自己能力、想法的舞台。幼儿都喜欢涂鸦，教师可专门为幼儿设置一面墙或一个画板让他们自由表达；也可以让幼儿一起来完成一幅壁画，这样会让幼儿充分体会主人翁感。另外，幼儿的图画、手工、陶土也是布置活动室的最佳材料。幼儿的家居生活照、心爱的收藏品或家里的玩具，都可以拿到幼儿园与同伴一起分享。这些都会增强幼儿的归属感，感受"小主人"的地位。

教师应保证让幼儿成为环境使用的主人。幼儿是在与环境的互动中得到发展的，只有加强幼儿与环境的互动，环境的教育功能才能真正得到实现。为此，教师应注重发挥幼儿的主体意识，把环境与课程有效结合起来，让幼儿充分探索和使用环境。

既然环境设计的主人是幼儿，那么对环境的评价当然也应体现幼儿的主体性。教师虽然可以评价环境，但应在环境评价中"看见"幼儿，把幼儿在环境设计、布置上的主体性、互动性、合作性的体现程度作为评价的重要内容。

（二）环境的管理与规则的制定

环境是动态的环境，因此环境的管理和规则的制定也是影响物质环境效用的重要方面，这一方面也应该体现出幼儿的主体地位。在活动区上，教师可以与幼儿一起建构活动区，也可以根据幼儿对活动区兴趣的变化，与幼儿讨论，并一起调整和配置活动区。在收纳材料上，教师应培养幼儿维持环境整洁的习惯，幼儿应随时将材料整理归位，以方便其他幼儿取用，并让活动区维持功能。另外，教师应让幼儿参与活动区游戏规则的制定与修改，让幼儿担负起"管理"活动区的责任，这样不仅能培养幼儿的责任意识，而且能引导幼儿积极主动的学习。例如，让幼儿共同商讨、制定建构区的活动规则。又如，通过"小小值日生"让幼儿自主管理各活动区。只有让幼儿充分参与环境的管理和规则的制定，幼儿的主体性才能充分体现和真正彰显。

☞幼儿制定的
区角规则示例

☞幼儿作为区
域管理者示例

八、启发性原则

启发性原则是在教育中最多被提到的教学原则。在古代，孔子就提出"不愤不启，不悱不发"。随着时代的发展，启发性有了不同的含义。古代的启发性原则是对经典文献中的思想和经验的接受活动，近代启发性原则主要着眼于对知识的理解活动，而现代启发教学则着重发展学生独立发现知识由来的能力，像科学认识一样能够观察、归纳、总结、概括出知识及知识的特征等。从"启发性"发展的历史来讲，启发性原则反映了人类认识的发展进程，全面的启发性原则是融合三种不同含义的"启发"。既然环境本身就是一种教育，那么环境的创设也应遵循启发性原则。当然，教学中的启发性原则和环境创设中的启发性原则是不同的，教学中的启发性原则以教师为主导，而环境中的启发性原则主要以幼儿为主体，幼儿自主选择具有启发性的环境。因此，幼儿园物质环境的创设遵循启发性原则，就是要使环境能够引发幼儿思考，培养幼儿的思维能力和主动探索能力。

传统的幼儿园环境创设往往重视对感官的刺激，而忽视对思维的培养，多表现为让幼儿仅仅感知"这是什么"，而没有把重点放在激发幼儿思考"这是为什么"上，使得环境的设置常常"启而不发"。因此，环境的启发性不仅包含对幼儿思考的激发，还包含对幼儿想象、创造、探索等的激发。另外，从环境中提出的问题不符合幼儿的已有水平，脱离幼儿的生活经验，也同样会使得环境"启不得法"。

因此，遵循启发性原则就要真正使环境"启而得发""启而得法"，教师应关注以下几个方面。

（一）了解知识经验，找到启发原型

所谓启发原型，就是幼儿已有认知结构中的"图式"，环境中的启发应以幼儿已有经验和认知结构为基础，如果脱离了幼儿的已有经验和认知结构，则不可能引出有意义的启发。这就要求教师在创设环境时要了解幼儿已有的知识经验，找到幼儿感兴趣的发散点和启发原型。例如，幼儿从动画片或科普知识中了解到"恐龙"是一种远古动物，并对恐龙很感兴趣，那么"恐龙"就可以作为一种启发原型。

（二）设置问题情境，引发幼儿思考

幼儿园环境要能引发幼儿思考，并引导幼儿正确理解、接受已有的知识，发展幼儿的联想－演绎能力，提高幼儿的认识水平。幼儿园的墙面设计最好用"问号"的形式，而不是"句号"的形式，让幼儿带着"问题"与环境互动。"问题情境"只有具有多种可能，才能引起幼儿的多种思考。例如，教师可以带给幼儿一系列思考——"恐龙家族有很多兄弟姐妹，他们都叫什么？长什么样？""在远古时期和恐龙一起生活的动物还有哪些？""恐龙是生活在陆地上的，远古时期的海洋生物有哪些？""远古植物和我们现在的植物有什么不同？"等等，这些问题情境的设置会使幼儿兴致勃勃地进行思考和探究。

（三）培养思维力

环境创设要使有悬念的环境与直观的环境相结合，从而有效地培养幼儿的注意力、观察力、思维和想象力。例如，在活动区中应放些直观事物，教师通过

"提问"的方式培养幼儿的逻辑思维能力，并通过幼儿的操作培养幼儿"实践"的科学精神和素养。在上面的"恐龙"例子中，教师在引发幼儿步步深入的思考后，再给幼儿提供直观的图片，对大班幼儿可以增加一些文字说明以培养他们的语言能力和逻辑思维能力。

（四）主动探索

启发性原则的实施是让幼儿在今后不断变化的世界中能感悟并抓住关键信息，进行主动探索，让幼儿在主动探索的认识活动中开拓创新能力。随着年龄增长，幼儿日趋表现出更多的自主性和丰富的想象力，教师应使教学内容日渐丰富，并且具有探索价值，以激发幼儿的思考、想象、创造。例如，在上面的"恐龙"例子中，教师可以引导幼儿对远古生物进行分类，了解它们的生活环境和习性，并亲自动手制作图片或模拟远古生物的生存环境等。只有让幼儿主动探索，才能让他们了解知识中蕴含的方法和科学精神，才能真正培养他们的科学精神和创新能力。

九、挑战性原则

维果茨基（Lev Vygotsky）的"最近发展区"理论认为学生的发展有两种水平：一种是学生的现有水平，指独立活动时所能达到的解决问题的水平；另一种是学生可能的发展水平，也就是通过教学所获得的潜力。两者之间的差异就是"最近发展区"。维果茨基认为，教学应着眼于学生的"最近发展区"，为学生提供带有一定难度的内容，从而使他们能超越"最近发展区"，达到下一阶段的发展水平，然后在此基础上进行下一发展区的发展。基于这一理论，幼儿园环境创设应在一定程度上落位于幼儿的"最近发展区"，为幼儿创设和提供具有一定挑战性的环境，推动他们达到更高的发展水平。这里需要阐明一点，挑战性并非越难越好，而是相对于幼儿的现有能力而言具有一定难度但又未超过发展的可能性。幼儿园物质环境创设可从以下三个方面遵循挑战性原则。

（一）创设富有挑战性的问题情境，构建探究的阶梯

难度是幼儿评价幼儿园物质环境的重要因素。[1][2]幼儿既不喜欢难度过低的活动和材料，也不喜欢难度过高的活动和材料。因此，在创设物质环境时，教师应根据幼儿的已有水平，创设具有一定挑战性的不断进阶的物质环境，以激发他们的热情和兴趣。各活动区与功能室、户外活动环境等的创设均应遵循这一要求。

（二）提供多种层次的挑战，适合不同水平的幼儿

传统活动材料的主要问题是缺少不同程度的挑战，通常每一种设施仅有一种尺寸大小，因此仅提供一个层次的挑战。对于有些幼儿而言，它太难了，所以就

① 陈欢，王小英．基于儿童视角的幼儿园物质环境质量评价 [J]．学前教育研究，2016(1):19-29.
② 李珂．儿童视角下的幼儿园游戏材料评价研究 [D]．天津：天津师范大学，2019.

不想去玩；对另一些幼儿而言，它又太简单了，会让幼儿感到无聊，挫败他们的积极性。所以，教师应使每个活动的难度有所不同，让不同年龄、不同水平的幼儿都能找到与其发展水平相对应的活动材料。

（三）在保障安全的基础上，多些冒险活动

喜欢冒险是幼儿的天性，对这一天性限制过多，不利于幼儿的身心发展。另外，由于日常生活场所不能提供"令人兴奋和有刺激性"的活动，幼儿的探索天性得不到满足，他们可能会去河边、铁轨边或马路边玩耍，面临更大的危险。大量研究表明，冒险性游戏中的风险和挑战，要求幼儿在面临困难和危险时勇于克服困难，这既能培养他们独立坚强的品质，也能帮助他们逐步学会认识和判断游戏情境中的风险要素，促进解决问题能力的发展。[①] 可见，冒险性游戏对幼儿多方面能力的发展具有重要价值。要说明一点，这里的冒险绝非是冒着安全和健康的风险。然而，现实却是，由于怕出安全事故，幼儿园教师往往会将活动的风险系数降为零。殊不知，以安全之名的过度保护，已将独立、冒险和探索精神从幼儿的童年中剥离，实际上幼儿并没有变得更安全。因此，幼儿园教师应在做好预防和保护的基础上，让幼儿适度冒险、合理冒险，以让他们学会识别危险，进而正确应对危险。在活动之前，教师要亲自检查每一处可能存在危险的环节，在活动中要随时随地关注幼儿的活动，在发生意外后也应即时采取应急措施。有研究表明，对于一些专门设计的冒险活动，其危险率是相对较低的，而对于那些日常活动，由于少了警惕，发生危险的概率却是相对较高的。此外，幼儿园还可以专门设置冒险游戏区，为幼儿提供可以适度冒险的游戏环境。

☞挑战性环境
创设示例

十、开放性原则

开放性原则是指在创设幼儿园物质环境时不应"闭门造车"，而应在空间、内容、方式、参与者等方面体现开放的理念，形成开放的幼儿园环境系统。后现代理论认为，人的思维是一个开放的系统，知识的建构过程就是脑的思维演化的自组织过程。其实不仅是人的思维，整个人类社会都是开放的。我们不能把幼儿封闭在"与世隔绝"的环境中，只有给幼儿创设开放的环境，才能让幼儿在开放的"生活世界"中自由发展。遵循开放性原则，要做到以下几个方面。

（一）空间的开放

"地球村"和"世界公民"的概念已日益贴近我们的生活，幼儿园的教育环境在空间上不应是封闭的，而应是开放的。

首先表现为幼儿园园内空间的开放。空间对幼儿应该是完全开放的。有些幼儿园限制幼儿在室外活动的时间，致使有些游戏设施利用率低，不仅不利于幼儿

① 王伟文，吴航 . 儿童冒险性游戏：内涵 . 价值及其研究启示 [J]. 教育导刊（下半月），2018（4）：8-13.

的发展，还造成资源的浪费。例如，在娃娃家的幼儿突然想起"哄婴儿睡觉可以拿一本书给婴儿读"，这时他可以自由地来到图书区拿一本图书。同时教师还可以利用或改造自然环境，根据幼儿的个性特点，充分发掘自然资源，让幼儿在自然环境中得到学习和锻炼。如教师可利用幼儿园内挂满紫藤的长廊，在长廊四周围上遮阳布，形成黑暗通道，开展"穿越隧道"的游戏；利用植物园茂密的树林组织幼儿玩"勇敢侦察兵"的游戏。

其次表现为幼儿园与园外空间的开放。随着社会的发展、科技的进步，社会环境对教育的影响越来越大。因此，创设幼儿园环境，不仅要考虑幼儿园园内环境要素，同时也要重视园外环境的各要素，两者应有机结合，协同一致地对幼儿产生影响。例如，图书馆、科技馆等都可以作为幼儿园环境的组成部分。

当然，对于小班幼儿来讲，他们身体的自控能力以及管理能力较差，因此环境空间可以采取开放与半开放相结合的形式。如活动时的空间是开放的，以便幼儿对材料、玩具进行选择，在活动结束后或在环境转换时，开放的环境可转换为半开放的环境，使幼儿的注意力转到下一个环节。太开放的空间对于低龄幼儿来说会让他们感到不知所措、无所适从。

（二）内容的开放

这个世界每天都在发生日新月异的变化，因此环境的内容不仅要常常变化，更要紧跟时代，做到"吐故纳新"。环境的内容不仅要以幼儿的生活经验为基础，更要关注国家乃至世界的变化。例如，高铁、机器人等都可以作为环境创设的主题内容。

内容上的开放还表现在"留白"上。如果内容太过丰富，所有的信息都毫无保留地展示给幼儿，就没有留给幼儿任何发问、想象、拓展的空间，不利于培养幼儿的发散性思维和探索创新能力。

（三）方式的开放

教师不仅要掌握环境创设的传统方式，也要及时采纳现代方式来创设环境。例如，教师可以利用电视、电脑、录像、录音等创设开放的环境。近年来，信息技术作为一种现代化教育手段，正迅速走进幼儿园。早在1996年，在全美幼儿教育协会的报告中就表明了这样一种观点："如果使用得当，计算机技术能够提高儿童的认知和社会性发展水平。""适宜的计算机技术被整合到学习环境中，并成为众多的支持儿童学习的方式之一。"

最常用的方法是选择适宜的软件丰富幼儿的学习环境，鼓励教师自制课件等。教师还可以利用常规的活动材料对适宜的软件内容进行丰富和发展。幼儿在操作软件的过程中会获得相关的概念和经验，而且还可从中生成一些可以进行更深入探究的主题。教师应及时抓住教育契机，引导幼儿利用一些常规的活动材料进一步探究和实践，使主题更为深入和扩展。

（四）参与者的开放

以往的环境创设更多由教师完成，不让幼儿参与，更不用说家长等其他人员了。《幼儿园工作规程》指出：幼儿园应当充分利用家庭和社区的有利条件，丰富和拓展幼儿园的教育资源。以家长为例，引导家长收集材料，吸纳家长参与环境设计与布置，一方面体现了家园的沟通与合作，另一方面也让家长感受到了主人翁地位，这样会使家长与幼儿园形成教育的合力。幼儿园还应该吸纳其他人员尤其是社会各领域的专业人才，借鉴他们的智慧作为幼儿园的教育资源。例如，一些幼儿园为了加强幼儿对消防安全知识的了解，提高幼儿的安全防范意识，邀请消防员进园讲座、示范，让幼儿近距离认识消防、感受消防、体验消防。

第二节　幼儿园精神环境营造的原则

有这样一个故事：在第二次世界大战后的德国，有两所设备和食品质量完全相同的幼儿园。但是，当调查人员对这两所幼儿园的幼儿健康状况进行调查时却发现，甲园的幼儿身心都很健康，情绪也很愉快，而乙园的幼儿却身心健康状况较差。迥异的调查结果使调查人员十分困惑，他们经过认真的调查分析之后，终于找到了原因。原来，甲园管理幼儿吃饭的保育员态度和蔼、富有爱心，在幼儿吃饭时总是以微笑、鼓励的方式对待幼儿；而乙园的保育员则对幼儿缺乏耐心和爱心，每逢用餐时就训斥幼儿，导致幼儿一到吃饭时就害怕、情绪低落，严重影响了幼儿的食欲及消化吸收，最终对幼儿身心健康产生不利的影响。这是一个由不良精神环境造成幼儿身心健康受到极大损害的典型事例。

现在，随着物质条件的改善和提高，幼儿园越来越关注物质环境的创设。但是，如果只追求"有形"的物质环境的创设，而忽视"无形"的精神环境的营造，幼儿园环境创设就会事倍功半、得不偿失。在具备了基本的物质条件后，对幼儿发展起决定性作用的是精神环境。众所周知，我们生活于其中的物质环境是无限的，但是能被我们感知，对我们行为产生影响的只是其中一小部分。尽管幼儿园环境不同于生活环境，幼儿园环境是依据幼儿身心发展和需要创设的教育环境，但环境是不能直接作用于幼儿的，教师"精心"创设的物质环境能否转化为幼儿的学习经验，还要依赖幼儿所感受到的精神环境。可以说，在幼儿园环境创设中，物质环境是基础，精神环境是关键。

幼儿园的精神环境与幼儿发展两个方面的问题关系紧密。

（一）精神环境与幼儿心理健康问题

谈到心理健康问题，人们很容易将其等同于心理问题。教师往往比较关注幼儿有没有心理问题，认为心理问题只与少数幼儿相关。有些教师习惯给幼儿下结论，认为这个幼儿有"多动症"，那个幼儿患"自闭症"，而没有看到心理健康实质上是一个动态变化的过程。这种对心理健康问题"狭隘化"的认识导致了实际教育中多采用对个别幼儿的补偿性教育，而忽视了对幼儿园整个精神环境的营造。因此，教师应把注意力放在大多数幼儿动态的心理健康上，持有一种积极的心理健康观，这就需要教师在平时能够营造一种优化幼儿心理素质、开发幼儿心理潜能、发展幼儿独特个性的精神环境，以培养幼儿健全的人格。从幼儿心理健康的角度来看，精神环境的营造要关注幼儿心理潜能的挖掘与优化。从个体发展的角度来看，个体一生下来就有一些原生的素质，如感官、神经系统的特征以及气质等，这些都是个体心理潜能。个体心理潜能的外显有其规律性，有发展的敏感性，如果教师创设的环境与教育条件得当，这些潜能将不断得到积极外化、衍生，进而内化为个体的积极的心理品质。[①]

（二）精神环境与幼儿创造潜能的开发

事实上，创造潜能也属于心理潜能的一种，因此，精神环境的营造与幼儿创造潜能的开发也密切相关。教育的重要目标之一是培养幼儿的创新精神。创新是需要土壤的，但在现实中却常常出现让我们扼腕叹息的事例："冰雪融化后是什么"，答"春天"者为0分。这样的教育导向无疑会把幼儿的创新精神扼杀在摇篮中。因此，培养幼儿的问题意识、质疑与批判精神、探索与求实精神、拼搏与冒险精神需要安全、自由的精神环境。从创造教育的角度看，积极健康的精神环境的重要标志如下：（1）能使幼儿产生心理安全感与自由感，表现出轻松愉快的状态；（2）能使幼儿的好奇心、创造动机和兴趣等心理需要得到满足；（3）能使幼儿学会关心同伴、共享玩具、相互尊重；（4）能使幼儿产生遵守纪律和活动规则的心理需要。

一言以蔽之，幼儿园环境不仅要重视物质环境的创设，更要关注精神环境的营造。

什么是精神环境？精神环境有时等于心理环境。最早对心理环境进行描述的是格式塔心理学派的考夫卡和勒温。他们把环境或个人看作一种整体的存在，认为任何具体的心理和行为事件都在这个整体的制约下发展和变化，同时，又把现代物理学有关"场"的各种概念援引过来，作为格式塔心理学理论观点的基本概念，构建了以"场理论"为主体的心理学理论体系。他们认为，心理环境是一种"对人的心理事件发生实际影响的环境"[②]。因此，在幼儿园环境中对幼儿产生重大影响的是心理环境或精神环境，教师应重视精神环境的营造。

幼儿园精神环境是指由人际关系、文化观念等无形因素交织在一起形成的心理氛围。精神环境较之物质环境，对幼儿的影响是潜在而深远的，物质环境只有凭借良好的精神环境，才能转化成幼儿的认知经验、积极情感和学习行为。反

---

① 刘云艳.幼儿心理素质教育的理论与实践研究[M].北京：教育科学出版社，2009：66.
② 朱智贤.心理学大词典[M].北京：北京师范大学出版社，1989：57，763.

之，消极的精神环境不仅不利于幼儿的学习，甚至会对幼儿的情绪、行为习惯和人格产生消极的影响。生活在温暖、鼓励气氛中的幼儿，容易形成积极的个性特征，获得良好的交往技能和行为习惯；积极健康的精神环境是幼儿创造性、道德、认知、情感、良好社会行为等方面发展的关键变量。

在实际的教育工作中，由于对精神环境的重要性认识不足，教师往往较为注重物质环境的创设，而忽略精神环境的营造，或者还没有将精神环境的营造纳入自己的自觉观念和行为中。下面将阐明幼儿园精神环境的构成要素，以及其中起决定性作用的要素有哪些，以使教师能在创设环境时把精神环境的营造当成一种自觉的观念和行为。

幼儿园精神环境在结构上有两种形态：人际环境和文化环境。

人际环境表现为各种人际关系，它包括师幼关系、同伴关系、干群关系、同事关系和家园关系。在幼儿园，幼儿主要与他人形成两种类型的关系——垂直关系和水平关系。垂直关系主要指师幼关系，水平关系主要指同伴关系。民主平等的师幼关系是幼儿身心发展的关键；友好合作的同伴关系能增强幼儿的安全感和信任感；和谐的干群关系是整个幼儿园精神环境的枢纽；合作的同事关系有利于教师的专业发展和心理健康；积极的家园关系是幼儿健康成长的保障。

文化环境主要包括物质文化、制度文化和精神文化。人们关注幼儿园文化建设，但主要关注"物化性、外显性、操作性"较强的物质文化和制度文化，而忽略其核心——精神文化的建设，并且在文化建设中表现出"形式化""功利化"的倾向。因此，建设幼儿园文化重在关注精神文化。我们说，文化是"人"的文化，文化最终还要通过人际关系来体现。因此，人际关系是体现幼儿园精神环境的决定性因素。

我们知道，人际关系是一个复杂的系统，任何一种关系都是一个子系统，它们之间相互影响、相互作用（如图 2-1）。如果一个幼儿园的人际关系是友好、和谐的，那么每个人都会心情舒畅，就会形成一个有凝聚力、战斗力的集体，整个幼儿园的心理氛围都是积极向上的。幼儿生活在这样的怡情环境中，不仅会得到健康的身体，也会拥有一颗丰盈的心灵。

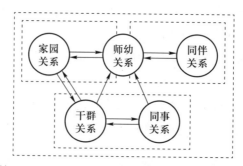

图 2-1　幼儿园精神环境

从图 2-1 中我们可以看出，在幼儿园各种人际关系中，师幼关系是最重要的，它是决定幼儿能否健康成长的核心所在。正如著名教育家赞科夫所言，"就教育效果而言，很重要的一点是看师生关系如何"[①]。因此，幼儿园精神环境营造的关键在于教师。

教师要拥有正确的教育观念（儿童观、教育观、课程观等）、稳定的心理素质、积极的情感态度以及不断发展的专业能力，才可能为幼儿营造一个宽松、和谐、民主，激发幼儿学习兴趣，鼓励幼儿主动探索、想象、创造的良好精神环境。

幼儿园精神环境的营造应遵循以下"十多"原则。

一、多关注原则

一般来讲，关注有两层含义：一是用眼睛看某人、某事；二是关心重视，用实际行动去对待某人、某事。幼儿园教师在实施多关注原则时也要做到两个层面的关注，不仅要注意每一个幼儿的发展变化，同时也要及时、敏感地给每个幼儿提供必要的帮助。幼儿特别喜欢被人关注，为得到教师的关注甚至不惜挨批评。有些幼儿喜欢搞恶作剧，究其原因在很大程度上是为了引起教师和其他小朋友的注意。而批评确实也是教师对幼儿的一种关注，但这是一种消极的关注，对幼儿心理健康成长是不利的。积极的关注则不然，"皮格马利翁效应"就是积极关注所产生的神奇效果。在幼儿园的每个班级都会发现几个"不合群"的幼儿，被同伴所忽略，研究表明，这些幼儿在被同伴忽略之前首先是被教师忽略的。[②] 所以，每位幼儿都应得到教师积极的关注。尤其是对那些刚入园、年龄小的幼儿，他们正承受着"难以忍受"的分离焦虑，教师应主动亲近这些幼儿，让他们感到在幼儿园也会得到"妈妈般"的关爱。教师的一个眼神、一个拥抱、一句问候、一个微笑都是对幼儿的积极关注。这些言语、表情、动作、态度等都传达着教师对幼儿的热爱、重视、认可、支持、接纳、肯定等信息。这是建立良好师幼关系的基础。关注幼儿，教师还要注意以下几个问题。

（一）多关注"过程"，不仅仅关注"结果"

例如，在幼儿园传统的"五彩气球"科学探究活动中，教师往往先引导幼儿观察教师预先准备的彩色气球、打气筒等材料，引导幼儿明确打气筒的名称、用途，并进行示范操作，然后才放手让幼儿进行操作，对无法操作的幼儿就手把手地"教"。在这种情况下，大多数教师关注的是每个幼儿能否在本次活动中让自己的气球胀起来这一结果，而相对忽视了幼儿的探究过程，其探究效果可想而知。幼儿的学习重"兴趣"、重"体验"、重"生成"，而这些只有在过程中才能

---

① 赞科夫.和教师的谈话 [M].杜殿坤，译.北京：教育科学出版社，1980：24.
② 刘晶波.师幼互动行为研究：我在幼儿园里看到了什么 [M].南京：南京师范大学出版社，1999：2.

体现。另外，关注学习过程还是关注学习结果，也决定着教师的评价导向，即教师是重视形成性评价还是重视结果性评价。

（二）多关注所有幼儿，不仅仅关注少数幼儿

在教育教学中，教师往往只关注少数幼儿。一方面，教师会关注那些"听话""乖巧"的幼儿，因为喜欢这类幼儿是人的自然行为，教师对这类幼儿常给予较多的积极关注；另一方面，教师会关注那些"顽皮""有问题"的幼儿，因为关注这些幼儿就能维持班级的秩序，教师对这类幼儿常实施严格的消极关注。而大多数幼儿是被教师忽视的。因此，对每一个幼儿实施积极关注应成为教师的自觉行为。

（三）多关注生活活动，不仅仅关注教学活动

幼儿园的一日环节皆课程，教师过多地关注"正式"的教学活动，而忽略"非正式"的生活活动，这样做会失去观察生活活动中一个个"活生生"的幼儿的机会。

例如，进餐活动是涉及幼儿生理、心理的一种复杂活动，教师对幼儿的进餐活动应予以关注。幼儿园应在保证每日营养供给的同时，营造一种安全、轻松、快乐的进餐环境，这样的环境也为幼儿提供了许多学习的机会。首先，鼓励幼儿自己吃饭，慢慢吃，让幼儿有充足的时间吃完食物，以便建立愉快的进餐气氛。其次，在餐前准备中，允许幼儿参与他们喜欢的活动，如摆放桌椅、擦桌子、盛饭；条件许可的话，允许幼儿参观或参与食品的制作。这样可以培养幼儿对食品的积极认知和进餐过程中的合作意识。因此，营造良好的进餐环境同样会满足幼儿的情感以及社会性的需要。在生活活动中，幼儿的个性化需求更需要教师的积极关注。

二、多尊重原则

"尊重"一词可以解释为"重视并认真对待"。尊重儿童是历史悠久的教育命题，已成为深入人心的教育信条。古代有苏格拉底、亚里士多德，近现代有卢梭、蒙台梭利、杜威、陈鹤琴、陶行知等，都将尊重儿童作为一切教育的根本和依据，从把儿童作为与成人一样拥有基本权利的人来尊重，到尊重儿童的天性；从尊重儿童的生理特征、个性特征，到尊重儿童的精神等。由此衍生出诸多命题——"尊重儿童的人权""尊重儿童的人格""尊重儿童的个性""尊重儿童的学习权利""尊重儿童的游戏权利""尊重儿童的文化""尊重儿童的兴趣""尊重儿童的选择""尊重儿童的认知水平""尊重儿童的学习方式""尊重儿童的习惯""尊重儿童的情感"等。

多尊重原则就是要重视、认真对待幼儿发展的各个方面。教师在营造精神环境时要注意以下几个方面。

（一）尊重幼儿的经验

"儿童是成人之师"的观点，不仅让我们明白幼儿的生活中蕴含着人生的真谛，如求真、好奇、创造等品质，教师应向幼儿学习，同时也提醒教师，我们正置身于新媒介时代，每个人获取信息的渠道是多元的，教师不再是知识的权威，幼儿也可以在某些领域掌握不少知识。

▶【案例 2-3】

班里正在进行有关"太阳"的学习，就在我总结太阳形状的时候，一只小手高高地举了起来，是小明（化名）——一个喜欢发言却又词不达意，经常会制造点麻烦的孩子。我皱了皱眉，有点无奈地请他站起来。他结结巴巴地说"老师，太阳不是圆的"，其他小朋友一听，都哈哈大笑起来。我说："我们天天都看到太阳，太阳怎么可能不是圆的呢。"可是小明涨红了脸，固执地坚持："真的，太阳真的不是圆的。我从网上看到的。"我不假思索地说："那你证明给我们看好吗？"第二天，小明拿来一本厚厚的书，对我说，他回家和爸爸一起查了资料，并指着书中用铅笔画出的句子让我看："太阳的光球是我们肉眼能见的部分，其实光球并不如我们肉眼所见的那样是圆形，它的形状是不规则的多边形。"看来我确实错了。

相信以上案例并非个案，教师应抛去成人的优越感，尊重幼儿的经验，虚心向幼儿学习，聆听幼儿的声音。

（二）尊重幼儿的情绪情感

幼儿有着丰富的情感世界，但由于语言表达能力的限制，他们往往难以准确地表达自己的内心感受。教师首先要尊重幼儿的情绪表达，帮助幼儿适当宣泄消极的情绪，这是幼儿心理健康的保障。其次，教师要深入了解幼儿的内心，为幼儿做好情绪疏导，帮助幼儿把消极的情绪转化为积极的情绪。尊重幼儿的情绪情感，还要尊重幼儿的友谊，帮助幼儿建立积极的同伴关系，这样不仅有利于幼儿心理健康，同时也有利于幼儿合作、分享等社会交往技能的发展。

（三）让幼儿学会尊重，激发幼儿"内在"的自尊

教师是幼儿观察学习的榜样，只有教师发自内心地尊重幼儿，幼儿才能学会尊重他人，尊重这个世界。自尊是幼儿健全人格的重要组成部分，也是人内在的一种情感需要。教育家苏霍姆林斯基指出："自尊心是青少年最敏感的角落，是学生前进的潜在力量，是前进的动力，是向上的能源，它是高尚纯洁的心理品质。"自尊心影响幼儿的心理健康水平，并对幼儿认知、情感、社会性等方面的发展都有重要的影响。

另外，在实践中教师还要注意避免对尊重的误解。尊重不等于遵从、迁就。凡是幼儿的需求就一味地赞同，对幼儿的不合理行为也"千依百顺"，被幼儿"牵着鼻子走"。这样的做法不是尊重，而是放任，事实上是忽视幼儿的发展，会导致幼儿形成不良的性格特征。

三、多接纳原则

多接纳是一种平等公正的态度，是一种宽容博爱的情怀。教师在营造精神环境时，无论面对的是聪明的还是迟钝的幼儿，健康的还是有缺陷的幼儿，富足的还是贫穷的幼儿，顽皮的还是乖巧的幼儿，都应以平等的态度、无私的情怀去真心接纳每一位幼儿。教师的不公正态度是幼儿最不能忍受的，很容易引起师幼情感对立，不利于和谐师幼关系的建立。

法国作家拉封丹曾写过这么一则寓言，讲的是南风和北风比威力，比赛的项目是看谁能把行人身上的大衣脱掉。北风首先发威，一上来就拼命刮，凛凛寒风刺骨，结果行人为了抵御北风的侵袭，把大衣裹得紧紧的；南风则徐徐吹动，顿时风和日丽，行人觉得很暖和，慢慢地解开了纽扣，最后都脱掉了大衣，南风获得了胜利。南风之所以能达到目的，就是因为他顺应了人的内在需求，使人的行为变为自觉。这种以启发自我反省、满足自我需要而产生的心理反应，被称为"南风效应"。这个寓言深刻地告诉我们，感人心者莫乎情，接纳往往胜于压服。

心理学研究也表明，良好的教师接纳有利于幼儿形成对幼儿园积极的态度，容易与其他幼儿形成积极的关系，促进幼儿发展良好的个性品质，具有较高的社会适应能力。教师在营造宽容接纳的精神环境时要重点考虑以下两个方面。

（一）接纳幼儿的个体差异

世界上找不到两片完全相同的树叶，同样也找不到两个身心特点完全一样的人。每个幼儿的需要、兴趣、情感表达、行为方式都是不同的。教师只有接纳每一个孩子的不同，才能去了解、研究幼儿，才能真正做到"因材施教"。

（二）接纳幼儿的"错误"行为

幼儿年龄尚小，心智发展还不完善，难免会出现一些"错误"或"过失"行为，面对这样的情况，教师不应站在"审判官"的角度去指责、训斥幼儿。例如，有些幼儿攻击性较强，教师一看到幼儿出现攻击性行为就制止并指责，这不但无益于矫正幼儿的行为，还会导致师幼关系紧张。幼儿的行为问题是动态变化的，有时还可以自我矫正，所以教师不应急于矫正幼儿的行为问题，而应首先了解行为背后的原因。例如，幼儿之间发生冲突有时是因为幼儿不了解对方行为的动机，也缺少适当的交往技能。面对这样的情况，教师要采用一种积极的方式来应对和解决幼儿之间的冲突。另外，有时幼儿的"过失"行为背后蕴藏着可贵的童心。例如，给植物浇牛奶等看似"过失"的行为却是由幼儿美好的动机引发的。面对这样的"过失"行为，教师一定要去接纳引导幼儿形成正确的认知。

四、多肯定原则

肯定是对人对事持确认、正面判定或赞成的态度。多肯定原则是指对幼儿的言行、情感等多给予正面的评价、积极的引导，少一些负面的评价和消极的惩罚。

有这样一个故事：有位画家把自己认为最满意的一幅作品的复制品拿到集市中心，旁边放上一支笔，请观众们把不足之处指出来。晚上把画拿回来时，画家发现作品上所有的地方都标上了指责的记号，也就是说，这幅画简直一无是处。第二天，画家仍然把同一幅画的复制品拿到集市中心，所不同的是，这次画家让大家把觉得精彩的地方指出来。晚上把画拿回来时，出现了戏剧性的一幕，画面上所有地方密密麻麻地标上了各种赞许和肯定的记号。从故事中我们可以看出：同样的一幅画，如果让人们专门来"挑剔"，缺点只会越来越多；如果让人们专门来评价优点，结果处处皆精彩。

无论是成人还是幼儿，都喜欢或容易接受肯定的、正面的引导与评价。对幼儿要多鼓励，少批评；多指导，少冷落。教师在教育幼儿时，应充分肯定幼儿的成功之处，使其用积极的因素克服消极的因素，变被动地接受批评为内心的自我反省，最大限度地避免"批评"所带来的负面效应。

因此，我们说，"肯定教育"是"自我教育"的开端。肯定实质上是一个扬弃的过程。教育学家苏霍姆林斯基说过："真正的教育是自我教育。"教育的最高境界是自我教育，而"肯定教育"正是"自我教育"的前奏，没有"肯定教育"就很难有"自我教育"。

在具体实施中，教师要首先敢于肯定幼儿的"错误"，给幼儿提供尝试错误的机会。学习有时也是一种尝试错误的过程，幼儿在不断"试错"的过程中找到问题解决的方式，因此教师应允许幼儿犯错。当幼儿出现"严重"的错误行为时，教师也尽量少用否定的方式对幼儿进行批评和惩罚，而应用积极的方式对幼儿的错误行为进行矫正，如"这件事应该这样做"。除了语言外，教师还可以采用鼓掌、点头、微笑、抚摸等多种方式对幼儿进行肯定。另外，需要注意的是，"多肯定"不是简单的表扬和赞赏，而是基于观察作出全面具体的回应。

五、多信任原则

"信任"一词可解释为"相信并加以任用"，信任不是单独存在的，而是一种关系。心理学认为，信任是个人价值观、态度、情感交互作用的结果。多信任原则是指教师从教育观念和态度上相信幼儿的能力，并在与幼儿的互动中有目的地鼓励幼儿进行自发的、有价值的主动探究。多信任幼儿是建立良好师幼关系的基础。

信任幼儿，才能给幼儿学习的空间和机会。教师和家长往往低估幼儿的学习能力、探索能力、解决问题的能力以及自我教育的能力等，因而对幼儿不敢放手，也没能及时提供帮助和支持。

信任幼儿，可以让幼儿形成对周围世界的信任感，帮助幼儿建立自信。根据埃里克森的人格发展八阶段理论，人生的第一阶段是获得基本信任感的关键时期。可见，建立信任是人格发展的重要内容。对于幼儿来讲，在人生发展的最初阶段能否得到信任，能否建立基本的信任感对他们之后的发展至关重要。教师作为影响幼儿的"重要他人"，对幼儿建立基本的信任感发挥着重要作用。一个人发现自身的价值，往往是通过别人的信任。尤其是幼儿，他们渴望得到成人的信任，希望成人"委以重任"。在信任中长大的幼儿才能充满自信。

信任幼儿，在当今时代具有新的意义。信任是一种内心的信念，也是一种公共品德，基于信任的教育是一种公共道德教育。[1] 教师在信任幼儿的同时还要注意培养幼儿的诚信品格。

信任幼儿，其实涉及儿童观的问题，是怎样看待儿童的问题，这就要求教师从观念和行为上真正相信幼儿，与幼儿建立一种信任的师幼关系。

（一）教师应具有平等的观念

信任应是在一种平等地位上建立的关系，教师要想真正信任幼儿，就应该尊重幼儿，平等地对待幼儿。教师只有具备"儿童视角"，真正了解幼儿，才可能逐步建立平等的观念。

（二）信任不仅是一种观念，更是一种行动

教师应在实践中让幼儿主动参与班级管理，参与活动区的创设、游戏规则的制定等，这些都是幼儿自主、自治、自我管理的充分体现。幼儿只有真正感受到"主人翁"的地位，才能真正感受到教师对他们的信任，也才能真正建立对世界的信任和自信心。

六、多赏识原则

"赏识"一词可以解释为：通过对一个人取得的成绩和优点给予表扬或赞扬，给予适当的鼓励和认可，以达到调动人的积极性的目的。可见，赏识最终是为了调动人的内在积极性。马斯洛的需要层次理论认为，人类除了最基本的生命需要、安全需要外，还有更高层次的对爱、尊重、肯定、认可等的需要。多赏识原则是指满足幼儿内心的高层次需要，以建立和塑造幼儿健全的人格以及健康的心

---

[1]　曹正善.信任的教育学理解[J].四川师范大学学报（社会科学版），2007（4）：46-50.

理，进而促进幼儿身心的发展。

多赏识原则有其自身的教育学和心理学基础。

教育学中的"赏识"理念是近些年才提出的，但"赏识"的思想由来已久。我国古代的教育专著《学记》就曾提出"教者也，长善而救其失"。著名教育学家苏霍姆林斯基、陶行知等人也都有关于此思想的论述。可见，"赏识"并不是一个新理念，多赏识原则是有深厚的教育学渊源和基础的。

心理学中有很多理论都蕴藏着"赏识"的理念。例如，行为主义的强化理论认为：凡过去受过强化的行为，比过去没有受过强化的行为或受过惩罚的行为更有可能发生。多赏识原则提倡多给幼儿赞扬和鼓励，使幼儿在不断地赏识中肯定自我的价值。马斯洛的需要层次理论的第三层次需要，就是爱和自尊的需要。多赏识原则正是把尊重幼儿、热爱幼儿奉为首要理念，使每一位幼儿都能找到归属感。韦纳的归因理论认为，学生的能力与任务的难度是稳定的，而学生的运气和努力则是不稳定因素。多赏识原则就是提倡肯定幼儿的能力，激励幼儿的努力。动机理论主要关注的是成就动机，即个体试图取得好成绩的倾向。个体发现成功受到奖励，于是就产生了一种更有目的指向成功的期望。多赏识原则主张给幼儿成功的体验，使幼儿预期未来的学习可能会得到满意的结果，从而激起好奇、探究等心理倾向。[①]

每一个孩子都渴望得到欣赏，教师一次善意的点头、一个会心的微笑、一句诚恳的表扬都如同一场适时的好雨，滋润幼苗向上的信心和生长的力量。被教师欣赏是一种幸福，是一种被点燃的信任。因此，幼儿园精神环境的营造一定要重视多赏识原则。教师在实施多赏识原则时应注意以下几个方面的问题。

（一）正确诠释多赏识原则，防止"赏识"误区

首先，很多教师在应用赏识原则时带有一定的功利性，把赏识当作一种教育筹码，认为只要对幼儿加以赏识，其效果就会立竿见影，但现实中往往欲速则不达。功利性的赏识不会真正满足幼儿的内心需求，相反幼儿还容易对这种方式产生反感，这样的赏识根本无法使幼儿真正地树立信心，激发潜能。其次，如果教师把赏识看作对幼儿的一种积极性评价，那么教师会把赏识"人为条件化"：教师对幼儿的表扬与赞许会有意无意地向幼儿传递一种信息——听话的就是好孩子，不听话的老师就不喜欢。由于幼儿非常渴望教师的积极性评价，为了得到教师的赏识，幼儿会扭曲、忽视自己内心的真实感受。这是幼儿自我概念异化的开始，也是各种心理问题可能萌芽的根源。[②]再次，教师把赏识等同于表扬和夸奖，以为赏识教育就是没有批评、没有惩罚的教育。最后，滥用赏识。例如，教师对

① 张浩，杨先花.赏识教育与学生心理素质的培养[J].湖南师范大学教育科学学报，2005（4）：120-122.

② 刘云艳.幼儿心理素质教育的理论与实践研究[M].北京：教育科学出版社，2009：90.

幼儿一个简单的回答就大张旗鼓地赞扬，且表扬之词单调重复，大都是"你真聪明""你真棒"等类似的话语。这种无节制的廉价的赏识，一方面易使幼儿滋生虚荣、骄傲、自负的心理，另一方面不利于幼儿正确的自我认识和评价，在赏识中迷失自我，使赏识失去了原有的积极意义。因此，教师应正确理解赏识的内涵和意义，理性审视自己的赏识观念，掌握恰当的赏识方式。

（二）把握正确的赏识方向

教师喜欢用一些宽泛的语言评价幼儿，如"聪明""能干"，这种评价缺少对幼儿具体行为方向的引导。赏识性评价应该根据幼儿的实际表现，给予方向性的引导。这种评价应是内源性的评价，是具有强烈的内驱力的，也是符合赏识的基本原理的。应用多赏识原则应引导幼儿关注自己的行为本身。具体来说，教师可以这样评价幼儿"你今天说得很流利""你今天为我们讲了一个与众不同的故事""你能告诉我你今天画的最好的是哪一个地方吗？为什么呢？"教师在评价幼儿的同时，也应该把评价权交给幼儿，让幼儿自我肯定、自我欣赏。总之，在幼儿出现以下行为时，教师可以予以赏识：幼儿完成了对他而言具有挑战性的任务；幼儿以独特而有效的方式完成了任务；幼儿表现出亲社会行为、态度以及良好的习惯等。

（三）注重幼儿的个体差异，做到"因材施赏"

教师应观察幼儿真正的内心需求，了解幼儿的生理状态，根据真实需要进行表扬、鼓励，而不是因为要达到某种目的而牵强地赏识。幼儿的性格、气质、能力、发展水平等存在个体差异，赏识要承认差异、尊重差异，长善救失，因人而异。如对内向的幼儿要多赏识、多鼓励，多给予积极评价；对外向、好动的幼儿在适当赏识的同时还要多提新要求，在矫正他们不良行为的时候防止负面情绪的出现。

（四）运用适度的赏识方法

首先，赏识要依据具体幼儿、具体情境适度进行，不能过度使用。其次，赏识并不一定只用语言，微笑、标志物、幼儿喜欢的物品、感兴趣的活动、渴望充当的角色等，只要是幼儿感兴趣的事物都可以起到积极强化的作用，都可以作为赏识的方法。最后，赏识和惩罚、表扬和批评并不矛盾，它们都是教育的方法，教师应该因人、因时、因事适度采用不同的方法。

七、多支持原则

当一个人的思想、行为以及情感得到他人的支持，特别是得到他所尊敬之人、权威之人的支持时，这个人不仅会将这种思想、行为、情感予以强化进而增加表现的强度、频率和持续时间，还会产生愉悦的心情、积极的心态，并与支持之人形成良好的关系。所以，教师要支持幼儿的天性和价值观，支持幼儿的行为与情感表现，支持幼儿的自我认识和自我评价，减少不必要的干预和担心。可能会有人反对："我们不能什么都支持幼儿。"的确，我们不能不加以判断地支持幼儿的一切；

但现实情况是，我们缺乏对幼儿起码的支持。[①] 因此，幼儿园精神环境的营造要遵循多支持原则。一般认为，支持有两层含义：一是支撑、维持；二是提供帮助。教师要在幼儿的天性、学习、情感和自我评价等方面给予充分的保护和必要的帮助。

（一）保护幼儿的天性

幼儿的天性主要是指蕴藏在幼儿身上的一些自然属性，如好奇、欲望、探索、幻想、愿望、创造等自然成长的力量，天性是一个人未来成长的最初积淀，是个体自我本真、自我价值、自我追求的真实起点。因此，幼儿的天性需要成人保护。现实情况是幼儿好玩、好动、好奇等天性往往不被成人理解并常被制止和扼杀。因此，保护幼儿的天性是支持幼儿发展的第一要务。

另外，教师应特别注意保护顽皮的幼儿。顽皮的幼儿是很有"个性"的，他们常常"异想天开"、不拘一格，他们做事情并不墨守成规，对事物有独特的见解，因此，总是会获得丰富的体验，产生创新的想法。由于顽皮的幼儿聪颖、好奇、好动、乐交往，同时他们又有一颗敏感、丰富的心，所以往往会获得比一般幼儿更多的体验，也能更多地感受到这个世界的多彩。顽皮的幼儿的这些"个性"恰恰体现了创造性人才的突出特征，因此我们切不可视他们为"异类"而频频批评指责他们。[②] 顽皮的幼儿更需要成人的支持，教师应认识到顽皮的幼儿个性中蕴含的独特价值，予以及时的保护、欣赏和支持。

（二）保护幼儿的作品

幼儿的学习兴趣需要得到维持和激发，学习过程需要得到关注和必要的帮助，学习结果需要得到保护。幼儿的学习结果通常以"作品"的形式展现，教师应重视幼儿通过绘画、手工、建构、编织等活动产生的作品，这些作品是幼儿智慧的体现，也是教师判断幼儿身心状态的依据。

（三）为幼儿提供有效的情感、方法和行为支持

多支持并不是单调重复的支持，而是多种的、适时的有效支持。教师的无效支持表现在：（1）纯物质支持，即物质环境和操作材料虽然丰富，但教师与幼儿缺乏情感交流，只是"放手"让幼儿自由探索，教师对幼儿的反应大多是消极或中性的。（2）无意支持，即教师的支持带有随意性，由于教师事先不明确支持的目的，在活动中总是忙于应付幼儿各种各样的要求，谁有要求就支持谁。有的教师则较长时间地把注意力集中在一个或几个幼儿身上，不经意间忽略了其他幼儿的需要，这些幼儿常常游离于活动之外，无所事事。这些都是教师无效支持的表现。[③] 因此，教师应为幼儿提供积极的情感支持、必要的方法支持和多向的行为支持。幼儿是敏感的，同时也是情感丰富的，教师应尊重、理解和认同幼儿的情

☞教师鼓励幼儿示例

① 袁爱玲. 论幼儿园精神环境的营造与幼儿积极心态的形成 [J]. 山东教育，2003（9）：4-5.

② 徐炜霞，袁爱玲. 顽皮儿童的另一面 [J]. 山东教育，2007（3）：7-8.

③ 张锐，刘云艳. 建立支持型师幼关系 [J]. 幼儿教育（教育教学），2006（6）：14.

感，在幼儿情绪低落的时候，为幼儿提供发泄不良情绪的机会；在幼儿情绪高涨的时候，和幼儿一起分享兴奋的时刻。教师为幼儿提供支持不能仅限于物质或直接的帮助，而应给幼儿提供学习的策略与方法，所谓"授人以鱼，不如授人以渔"就是这个道理。在幼儿学习的过程中，教师更多地为幼儿搭建学习的平台，为幼儿提供"学习的支架"，放手让幼儿进行有意义的学习。

（四）建立支持网络，为幼儿提供支持平台

理想的教育应是学校教育、家庭教育和社会教育三者的合力。在当代，幼儿园并不是幼儿发展的唯一平台，幼儿的身心发展受到多方面因素的影响。这些影响既有积极的，也有消极的；产生的教育影响既可能形成合力，也有可能相互抵消。因此，教师应努力为幼儿建立一个支持的网络，搭建一个支持的平台。教师应经常与家长、社区人员进行沟通，让他们了解幼儿的天性和需要，为幼儿提供多方面、多层次的有效支持和帮助。

八、多互动原则

师幼互动是指发生在幼儿园内部的、教师与幼儿之间的相互作用、相互影响的行为及过程。虽说师幼互动的质量与教师和幼儿的特点都有关联，但是决定师幼互动质量的是教师。在幼儿园中，幼儿的认知、情感、社会性等方面是在与教师的有效互动中逐步发展起来的。促进幼儿全面发展，既要关注教师与幼儿互动的数量，也要关注互动的质量。因此，多互动原则就是指在营造幼儿园精神环境时，教师应与幼儿在有效的互动中建立良好的师幼关系，以促进幼儿身心全面发展。

尽管"互动"这个来自社会学的概念已经深入人心，但是幼儿园师幼互动的现状又如何呢？例如，在集体教学活动中，幼儿首先被要求保持安静，而不是与教师以及同伴进行交流、互动。尽管互动开启方既可能是教师，也可能是幼儿，但教师通常会忽略幼儿开启的互动，教师在互动中更具有主动性和决定性，幼儿的主体地位在以教师为主导的互动中被遮蔽了。

▶【案例 2-4】

"老虎和狮子谁更厉害？"[①]

中班，自由游戏时间。幼儿们按照自己的选择做着各种各样的游戏。有开快餐店的、搭高楼大厦的、去医院看病的、下棋的……男孩洋洋一个人趴在桌子上画画。张老师从外面走进活动室，并在各个游戏区之间巡回。张老师走到洋洋的身边，蹲下身来看洋洋画的画——

_____

① 资料来自笔者的观察笔记。

张老师："洋洋，你在画什么呢？"

洋洋："我在画森林运动会。小白兔和长颈鹿在赛跑。"

张老师："哦，我来看看画得怎么样……"

张老师把洋洋的画从桌子上拿起来，边端详边自言自语："森林里的动物可真多，大象、老虎、狮子、乌龟，还有小鸟……"张老师看画的时候，洋洋并没有看着张老师，而是歪着小脑袋好像若有所思。忽然张老师指着画问：

"哎，洋洋，你说小鸟有几只翅膀呀？你怎么画了四只？难道连这个都画错啦？！"

张老师的问题似乎有点突然，洋洋愣了一下，盯着自己的画看了一会儿，可他并没有回答张老师的问题，而是向张老师问道：

"张老师，你说老虎和狮子在森林里哪一个更厉害？"

洋洋的问话有些出乎意料，张老师有些生气。

"我在问你小鸟有几只翅膀，你先回答我再管其他！"

洋洋有些失望，但是不敢怠慢，赶快拿起手里的笔把小鸟的翅膀改成了两只。

张老师满意地离开洋洋的桌子。

▶【案例 2-5】

"老师，鲸鱼是胎生的！"①

大班，自由游戏时间。这个星期的主题活动是"海底世界"，几个幼儿正在帮李老师一起布置"海底世界"的墙饰，墙饰虽然还没有最后完成，但布置得非常漂亮，上面有海里的很多动物：海豚、海狮、海豹、鲸鱼、鲨鱼、海蜇、海葵、海星……其他幼儿在各个活动区里专注地做自己的事情，女孩婷婷在建筑区里搭积木，可她好像并不"专心"，不时抬头看李老师与那几个幼儿布置墙饰。李老师对其中一个幼儿说道："我们再画一个小鲸鱼好不好？这样鲸鱼妈妈就可以带着小鲸鱼在海洋里自由自在地玩耍。"这时候婷婷放下手中的积木跑过来，向李老师发表了有关动物胎生与卵生的见解——

婷婷："李老师，鲸鱼是胎生的！"

李老师听了婷婷的话，停顿了一下，随即又把注意力转移到了布置墙饰上。婷婷见李老师没有反应，往李老师身边靠近了一些说：

---

① 资料来自笔者的观察笔记。

"鲸鱼是胎生的！爸爸告诉过我，动物里既有胎生的，也有卵生的。我爸爸是生物老师！"

这一回李老师看了婷婷一眼，说："行了，我们现在在布置墙饰，你先去搭你的积木吧！你看其他小朋友都快搭好了，可你什么也没搭成呢！"婷婷悻悻地走开了。之后，她坐在建筑区，一直闷闷不乐。

这两则师幼互动案例，一则是教师发起的互动，另一则是幼儿发起的互动。在这两则案例中，教师都是让幼儿按自己的要求去做，在教师拒绝取向的反馈行为之下，有利的教育机会变成了一次次对幼儿发挥主动性的打击。这种互动非但不能促进幼儿健康和谐的发展，相反变成了阻碍幼儿发展的不利因素。在这样的互动中，幼儿的主体地位无疑被忽视了。因此，彰显幼儿的主体性是互动的核心。在实施多互动原则时，教师应注意以下几个方面。

（一）互动的动因应从浓厚的事务性转向情感性

已有研究表明，促使教师与幼儿之间进行行为往来的动因虽然是情感性与事务性并存，但在根本上却是以事务性为主导的。[①] 以事务性为主导的互动多表现为教师对幼儿的要求、指令、提醒和纪律约束等。在这样的互动中，教师最关注的是怎样使自己开启的互动迅速地得到幼儿的回应，而不去关注幼儿的心理和情绪情感。建立情感性的师幼互动就是要求教师摒弃自己固有的"主导"地位，关注幼儿的心理需求，把师幼互动从"履行职责"转向"满足幼儿心理需求"。

（二）互动的开启及控制应从教师转向幼儿

已有研究表明，在师幼互动中，教师作为施动者而开启的互动要多于幼儿开启的互动。在互动的开启上，教师更多地表现出主导性和决定性作用，幼儿大多处于一种等待者的被动状态。即使是幼儿作为施动者而开启的互动，也会因为教师在互动中的控制而中止或忽略（如上面两则案例所呈现的）。我们知道，只有幼儿自己开启的互动才是真正能满足幼儿需求的互动。因此，教师应把互动的开启权和控制权交还给幼儿。

（三）互动的性质应从消极互动转向积极互动

在上面两则案例中，无论是教师开启的互动，还是幼儿开启的互动，最终都以教师的消极反馈结束。教师的消极反馈（包括无反应）对建构积极有效的师幼互动十分不利，因此，教师不仅要对幼儿开启的互动给予积极回应，保护幼儿互动的积极性，还要对幼儿的互动内容加以引导，培养幼儿的探索精神和发散思维，建立开放式的互动模式。

---

① 刘晶波. 师幼互动行为研究：我在幼儿园里看到了什么 [M]. 南京：南京师范大学出版社，1999：218.

九、多自由原则

从心理学上分析，学习是个体对情景的反应，而且是积极主动的反应。真正的学习是一种自发自动的行为。学习者若是无反应，就没有学习的发生；若无积极的反应，就不会收到预期的学习效果。若要让幼儿真正学到东西，教师就必须让他们自己去做、自己去看、自己去想、自己去体验，即让幼儿积极主动地反应。从自由与创造性的关系看，许多实例表明，享受到充分自由的幼儿是富有创造性的。幼儿园的实践证明，幼儿在自由、自主的游戏和探索活动中，学习得最积极，表现得最有创造性。[①] 因此，多自由原则是指在营造精神环境时要给予幼儿最大的自由，让幼儿在"自由"的氛围中学习、探索。

在实践中，一些教师错误地认为促进幼儿主体性发展就是放手让幼儿自由发展，不干预幼儿的活动；或者简单地将幼儿形式上的"动"与实质上的主动发展相等同，这种是对自由的误解。事实上，幼儿的主动学习是需要教师参与和指导的学习。正如支架式学习理论所强调的，幼儿主体性的建构和发展需要教师的帮助，幼儿以自身的主动学习来积极地建构自己，而教师的"教"是不可缺少的"支架"。正是在教师的"教"这一"支架"的支持下，幼儿获得发展并逐步独立，其主体性的建构和发展才成为可能。干预不同于"必要"的帮助和指导。幼儿在自由、自主的活动中十分需要教师"必要"的帮助和指导。第一，幼儿有权获取他们进行活动所需要的材料，教师帮助幼儿准备活动材料属于必要的帮助。第二，如果活动材料太难操作，为了让幼儿避免失败的挫折，教师提供技术指导是必要的帮助，但不能剥夺幼儿进行创造性抉择的权利。第三，教师为幼儿提供足够的时间来完成所选择的任务，以保证他们获得全面满足的体验，也是必要的帮助。幼儿沉浸在某一创造性活动之中，要完成他们自己设定的计划需要足够的时间。如果时间太短，就等于剥夺了他们所追求的那种快乐。例如，幼儿园僵化的"一日生活流程"在某种程度上会在时间上、空间上限制幼儿的自由和创造。

"多自由"的最基本体现就是多选择。研究表明，鼓励选择可以有效促进幼儿创造性的发展。幼儿的创造性是从内部引发的，不是从外部加入的，而自主选择的活动最容易引发创造性。然而，当前不少幼儿园还存在着教师的指定远远多于幼儿的选择的现象。殊不知，假如给幼儿真正自由选择的权利，他会选择有利于他成长的东西。他之所以这样做是因为他所选择的东西使他体验到美好，感受到欢乐。他比成人更明白什么东西更适合他。然而，多年来教师已经习惯为幼儿安排好一切，要改变此种状况，必须将"选择性"的数量与质量作为评价教师工作好坏的标准之一，能为幼儿提供充分选择机会的教师就是好教

---

① 袁爱玲. 学前创造教育课程论 [M]. 北京：北京师范大学出版社，2001：122.

师。17 世纪英国教育家洛克主张应允许孩子有适合他们年龄的自由和自主，不要用不必要的约束去限制他们。不能阻碍他们，不能反对他们游戏和做自己要做的事情，但是不要让他们做坏事，除此之外，他们享有一切自由，就阐明了这一原则。

十、多自主原则

"自主"通常的解释是"自己做主，自我管理，不受他人支配"。自主应是在活动中进行的，没有活动，自主也就无从体现。活动是人存在的方式，活动水平折射出人的发展水平。同理，儿童也是通过自己的活动建立和发展自己的世界的。可以说，没有儿童的自主活动，就没有儿童的发展。儿童能力和个性发展的样式深受其活动内容与活动方式的影响，儿童的创造性也必须通过活动得以发展和表现，离开了自主自由的活动，其创造性就不复存在了。[①] 因此，多自主原则是指教师为幼儿营造宽松自由的心理环境，让幼儿在自我管理的活动中进行自主学习，以满足幼儿的自主需要并激发其创造潜能。

幼儿实现真正自主至少需要两个条件：一是自主权，即有权决定自己的活动目标、活动方法和步骤，有自由选择权，有发表自己观点的权利等。二是要有自主的态度，变"要我学"为"我要学"，做学习的主人。因此，教师在实施多自主原则时应注意以下几个方面。

（一）满足幼儿自主的需要，激发其学习的内部动机

自主是一种能力，更是一种基本心理需要。动机理论认为，个体行为的自我调节程度沿着从无动机到外部动机再到内部动机这一方向逐渐增加。随着外部动机变得越来越内化，个体对自己行为的调节也越来越自主。在达到最高的整合调节阶段后，个体就会完全自主地决定自己要从事的行为。要满足幼儿自主的需要，教师首先要反思自己的行为是否损伤了幼儿的内部动机，影响了他们的学习自主性。其次，教师应有意识地为幼儿提供一些自主选择的机会，为幼儿创设自主的学习环境。例如，教师鼓励幼儿自己选择学习内容，设计发展目标，让幼儿自己纠正发展过程中的"错误"，给幼儿独立支配的时间等，让幼儿有机会练习对自身发展的调节与控制，这样才能使幼儿体验到学习的责任，进而产生较强的自主性。

（二）合理安排活动，满足幼儿胜任感的需要

研究表明，适宜的挑战是内部动机产生的一个重要先决条件。教师在预设活动时，应注意做到与幼儿知识经验的匹配，以满足幼儿能力发展的需要。在教学实践中，教师在预设活动时，往往会忽视幼儿本身的内在动机与心理需要。例

[①] 袁爱玲 . 学前创造教育课程论 [M]. 北京：北京师范大学出版社，2001：128.

如，在活动中随意呈现问题让幼儿进行探究，教学程序安排不合理导致探究时间不充分，学习内容的新颖性与目标预设性超出或不及幼儿能力的"最近发展区"等，这些都会导致幼儿在学习过程中丧失胜任感，挫伤幼儿发展的自主性。

（三）在自主探究活动中，给幼儿提供情感上的支持

教师应尽可能多地鼓励幼儿进行自主探究活动。在自主探究活动中，教师应平等地与幼儿交流，尊重、接纳并欣赏幼儿的观点，适时帮助幼儿解决探究过程中的困难，经常向幼儿传达对其学习能力的信心与期望等。另外，教师还可以多提供同伴合作的机会。合作学习情境可以减轻幼儿因害怕失败而回避挑战的心理负担，也有利于形成良好的同伴互动和同伴关系，最终促进幼儿心理健康和谐发展。

（四）利用网络化学习，为幼儿提供自主学习的机会

我们正身处网络化学习社会，网络环境下的自主学习和探究将成为当下和未来幼儿学习的重要方式。虽然幼儿的学习应该以"真实性""情境性""体验性"为主，真实的环境与虚拟的网络环境可以共同为幼儿的学习提供多种可能。教师可以利用虚拟仿真技术为幼儿提供各种教育场景，使幼儿获得多种体验，也为教师与幼儿共同创造课程经验提供可能。

例如，教师可以利用虚拟仿真技术建立一种新型的教育园地，在这个学习乐园里，幼儿如同置身于各种真实场景中，还能像在课堂上一样与教师随时进行互动以及与虚拟场域外的幼儿、教师进行交流。如果采用三维图像显示设备，幼儿就能在喧闹的环境中"边走边看"了。当幼儿戴上头盔显示器以后，一幅全沉浸式的虚拟园地出现了——在园地里，他们欣喜地看到一些鲜明的路标，按不同的路标，他们或到极地考察，探寻宝物；或潜入海底，探索龙宫的奥密；或遨游太空，观察深奥莫测的星系。在虚拟的教育园地里，幼儿还能学习种植蔬菜和瓜果，他们从板条箱里选取种子栽入土壤后不久，种子就在虚拟植物园内发芽生长了。为了使植物茁壮生长，幼儿学会了浇水、施肥、培植和耕耘。当他们亲手采集果实时，体会到了春华秋实的喜悦。

网络化学习使教育的重心从教师传播知识转变为幼儿自己寻找答案。幼儿为自我发现的新事物感到欣喜和振奋，这促使他们进行深入的探究。当然，教师采用网络化学习方式，要以保护幼儿的身心健康为前提。

阅读推荐

1. 王海英. 儿童视野的幼儿园环境创设 [M]. 北京：人民教育出版社，2019.

该书从"儿童视角"探讨了幼儿园环境创设的若干问题。全书共五章：第一章，讨论环境与幼儿发展的关系；第二章，讨论怎样创设可探索的、有挑战的幼

儿园户外环境；第三章，讨论怎样创设共享的、有公共精神的室内公共环境；第四章，讨论怎样创设自主的、幼儿充分参与的班级环境；第五章，讨论怎样创设呵护教师、邀请家长的人际环境。本书超越了对幼儿的传统认知，超越了对环境的传统定位，超越了传统的师幼关系。

2. 董旭花，张升峰，臧冬玲，等. 幼儿园环境创设 [M]. 北京：中国人民大学出版社，2018.

该书系统阐述了幼儿园环境创设的相关理论、心理环境和室内外物质环境创设等内容。全书共八章，主要包括幼儿园环境创设概论、幼儿园心理环境创设、幼儿园户外环境创设、幼儿园室内公共环境创设、班级环境创设、幼儿园环境评价、国外幼教机构环境创设等内容。该书理论扎实、实践感较强，充分体现了理论与实践紧密结合的特点。

思考与探索

1. 简述幼儿园物质环境创设的基本原则。
2. 简述教师在幼儿园环境创设中的角色。
3. 如何理解幼儿园环境创设的动态性原则？
4. 如何在幼儿园环境创设中体现幼儿的主体性？
5. 简述幼儿园精神环境创设的主要内容。
6. 何谓尊重幼儿？如何做到尊重幼儿？
7. 参观一所当地的幼儿园，运用本章所学，分析其环境创设的不足之处。
8. 根据所学的幼儿园环境创设原则等知识，对以下案例进行评析。

春天是一个万物复苏、生机勃发的季节。春季开学后，小星星幼儿园中二班的教师便开始忙碌起来，她们在班级的后墙布置"春天来了"的主题墙饰，绘制和粘贴了小草、小花、绿树、蝴蝶等动植物。整个后墙的布置几乎由教师一手完成，幼儿主要做了拿工具、拿材料的事情。另外，在后墙布置好后，教师只是在集体教学活动中问了儿墙上都有什么？""你们喜欢吗？"等诸如此类的问题，并且一学期都没有更换过。

第三章
幼儿园各学习领域的环境创设

最佳的环境能够激起儿童的探索欲望，同时让儿童获得随时都可获得帮助的安全感。

——安·S.爱泼斯坦

布置环境，应根据自然现象和社会情况，在各个幼稚园现有的条件下，领导儿童一同布置，使儿童从布置环境之中，认识四周环境中的事物，了解实物与事物之间的关联。使儿童从改造环境之中创造环境，并培养儿童坚毅、积极、合作互助等优良品质。

——陈鹤琴

□ 内容提要

　　本章主要探讨了幼儿园各学习领域与环境创设的关系，尝试从各学习领域的特点出发分析各学习领域对环境创设的要求，分别对幼儿园健康、语言、社会、艺术、科学五大领域每个领域的特点、领域环境创设的要求、在领域教学活动中环境创设的要求等问题进行了论述。

□ 学习目标

　　1. 了解各领域的特点，掌握各领域环境创设的基本要求。
　　2. 能够结合实际分析在各领域教学活动中环境创设的现状与问题。

问题情境

在某幼儿园的一次教研活动中，姜老师组织了一个科学教育活动，但活动效果非常不理想。面对丰富的材料，幼儿刚刚表现出了一点热情，就因为操作工具太难而不得不一步步跟着姜老师说的去做，整个活动显得枯燥无趣。在活动后的反思中，姜老师说："上次我开展手工活动时，也是这样做的，活动效果挺好的，这一次不知道怎么回事……"

在开展不同领域的教育活动时，环境创设考虑的重点是否相同？如何通过环境创设落实《3~6岁儿童学习与发展指南》对幼儿各领域发展的要求？如果让你来创设不同领域的环境，你将如何创设？本章带你一起思考这些问题。

幼儿园的环境创设具有整体性的特点，但在幼儿园，幼儿的学习内容通常按领域进行划分，针对各个领域的环境创设有什么样的特点与要求，也是教师在幼儿园环境创设中会遇到的问题。探讨各个领域与环境之间的关联性，使领域教育的要求渗透在环境中，可以帮助教师更充分地利用环境这双无形的手，更好地促进幼儿的全面发展。与各个领域紧密关联的活动区角的环境创设将在第五章中专门探讨，本章着重探讨每个领域环境创设的整体要求。

第一节　健康领域的环境创设

幼儿园健康教育旨在提高幼儿的健康认知水平，改善幼儿的健康态度，培养幼儿有益于健康的行为方式和习惯，从而促进幼儿的健康。健康领域是幼儿园教育中一个非常重要又有些特殊的领域，把握幼儿园健康领域环境创设的要求，有必要先了解幼儿园健康教育的特点。

一、幼儿园健康教育的特点

幼儿园健康教育具有以下特点：

（一）渗透性

渗透性的含义有两层：第一层含义是幼儿健康行为的养成表现在一日生活的所有环节中。这就意味着幼儿在幼儿园中接受的健康教育会辐射到家庭、社区等幼儿生活的其他场所，家庭其他成员的健康行为和社区中其他人员的健康行为也有可能对幼儿的健康行为产生直接的影响。因而，教师要做好相关环节的沟通和协调。如培养幼儿爱喝白开水的习惯，教师不但要通过各种教学活动、一日生活各环节、常规养成等途径培养幼儿爱喝白开水的习惯，同时也要及时与家长沟

☞环境创设的
渗透性示例

通，使他们建立与幼儿园一致的观念和行为。例如，有些家长在接孩子离园的时候，总是给孩子准备饮料，这无疑与幼儿园的健康教育不协调，势必减弱幼儿园健康教育的效果。

第二层含义是在幼儿园教育中，健康教育不但在专门的健康教学活动中进行，也渗透到日常生活、游戏以及其他领域的教学活动中。例如，在音乐教学活动中对幼儿情绪的关注，外出参观时对安全知识的渗透，午睡环节对幼儿自理能力的培养。这也说明，在幼儿园里，对幼儿实施健康教育的不仅仅是教师，还包括保育员、保健医生等其他人员，可以说健康教育无处不在。

（二）养成性

幼儿园健康教育是以提高幼儿健康认识、改善幼儿健康态度、培养幼儿健康行为为目标的。其中，健康行为的培养是最终目标，而幼儿健康行为的养成不是通过一次教学活动、一个游戏就能实现的，而是要经过长期的巩固，有时，由于多种因素的影响，还会有反复现象出现。例如，在有关蔬菜的活动中幼儿通过参观菜市场、种植蔬菜、进行有关蔬菜的童话剧表演等活动提高了对蔬菜营养的认识，对蔬菜产生了喜爱的情感，表现在饮食行为中就是幼儿愿意吃某些平时不喜欢吃的蔬菜了，但这并不意味着幼儿已经养成了爱吃蔬菜的好习惯，活动结束后一段时间，很多幼儿又开始拒绝吃胡萝卜、芹菜等蔬菜了。因而，教学活动的结束并不意味着健康教育的完成。另外，幼儿的健康问题是无时不在的，吃饭时的挑食问题、户外游戏时的安全问题、入园时的情绪问题等，一日生活的任何时间都是健康教育的重要"时点"。这种时间上的延续性、养成性意味着幼儿园健康教育是持久战，在教育的过程中教师既不能操之过急，也不能放松警惕。

（三）先行性

由于生活经验和理解水平的限制，幼儿理解健康教育的某些内容和要求是有难度的。幼儿园健康教育是以幼儿的身心健康发展为核心目标的，健康教育的某些内容与要求具有一定的行为先行性。例如，幼儿以现有的经验和认知发展水平，并不一定能理解细菌是如何侵害身体的，但是他们必须养成饭前便后洗手的健康行为；每一个幼儿都必须养成避免触电和烫伤的相关健康行为。在健康教育中，对某些幼儿理解起来有困难的健康教育内容，教师可通过其他的形式，如音乐、参观、戏剧表演、文学作品改善幼儿的态度，从而培养其健康行为。

二、健康领域对环境创设的基本要求

（一）幼儿园整体环境创设要考虑健康领域的要求

幼儿的身心健康是幼儿园教育的起点和落脚点，健康行为的养成渗透在幼儿一日生活的各个场景中，因而幼儿园整体环境的创设要先考虑健康领域的要求。

如安全是所有环境都必须满足的首要条件。再如，活动区的环境创设要考虑便于幼儿取放材料，以培养自理能力；图书区的光线要适宜，以保护幼儿的眼睛等。

（二）环境创设要有一定的秩序感与稳定性

幼儿的健康行为是逐渐养成的，不是一朝一夕或者通过一次教学活动就可以完成的，因而幼儿在一日生活中密切接触的环境就是幼儿养成健康行为的监督者和帮助者。这就要求幼儿园的环境创设具有一定的稳定性，以帮助幼儿形成健康习惯，养成健康行为。如让幼儿养成用进区卡进入活动区游戏的习惯，首先要保证每个区域的卡片不能丢失，区域的调整频率也不能太高。再如，在户外活动后，要让幼儿养成收拾器材的习惯，教师就要保证器材存放的空间充足，并且每个班级的存放位置相对固定。

（三）环境创设要有一定的引导性

健康教育具有先行性，幼儿以自己的认知水平并不一定能够理解所有的健康教育内容，因而环境的创设要具有一定的引导性，不断提醒幼儿养成健康行为。如在寝室中创设温馨宁静的睡眠氛围，提醒幼儿要保持安静；在每个幼儿的小床边贴一对排列整齐的小脚印，提示幼儿要整齐摆放自己的鞋子。再如，教师通过每一个活动区环境材料的排列与摆放，提醒幼儿进入该活动区应遵守的规则，如图书区是安静的，建构区是可以自由建构的等；还可以通过实物与图标对应的关系，指引幼儿自主取放各个活动区的材料。

三、健康教育活动的环境创设

（一）健康教育活动环境创设的整体要求

1. 健康教育活动材料的选择要与幼儿的日常生活密切相关

健康教育活动与幼儿的日常健康行为、饮食营养、安全等问题密切相关，指向幼儿的健康认识、健康态度、健康行为，而这些都与幼儿的日常生活关系密切，因此健康教育活动材料的选择是与幼儿的日常生活密切相关的。这种相关性便于幼儿在日常生活中继续理解和养成健康行为习惯。如有关在房屋中的安全的教学活动，教师大多直接采用教师或家长拍摄的幼儿园或幼儿家中的照片，来与幼儿一起分析房屋中的不安全因素及如何保护自己，而较少采用网络上或其他幼儿没有见过的图片。

2. 健康教育活动涉及的材料在幼儿的日常环境中要有应用的机会

由于健康教育的养成性特点，在健康教育活动中涉及的各种活动内容，需要在活动之后的日常生活中进行巩固和练习，因此活动中的材料及环境创设要延伸到日常生活中。如教师运用图片教给幼儿洗手的正确方法后，就可以将这些图片贴在盥洗室水龙头的上方，以便幼儿洗手时参考。再如，幼儿学习了各种蔬菜的知识后，教师就可以让幼儿在午饭时选择一种蔬菜作为自己小组的名字，如茄子组、黄瓜组、西红柿组等，以此来增加幼儿对蔬菜的兴趣。

3. 健康教育活动环境的创设要注重领域之间的融合性

遵循健康教育的特点创设健康教育活动的环境并不意味着要单一地、孤立地创设仅与健康领域有关的环境，选择与健康领域有关的材料。健康教育活动的环境创设也要注重与其他领域之间的融合，将与其他领域相关的环境创设与材料使用融合到健康领域中，以丰富健康教育活动的形式，增强健康教育活动的效果，使幼儿获得更为全面的发展。如在活动"小手真能干"中，教师用白纸和广告颜料开展手掌印画的活动，这就与艺术领域及其材料关联起来了。

（二）健康领域不同内容教育活动的环境创设

1. 安全和自我保护

与安全和自我保护有关的健康教育内容包括在日常生活中对安全常识的了解及遵守、对安全标志的认识、应对意外事故的常识等。这类活动的环境创设与幼儿在生活中接触到的所有环境都有关联，包括幼儿园、家庭、社区、公共场所等。这类活动的环境创设涉及的范围较广，其前提是幼儿对自己生活的环境有所了解，如制作红绿灯和斑马线的模型来了解交通规则；再如，请在消防部门工作的家长讲解消防安全知识。

这类活动涉及较多的认知性内容，为避免活动过程单调、枯燥，教师可以将其游戏化。如准备交警的衣服，让幼儿扮演交警指挥；再如，模拟消防演习、模拟地震逃生等。

2. 饮食营养

与饮食营养有关的健康教育内容包括进餐习惯、常见食物的辨识、膳食的平衡、饮水习惯、中外饮食文化等。与这些内容有关的教育活动的环境创设主要与如各种谷类、蔬菜、水果、肉类食物有关。但这些食物又不能完全以实物的形式出现，在活动中对其也不完全是观察与品尝，还可以以图片、拟人化的形式出现，可以制作、表演等。如在有关喜欢吃胡萝卜的活动中，教师可以让幼儿用纸做道具把自己装扮成胡萝卜，进行表演，以增强活动的情境性和幼儿的参与感。

3. 生活卫生习惯和自理能力

与幼儿的生活卫生习惯和自理能力有关的健康教育内容包括洗手、刷牙，穿脱、整理衣服，作息习惯，活动用具的整理、玩具的清洁，周围环境的卫生，等等。与这些内容有关的教育活动的环境创设与幼儿一日生活的各个环节相关联，如有关刷牙的活动，就可以用幼儿自己的刷牙杯和牙刷作为活动材料。教师也可以直接利用生活环节中已有的环境，如有关穿脱衣服的活动，可以在幼儿午睡前在寝室中用幼儿自己的衣服来进行。

虽然有关生活卫生习惯和自理能力的教育活动的环境与日常生活联系较为紧密，甚至可以直接利用日常生活环境，但这类活动的环境创设并不单一地来自日常生活，还需要纳入一些其他材料，如有关牙齿健康的动画片、把手指拟人化的装饰卡片、有关手上细菌的图片等，以丰富活动的形式和内容，激起幼儿的参与意愿。

4. 心理健康

与心理健康有关的健康教育内容包括愉快情绪的培养、心理品质的培养、心理问题的调整等。这类活动的环境创设注重心理氛围的创设，因此各种活动材料的使用是为心理氛围的创设而服务的。如在"勇敢人的游戏"活动中，教师鼓励幼儿翻过攀登网，并让全班幼儿为每一个爬过攀登网的幼儿加油喝彩，其中最重要的是教师所营造的心理氛围。

5. 身体生长

与身体生长有关的健康教育内容包括对身体外形的了解、对五官的认识与保护、对疾病的预防与治疗、对生命现象的探索等。与这些内容有关的教育活动的环境创设主要围绕人体来进行，但它并不是单一的人类身体的呈现，教师要完成这一类活动的目标还需要很多材料与环境来辅助。如了解关节可以制作关节部位可活动的纸质人体卡片，对自己身体的生长变化可以用健康秤、尺子、小时候的衣服来感受等。

同样，有关身体生长的教育活动的环境创设也可以采用艺术化、拟人化的方式。如用有关五官的谜语来引导幼儿认识五官，采用黄豆在胃中旅行的动画片来认识胃。

6. 体育锻炼

与体育锻炼有关的健康教育内容包括走、跑、爬、跳、投掷、攀登等身体活动的知识和技能，平衡、协调、灵敏、柔韧、力量、速度等身体素质的练习，徒手操、轻器械操、队列队形等基本体操和队列队形的练习等。这类活动的环境创设主要在户外场地进行，对场地的基本要求是安全和空间充足，在此基础上要有适当的体育锻炼器材，如球类、绳类、平衡类、投掷类及大型体育器械等。

第二节　语言领域的环境创设

语言是交流和思维的工具。幼儿期是语言发展的关键期和最佳期，在这一时期，幼儿听觉和言语器官的发育逐渐完善，如果能创造一个有利于幼儿发展的语言环境，支持幼儿语言的发展，幼儿就能自如地运用口语表达自己的见解、愿望和情感，同时积极地运用语言认识世界，形成自己的思想，接受相应的文化陶冶。《3~6岁儿童学习与发展指南》指出，"幼儿的语言能力是在交流和运用的过程中发展起来的，应为幼儿创设自由、宽松的语言交往环境，鼓励和支持幼儿与成人、同伴交流，让幼儿想说、敢说、喜欢说并能得到积极回应。"

在幼儿园教育教学实践中，我们不难发现，尽管教师经常组织幼儿参与各种语言活动，但幼儿在实际生活中的语言交际还是存在许多问题，例如，有的幼儿想说却不敢说；有的幼儿不会倾听他人说话；有的幼儿在与同伴合作时不知如何进行商量，只能求助于教师；有的幼儿不能很好地表达自己的意愿，只能用动作表达，结果引来同伴的误解……这说明，幼儿在幼儿园的语言学习过程中出现了这样或那样的偏差，"儿童语言学习的一般程式是在一定的语言学习环境之中，由语言输入、内化、语言输出、反馈四个环节构成的连锁过程"①。幼儿学习语言首先需要一定的语言学习环境，幼儿园需要为幼儿创设一个有利于语言学习的环境。

一、幼儿园语言教育的特点

幼儿园语言教育旨在通过提供各种语言学习活动，发展幼儿的交际能力，提高幼儿的思维水平，满足幼儿欣赏语言美的需要。把握幼儿园语言领域环境创设的要求，有必要先了解幼儿园语言教育的特点。

（一）应用性

人们要真正掌握某种工具必须靠实践。幼儿只有在语言交往的环境中，有交往的需要时，才会主动尝试运用自己已经获得的语言经验。也只有在语言交往的过程中，当幼儿因词汇贫乏或句式错误引起交际误解时，他们才会知道学习语言的重要性。当语义、语法、语用和主体认知水平之间发生矛盾和出现不平衡时，这种矛盾和不平衡就构成了幼儿学习语言的内部动力。在运用语言的过程中，周围人的各种反应，会使幼儿不断产生成功或失败的体验，不断地调整自己的语言策略，从而更加主动地吸收、加工和输出各种语言信息，以达到在与外部环境相互作用中的新平衡。

幼儿园语言教育的目的是提高幼儿的语言运用能力，幼儿是在语言运用中获得和发展语言能力的，也是通过语言的运用发展认知能力和实现社会化的。因此，教师要重视让幼儿在一定的语言环境中发展语言的实际操作能力，让幼儿在与他人的交流过程中去听、去说、去欣赏、去评判，去丰富生活经验和生活感受，通过亲身体验进行观察和思考，去发现问题并解决问题，这样幼儿才能学习沟通，才能将抽象的经验加以内化，进一步提高语言运用能力。

（二）整合性

语言是一种符号，具有信息属性，它时刻存在于我们的生活中，总是反映一定的事物。幼儿学习语言的过程往往和他们认识事物的过程相联系。以词汇学习为例，如"奶牛"这个词的含义，只有当幼儿对奶牛的特征有所认识，能够把它

---

① 张明红.学前儿童语言教育［M］.2 版.上海：华东师范大学出版社，2006：71.

与其他动物区分开来，才能说幼儿真正理解该词的含义，才有可能恰当地运用该词。在幼儿园开展语言教育需要与其他领域的教育、与幼儿的一日生活整合起来，综合考虑，否则很容易出现教育内容重复、教育投入大而效果差的情形，不利于实现教育的最优化，也不利于幼儿身心各方面的协调发展。这是由语言本身的特点所决定的。

幼儿通过各种教育活动和日常交往习得大量语言，这些语言的内容涉及各个方面，从幼儿自己的身体特点、行为举止、心理感受到周围他人的形象、兴趣和职业，从幼儿的家庭到幼儿园再到周围社区再到整个地球、宇宙，从自然环境到社会环境，等等。

可以说，语言教育总是与其他领域的教育紧密地联系在一起。例如，故事《小雨点旅行记》用优美简练的语言描述了小雨点旅行的经历，幼儿学习这个作品，可以了解许多自然现象都与水有关，激发探索大自然的兴趣。反之，以科学教育为例，幼儿一般在教师的语言指导下开展科学探究活动，在科学探究过程中幼儿会就有关的科学知识和方法展开讨论，在获得某种结果后又会运用语言把自己的发现表达出来。可以说，科学探究活动能够让幼儿获得许多语言教育的机会。所以，我们说幼儿园语言教育具有整合性。

（三）容错性

语言的学习在很大程度上要靠积累，具有渐进性。幼儿学习和掌握语音、词汇、句子，以及对语言的运用都需要一个过程，从无到有，从不理解到部分理解再到完全理解，从错误地表达到恰当准确地表达，这是幼儿语言发展过程的年龄特点。在这个过程中成人尤其是教师要持有一种宽容的态度，允许幼儿犯错。

幼儿喜欢学习、运用新的词汇和句式，但由于理解水平和生活经验的局限，难免会在语言理解和表达上出现错误。当面对一个新词或新句式时，幼儿常常根据自己的有限经验或利用语境理解词的含义。例如，教师在讲完故事后总结"旧社会是黑暗的，没有吃也没有穿，生活很苦"。有的幼儿会认为旧社会是没有白天的，因为它是黑暗的；还有的幼儿把旧社会理解为一个地方，会警告别人："你再调皮，让老师把你送到旧社会去。"虽然幼儿对语词的理解和运用还不是很准确，但这也恰恰反映了幼儿的成长，他正在试图将自己的想法更准确地表达出来，将特定的语词与具体的情境相联系，只是还没有找对语词与具体情境之间的联系。

在幼儿园语言教育中，对幼儿在语言理解和运用方面表现出来的错误，教师要以发展的眼光来看待，使幼儿在不断尝试错误的过程中产生想说、敢说的愿望。教师在向幼儿呈现一个新词或向幼儿介绍一篇文学作品之后，往往需要一段时间的多次反复才能让幼儿真正理解和领会，不能期望立竿见影。

（四）阶段性

幼儿掌握和运用语言是一个连续发展的过程，也是一个从量变到质变的过程。心理学的观察和研究表明，受生理机制成熟和认知能力发展的制约，儿童语言的发展遵循一定的规律，具有阶段性，这种语言的自然获得性也决定了语言教育的阶段性。

如语音的发展，3~4岁是语音发展最迅速的时期，小班语音教学的主要任务是培养幼儿正确地发音；中、大班幼儿的言语器官已发育成熟，具备正确发出全部音节的生理条件，同时他们也产生了清楚、正确说话的愿望，此时的主要任务是培养幼儿的语音修养，如富有感染力和表现力的表达，自如地调节声音的强弱，等等。再如，词汇的发展，小班幼儿应重点掌握一些常见的实词，如与可直接观察到的事物相联系的名词、动词、形容词和人称代词等；4~5岁是词汇类别迅速扩展的时期，中班幼儿可以学习虚词；大班幼儿随着知觉分辨力和思维概括性的提高，开始掌握反映事物细微特征的，或带有抽象意义、概括性比较高的词汇。幼儿句法结构的发展在4岁至4岁半之间较为明显，5岁幼儿的语句结构逐渐完善，6岁幼儿的水平显著提高；句子结构从压缩、呆板到逐步扩展和灵活；从小班时期句子简单而且常常不完整，漏缺句子成分或句子成分排列不当，到大班时期句子日趋完整和严谨。同时幼儿说话所用的句子有延伸的趋势：3~4岁幼儿以含词量4~6个的句子占多数，4~5岁幼儿以含词量7~10个的句子占多数，5~6岁幼儿出现不少含词量11~16个的句子。

由此，幼儿园语言教育应该遵循幼儿语言发展的阶段性特点，教师首先要对幼儿的语言发展阶段有一个正确的认识，针对不同阶段的语言发展在教育上的侧重点也应该有所区分，使幼儿的语言在原有水平上得到提高，即让幼儿"跳一跳，就够到"。

二、语言领域对环境创设的基本要求

《幼儿园教育指导纲要（试行）》明确提出："语言能力是在运用的过程中发展起来的，发展幼儿语言的关键是创设一个能使他们想说、敢说、喜欢说、有机会说并能得到积极应答的环境。"所以，幼儿园开展语言教育需要创设一个恰当的环境，针对语言教育不同于其他领域教育的特点，在创设适合开展语言教育的环境时应注意以下几点。

（一）创设互动情境，为幼儿提供充分的语言练习机会

针对语言教育具有应用性的特点，教师在创设语言教育环境时，应在真实的生活情境中为幼儿提供广泛的、多种多样的学习语言的机会，使幼儿运用语言获得新的生活经验和其他方面的学习经验。幼儿的语言学习以自然习得为主，他们学习语言主要为了交流或者执行生活指令、参与游戏等，使用语言也纯粹是为了

☞互动情境创设示例

表达自己的情感和认识周围的事物及其简单关系，语言对他们来说只是一种交流工具或游戏工具。因此，幼儿园语言教育应当以创设有趣的、合适的、真实的交际环境为主要任务，为幼儿提供充分练习的机会，让幼儿与周围环境特别是与教师、同伴进行交流，利用互动巩固和迁移幼儿获得的语言经验，使幼儿在迁移性练习中领悟语言的特性。如教师可设计"去市场买菜"的情境、"去商店买饮料"的情境、"去超市买玩具"的情境等，让幼儿在买卖游戏中训练口语交际能力。又如，在每天迎接幼儿入园时，教师面带笑容地跟幼儿打招呼，既拉近了师幼之间的距离，又创设了交际情境；师幼之间还可以互相介绍自己的心情和前一天的趣事等，在愉快的气氛中交流。

同时，教师还可以抓住一切可利用的互动机会对幼儿进行语言教育，如幼儿告状时，让他们先说说事情是怎么发生的，后来又怎么样了，辩一辩到底谁在什么地方做得不对；看图书、电视后让幼儿讲讲看到了什么，觉得什么地方特别有趣等，为幼儿创造多样化的练习语言的机会。

（二）整合各领域和一日生活各环节，创设富有情趣的语言环境

根据语言教育具有整合性的特点，教师在进行环境创设时，同样需要整合各领域和一日生活各环节，为幼儿创设富有情趣的语言环境，丰富幼儿的语言经验。在这种整合的语言教育环境中，幼儿不单是教师传递的语言信息的接受者，而是一个主动参与语言输入、加工和输出的创造者。

以文学作品《三只蝴蝶》为例，教师可以整合各种符号手段，如在音乐中欣赏作品，利用优美的画面引导幼儿一步步理解作品，通过表演等形式表现作品。从文学作品出发，通过各种知识经验的整合参与，最后落实到以语言为主的活动中，在这样的教学中，教师利用各种符号的参与创造一个富有情趣的语言环境，以丰富幼儿的语言经验。

▶【案例 3-1】

集合排队学说话[①]

在幼儿园一日生活中，集合排队是每天都要开展的活动。在常规的集合排队环节，教师往往以指令性、常规性的口令让幼儿集中，如果仔细分析，可以发现这个环节同样可以创设富有情趣的语言环境。

首先，教师可以将集合时的常规口令变为"多彩的信息信号"。单一的"排队啦""集合""男孩子站这边、女孩子站那边"口令，只能使幼儿照口令去做，如果教师经常用一些生动形象的信号来代替单调的口令，效果就会不一样，如结合幼儿喜欢的卡通人物说"聪明的喜

---

① 资料来自笔者的观察笔记。

羊羊来集合！""勇敢的奥特曼来排队！""神气的动感超人来集合！"等；或者结合各种动物说"调皮的小猴来排队！""可爱的小白兔来集合！""神气的小马来排队！"等。信号可以由教师发，也可以让幼儿发。

其次，在整队后，变单向指令为"双向互动"。一般在集合整队后，教师会对幼儿提出具体要求，教师可以将要求变成与幼儿的有趣对话，代替单向的指令。这种短小语句的应对，既提高了幼儿自觉遵守规则、养成良好习惯的能动性，又给予了幼儿语言表达的机会。例如：

师："我们来做小蚂蚁。"幼："排起队来真整齐。"

师："我们来做小花猫。"幼："走起路来静悄悄。"

师："上楼扶栏杆。"幼："下楼靠墙壁。"

像集合排队这样的小环节还有很多，如盥洗、餐前等待、散步，以及游戏、自由活动等环节，教师充分利用幼儿在园一日生活中的各个环节，以及创设富有情趣的语言环境，既提高了幼儿自我服务、自我管理的积极性，避免了消极等待，又使幼儿的语言学习融入幼儿生活的每时每刻。

（三）营造宽容、自由的话语氛围，对幼儿的语言学习做出积极的反馈

在语言教育中教师要懂得宽容与激励幼儿，努力营造宽松自由的语言学习氛围。一方面，教师不要对幼儿自发的言语交往过于限制，要允许幼儿在自由游戏或等待的时间里自由交谈；另一方面，在集体教学活动中教师不要把书上的观点和自己的看法作为标准，简单地否定幼儿的见解，要及时肯定幼儿不怕出错、敢于开口表达的精神。

教师在对幼儿的语言表达进行指导时，一方面，要对幼儿的语言学习作出积极的反馈，不能只强调幼儿表达或理解中的错误。如有的幼儿虽然表达不清晰，但态度积极、声音洪亮；有的幼儿虽然说出的语句不够完整，但是答出了关键词；有的幼儿虽然词不达意，但是他已经在尽力模仿。对幼儿在语言学习活动中表现出来的微小的优点，教师都可以给予积极的反馈，从而为幼儿营造宽容、自由的话语氛围，增进其学习语言和运用语言的兴趣和信心。另一方面，面对幼儿语言中的错误，教师不要马上给予纠正，要求他"说完整""说准确"。直接的不合理的纠正，不仅不会产生积极效果，而且还会扼杀幼儿表达的愿望和语言创造力，导致幼儿产生抵触心理。教师可以有意识地淡化错误，让幼儿无忧无虑地通过活动纠正错误。

▶【案例 3-2】

一条筷子[①]

　　大二班，用餐时间。丁丁低着头坐在那里不动筷子。教师就过去问："丁丁，你怎么不吃呀？"丁丁平时就十分胆小，不太爱说话，看见教师来了更增添一分紧张，涨红了脸，小声地回答："我这一条筷子短。"教师听了，愣了一下，但没有马上纠正，而是拿来一根筷子，并对丁丁说"那就换一根筷子吧！给你一根筷子"，还特意把"一根"说得重了点，丁丁接过筷子点了点头。

　　在这个案例中，教师面对的是一个非常胆小、羞于表达的幼儿，出于对幼儿语言信息的敏感，教师马上就发现了幼儿语言中因日常的方言所产生的量词的使用错误。教师如果马上纠正幼儿的错误，幼儿可能会更害怕，更不敢表达自己的意愿，案例中的教师以宽容的态度面对幼儿，采用正确的示范，以隐蔽的方式引导幼儿学习如何正确地表达。

　　（四）创设环境要遵从语言教育中的年龄差异

　　根据幼儿园语言教育在不同年龄段的教育重点，教师在创设相应的教育环境时，从材料的选择到教师使用的指导语都要遵从这种差异。如小班语音教育的重点是培养幼儿的正确发音，那么教师可以为幼儿准备一些说话缓慢，但是发音标准的儿歌、童话的音频；教师在说话、示范的时候也要尽量做到发音准确，对幼儿语音的指导重点放在其发音的准确性方面。到中、大班，语音教育的重点是培养幼儿的语音修养，教师可以通过让幼儿观看多媒体课件、情境表演等方式让幼儿感受语音的表现力；教师在说话、示范的时候也要注意充分地表现自己的语音修养，在指导幼儿语言表达的过程中也要有意识地培养幼儿的语音修养。

　　再如小班是掌握大量常见实词的阶段，教师在创设环境时要有意识地提供各种实物让幼儿直接观察、命名；中班是幼儿词汇类别迅速扩展的时期，教师可以提供具有各种典型特征的事物和场景让幼儿进行描述；大班幼儿开始越来越多地掌握反映事物细微特征的，或带有抽象意义、概括性比较高的词汇，教师在为其创设环境时，要注意提供具有细微特征的事物，鼓励幼儿通过比较去进行描述。

三、语言教育活动的环境创设

　　（一）语言教育活动环境创设的整体要求

　　1. 创设使幼儿"敢说"的环境氛围

　　首先，教师要尊重幼儿、乐于倾听幼儿说话，及时对幼儿的提问进行积极回

[①] 资料来自笔者的观察笔记。

应，让幼儿感受到教师的爱和关注，这是让幼儿开口表达的前提；其次，教师不要急于去纠正幼儿的话，应尽量让幼儿把话说完，并获得愉快、积极的说话体验。下面以两位教师的不同做法为例，说明在开展语言教育活动时，创设幼儿"敢说"的环境氛围的重要性。

▶【案例 3-3】

大班排图讲述活动"小猴出海"，幼儿排好图后，教师请一位幼儿讲述，这位幼儿兴致勃勃地讲述起来，在他讲述的过程中经常用"然后"这个词来连接故事，于是教师打断了他的讲述，对他说："如果你在讲的过程中不经常用'然后'这个词，或者交替用'接着''后来'等词，那就更好了。"幼儿接受了这个建议，接着往下讲，讲着讲着"然后"冒了出来，他停住了，自言自语地说"删掉"（意思就是把"然后"这个词删掉），接着又往下讲，"然后"这个词又冒了出来，教师急忙纠正，幼儿看了看教师，有点无奈地往下讲，可是讲着讲着"然后"这个词还是冒了出来，幼儿很懊恼地叹了口气，说："老师，我改不了，不讲了！"

▶【案例 3-4】

大班排图讲述活动"小猪和气球"，一位幼儿在讲述的过程中同样经常用"然后"这个词来连接故事，有别的幼儿嘀咕"他老是说'然后'"，他停顿了一下，有点不好意思地看了看教师，教师鼓励他说："没关系，讲得很顺畅，往下讲吧！"在教师的鼓励下，他开心流畅地讲完了故事的后半部分。到最后总结的时候教师点评："刚才 ×× 把故事完整地讲述了一遍，很棒，如果在讲的过程中不经常用'然后'这个词，交替用'接着''后来'等词，那就更棒了。"

显然，在案例 3-4 中，教师表现出了对幼儿的尊重，教师用赞赏和鼓励帮助幼儿克服了表达中的挫折感和失败感，让幼儿获得了愉快、积极的说话体验，保护了幼儿表达的欲望。在语言教育活动中，尤其是面对那些胆子小，怕说错，想说又不敢说的幼儿，教师一定要鼓励他们，提倡"敢说先于正确"。

2. 提供使幼儿"想说、爱说"的活动材料

丰富多彩的活动材料能够激发幼儿的表达兴趣。教师在开展语言教育活动时可为幼儿提供一些有趣的材料，如一个废旧的话筒、一台用旧纸箱做的"电视机"；有助于调动多种感官的视听资料，如磁带、幻灯片等；来源于周围生活的社会性资料，如广告、符号、标志等；便于操作的活动性资料，如文字拼图、与

故事配套的指偶等；展示自我的幼儿自制资料，如新闻集、影集、录音带等；起参考作用的工具资料，如各种图文并茂的动物知识图典、交通工具知识图典、花卉知识图典、用具知识图典等。

教师也可以收集季节性材料开展语言教育活动。如中班谈话活动"说说秋天的叶子"，教师没有在活动室内进行讲授，而是带幼儿到幼儿园户外的大树下进行观察，并请幼儿捡几片自己觉得可爱的叶子，带回班级后请幼儿介绍自己喜欢的叶子，整个活动气氛活跃，幼儿回到活动室后都兴高采烈，争先介绍自己喜欢的叶子。

总的来说，语言活动的材料来源丰富，教师可以通过以下多种途径进行收集。

（1）从生活中收集材料。如饮料瓶、牙膏盒、购物袋、宣传单等都是生活中常见的物品，这些材料比较容易收集，幼儿又很熟悉，可以激发其兴趣，促进其语言的发展。

（2）从大自然中收集材料。如春季发芽的树枝等，夏季的水果以及河边的石子等，秋季丰收的果实、稻草等，冬季常绿树的树叶和落叶树的树枝等。

（3）从儿童文学、动漫作品中寻找材料。如幼儿熟悉的一些儿童文学和儿童动漫作品中的人物、场景等。

3. 提供促使幼儿"会说"的示范

好模仿是幼儿的天性。教师在创设语言教育环境时，要通过直接或间接的语言示范，给幼儿提供大量的、规范的语言供其模仿。在语言教育活动中，有许多类型的活动可专门设置"教师示范"这一步骤，教师通过为幼儿提供普通话音像资料等方式，创设语言环境，让幼儿不知不觉地通过模仿习得大量语言，培养对语境与语用之间关系的感悟力。

教师在示范时应注意运用隐性示范。隐性示范即教师不直接告诉幼儿应该怎样做，而是通过主导活动的过程，采用种种暗示给予示范。对语言教育来说，单纯运用显性示范过于单调、枯燥，不符合幼儿的心理特点。这就要求教师在活动过程中，以一个参与者的身份与幼儿平等地进行对话，如参与幼儿的游戏活动，在谈话活动中谈论自己的经验等。需要注意的是，教师提供的示范不能限制幼儿的想象和思维，阻碍幼儿调动已有的语言经验。幼儿模仿练习时，往往会出现死套教师的语句、缺乏想象力和创造性的现象，教师应鼓励幼儿在模仿的基础上大胆创新，允许幼儿出现不同于教师的语言表达内容及叙述顺序。

4. 充分利用语言区，丰富教育活动的语言环境

幼儿园的班级常常设有语言区之类的活动区，教师在开展语言教育活动时，可充分利用语言区。如在学习故事《小兔找太阳》时，教师可在语言区投放小兔、兔妈妈的头饰以及供仿编故事用的有关实物，如绒绒球、红皮球、灯泡、红圆帽等。再如，在开展早期阅读活动时，教师常常在语言区投放相应的材料如图

书等作为辅助。总之，让语言区活动与教学活动同步不仅有助于教师完成教学任务，而且对扩大幼儿的经验，促进幼儿语言的发展也有很大的帮助。

（二）语言领域不同内容教育活动的环境创设

根据幼儿园语言教育的目标，以及有关幼儿语言习得和学习理论，语言教育活动通常分为谈话活动、讲述活动、听说游戏、文学教育活动和早期阅读活动。在创设这五类活动的教育环境时，教师一方面要遵循前面提到的整体要求，另一方面要根据各类活动自身的特点，有所侧重。

1. 谈话活动

谈话活动是指教师指导幼儿围绕中心话题，运用语言与他人进行交流的活动。对于谈话活动的环境创设，教师应该注意以下几个方面。

（1）创设谈话情境，引出中心话题

一般来说，谈话活动总是围绕一个中心话题来开展，这是谈话活动的第一步。创设谈话情境，引出中心话题，常见的方式有以下几种。

① 实物或直观教具。如提供挂图、多媒体课件、墙饰布置、玩具等各种实物，向幼儿提供与话题有关的可视资源，如小班谈话活动"我喜爱的玩具"，教师可以拿一个玩具引出中心话题，也可在活动区摆放幼儿带来的玩具，以此引出中心话题。

② 故事、提问等。教师可选择一个故事，提一些问题激起幼儿的谈话兴趣，引出中心话题。如大班谈话活动"怎样保护我们的图书"，教师首先以故事的形式介绍了图书角里图书们的"担忧"，然后提问"我们如何保护好图书呢？"，引出中心话题。

③ 游戏或表演。如中班谈话活动"想玩别人的玩具时"，教师请两个幼儿表演因为想玩别人手中的玩具，从而发生争执的场面，然后提出问题"当我们想玩别人的玩具时，我们该怎么做？"，由此引出中心话题。

（2）提供丰富的谈话素材

谈话活动的素材应该是幼儿知识经验范围内的，是幼儿熟悉的内容，谈话的素材积累越多，谈话内容才会越丰富，幼儿的谈话意愿才会越强。教师要提供丰富的谈话素材，如中班谈话活动"春天的变化"，教师可以把幼儿带到户外去开展活动，因为春天的大自然就是该谈话活动最好的素材；再如大班谈话活动"恐龙乐园"，教师提供了大量的图片以及视频，让幼儿有了丰富的谈话素材。

2. 讲述活动

讲述活动是发展幼儿独白言语的重要形式。它往往需要一定的凭借物，要求幼儿能在集体面前用规范的语言大胆地表达。对于讲述活动的环境创设，教师应该注意以下几点。

（1）创设让幼儿充分感知、理解凭借物的环境

讲述活动需要针对一些凭借物来开展，所谓凭借物即幼儿在活动中讲述的对象。从凭借物的特点来分，幼儿园讲述活动可以分为看图讲述、实物讲述、生活经验讲述和情境表演讲述。开展讲述活动首先要让幼儿能很好地感知、理解所讲述的对象，教师可以让幼儿仔细观察图片、实物、情景表演等，也可以让幼儿利用感官去听、去闻、去尝。如小班讲述活动"球"，教师让幼儿在口袋中触摸各种大小不等的球，从而加深对球的感性认识，充分地感知、理解球的特征。

（2）营造有秩序的、能促使幼儿认真倾听的环境

讲述活动侧重培养的是幼儿的独立构思和表达能力，常常采用讲述者和倾听者轮换的形式。讲述活动必须有能安静、耐心的倾听者，才能顺利地开展下去。

首先，教师可以以自身专注的表情教会幼儿怎样去听，让幼儿在耳濡目染中逐步懂得控制自己的言行，养成倾听的习惯。如果幼儿开始对内容表现出不感兴趣，教师就要及时引导、启发，使幼儿继续保持倾听的兴趣。

其次，明确倾听的要求。当讲述者讲述时，教师可以给予倾听者一定的任务，让其带着任务去倾听。如教师在一个幼儿讲述之前，给其他幼儿布置任务"认真听 ×× 小朋友讲的故事里有谁？发生了什么事情？"，通过这种有意识的要求激发幼儿认真倾听的动机。

最后，进行适度的激励。在活动中，当幼儿表现出认真倾听的行为时，教师要运用鼓励、表扬、适当的奖励等一些积极的方式来肯定幼儿的倾听行为，如"你听得真认真！""你都听明白了，真好！"教师赞许的目光、肯定的语言，能使幼儿受到极大的鼓励，从而进一步强化认真倾听的行为。

3. 听说游戏

听说游戏是用游戏的方式来开展的语言教育活动，主要目标是培养幼儿的倾听和表述能力。听说游戏属于规则游戏，开始时教师需要帮助幼儿理解游戏的内容，交代游戏的规则，并且示范游戏的玩法，等幼儿逐步掌握游戏规则后，再让幼儿独立进行游戏。对于听说游戏的环境创设，教师应该注意以下几点。

（1）设置游戏情境，营造游戏氛围

听说游戏开始时，教师需要通过各种方式设置一定的游戏情境，如用一些与听说游戏内容有关的动作、语言、图片、实物等创设游戏情境，制造游戏氛围。如大班听说游戏"金锁银锁"，配班教师可以邀请几名幼儿手拉手围成一圈扮锁，主班教师和一名幼儿扮演开锁的人。游戏开始时，大家边念儿歌边前后摆动拉着的手，开锁人随着儿歌的节奏依次在各拉手处做开锁动作。儿歌念完后，开锁人停在某处便可指着这里的两个拉手人问："这是什么锁？"拉手人回答："这是 ×× 锁。"然后，开锁人分别说两句不同的话描述这把锁，如拉手人说"这是香蕉锁"，开锁人可以说"香蕉，香蕉，甜又香""香蕉，香蕉，黄又黄"等。

然后两位开锁人可以轻轻地把两人拉着的手分开，表示锁已打开，再与两个扮锁的幼儿交换角色。若开锁的幼儿回答得不准确，则不能分开两人拉着的手，游戏继续进行。

金锁银锁

金锁锁，银锁锁，

两把钥匙一把锁，

咔嚓、咔嚓把它锁，

小朋友快点来开锁。

（2）保证游戏时间，创设轻松的教育环境

时间是开展游戏的重要保证。无论是哪一类游戏，幼儿都需要有充裕的时间去进行探索和尝试。如果游戏时间过于短促，幼儿就掌握不了玩游戏的技巧，感受不到游戏的乐趣，这就减少了游戏对幼儿的价值。教师应提供充裕的时间，让幼儿能够多次参与游戏，反复体会和运用游戏规则，充分体验听说游戏的乐趣。

4. 文学教育活动

文学教育活动以幼儿文学作品为基本教育内容。这类活动在于从一个具体的文学作品入手，帮助幼儿理解文学作品所展示的丰富而有趣的生活，体会文学作品特有的魅力和意境。对于文学教育活动的环境创设，教师应注意以下几点。

（1）创设适宜的文学情境，为引出文学作品作铺垫

在开展文学教育活动时，教师要为幼儿创设一个与文学作品内容贴近的情境。教师可结合图片、幻灯片，借助美术、音乐等艺术手段，布置一个或安静、或和谐、或优美、或哀伤的环境，将幼儿带入一个充满幻想和神奇的文学宫殿中。例如，在中班散文诗《春天》的教学中，在介绍诗歌之前，教师这样渲染气氛："现在老师要请小朋友看一看春风吹来的时候出现了什么情景？一边看一边听老师读。"教师一边播放幻灯片，一边用优美的声音朗读散文诗，所有的幼儿都静静地观看和倾听，感受着诗歌的意境。

（2）提供丰富的体验环境，帮助幼儿体验作品的艺术魅力

在文学教育活动中体验作品的艺术魅力和情感特征是目标之一，教师可以通过提供丰富的体验环境来实现这一目标。具体来说教师可以通过富有感染力的语言表述文学作品，如在讲述故事时一定要投入感情，声音跌宕起伏，以不同的表达方式伴随着丰富的表情和动作等来表现作品；教师还可以充分利用表演、绘画、动手操作等方式让幼儿动手、动口、动脑表现作品，从而帮助幼儿体验作品的艺术魅力。

5. 早期阅读活动

早期阅读活动主要是为幼儿提供阅读图书的经验，幼儿的阅读主要是前阅读，即幼儿主要通过图片、符号、与成人共读等方式进行阅读。早期阅读活动可

以激发幼儿的阅读兴趣，培养幼儿的阅读习惯，在阅读中发展幼儿的想象力、创造力，帮助幼儿感受文学作品的美。教师要为幼儿提供一个含有较多阅读信息的教育环境。对于早期阅读活动的环境创设，教师应该注意以下几点。

（1）创设宽松、自由，具有浓厚阅读气氛的环境

各班可以墙面、阅读区的环境创设为主，努力营造富有趣味的阅读情境，促进班级良好阅读氛围的形成。同时，教师要为幼儿树立良好的阅读榜样，常向幼儿讲述图书中的动人故事，还可以适时播放一些轻音乐，要求幼儿安静看书、低声交流等，让幼儿在浓厚的阅读氛围中耳濡目染，发展幼儿的阅读兴趣。

（2）创设丰富的阅读物质环境

丰富的阅读物质环境需要充足的阅读时间和空间，以及各种丰富的阅读信息。早期阅读经验不是通过几次专门性的阅读活动就能获得的，教师除了要安排一定的集体阅读时间外，还要在日常活动中保证幼儿有一定的阅读时间，这种时间的安排可以是随机的、不固定的。如可以是在早晨入园时，也可以是在午睡起床时或者离园时。

同时，教师还需要为幼儿提供一些阅读场所，在幼儿园，常见的阅读场所是阅读区，这种场所应含有丰富的阅读信息。教师还可以充分利用空间，创设墙面与阅读区融为一体的阅读活动区域。此外，教师还可以扩展幼儿的阅读场所，如在美术活动中，教师给出一个涂色要求范例，图案中用色块或编号说明每一处该涂什么颜色，让幼儿根据规律完成填色游戏，甚至自己设计结构图；还可以在动手区贴上"小巧手"，在班里的各种家具上贴上相应的名称，为幼儿提供含有丰富阅读刺激和信息的教育环境。

第三节　社会领域的环境创设

个体从自然人向社会人转变，会受到多个方面、多种因素的影响。幼儿期是个体社会化发展的重要时期，幼儿在这段时间的经历和体验，以及在此基础上的社会性发展状况，将影响其一生。因此，促进幼儿积极地社会化是幼儿园教育的一个重要任务。由于幼儿的社会化是一个复杂的过程，积极的社会化并不会自然地发生，需要教师创设积极的教育环境并加以适当引导才能实现。

然而，在幼儿园教育实践中，我们却经常发现由于教育环境不够理想而导致的幼儿社会性发展偏差，如活动空间小、材料贫乏导致幼儿表现出侵犯性或破坏性行为；过分复杂、富有刺激性的色彩及夸张布置导致幼儿出现烦躁不安的情绪以及其他不适行为；紧张的师幼关系导致幼儿表现出胆怯、无归属感。什么样的教育环境才能更好地促进幼儿的社会性发展？本节主要阐述幼儿园社会领域的环

境创设。

一、幼儿园社会教育的特点

幼儿园社会教育旨在为幼儿提供社会学习活动，在尊重幼儿生活、遵循幼儿社会性发展规律与特点的基础上，促进他们自我意识的形成，发展交往、合作能力，增进其对社会和世界的理解。把握社会领域环境创设的要求，有必要先了解幼儿园社会教育的特点。

（一）随机性

人际交往和社会适应是幼儿社会学习的主要内容，也是其社会性发展的基本途径。幼儿的社会性发展和教育是一个长期的过程，在这个过程中，除了教师实施的有目的、有计划的社会教育活动以外，幼儿的日常生活、自由活动、偶发事件以及其他领域的教育活动等也蕴含了很多社会教育的机会，因此，幼儿园社会教育具有随机性。教师应随时随地抓住一切有利时机对幼儿进行即时教育。

（二）针对性

幼儿园社会教育的内容丰富，涉及面广，教师在选择内容时，需要根据具体的目标来取舍；同时，幼儿园社会教育还要根据幼儿社会性发展的实际水平以及其所处的社会地域环境来设计。也就是说社会教育要根据本班幼儿的生活环境、所处地域的特色以及社会性发展状况来确立教育目标和选择教育内容。如关于交通工具，城市的幼儿可以选择地铁、磁悬浮列车、双层巴士、动车等作为认识对象，探讨乘坐这些交通工具的规则，但如果把这些内容放到农村幼儿园就不合适了；相反，一些农村交通工具，如拖拉机、平板车、驴车等，对城市幼儿来说就非常陌生了。

（三）潜移默化性

《幼儿园教育指导纲要（试行）》指出"社会领域的教育具有潜移默化的特点"，确实，幼儿社会认知、社会情感和社会技能的形成需要一个过程，幼儿社会态度和社会情感的培养尤其应渗透在多种活动和一日生活的各个环节之中。幼儿社会性的发展与他日常所受到的影响密切相关，如教师之间相互关心、相互帮助，就会营造温馨的气氛，幼儿在其中耳濡目染，也会逐渐习得相应的品质。再如，教师为人师表、诚实守信，就容易使幼儿养成严于律己的良好品格；同伴的行为举止非常有礼貌，就会使幼儿懂得相互谦让、和睦相处的道理。所以，在幼儿园社会教育中，教师应借助一定的社会素材或创设一定的社会环境给幼儿潜移默化的影响，使幼儿的思想、行为、品行发生良好的变化。

☞潜移默化性示例

另外，社会教育内容表现出广泛性和生活化，本身就具有潜移默化的特点，它比健康、语言、科学、艺术等领域的教育更强调隐性课程和背景因素的影响。

（四）生活性

幼儿园社会教育的根本目的是把幼儿培养成符合社会要求的人，直接目的是使幼儿适应日常的生活并且具备独立参与社会生活的能力。因此，社会教育是与幼儿的日常生活紧密结合的。如在进餐时，教师可以开展节约粮食以及饮食文化等方面的教育；在盥洗时，教师可以进行环境保护教育，培养幼儿节约用水的良好习惯。同时，社会教育的目标很难通过几次单独的社会教育活动就能实现，必须让幼儿在日常生活中不断地反复练习，才能形成稳固的习惯。幼儿的社会性主要是在日常生活和游戏中通过观察和模仿潜移默化地发展起来的。成人应注意自己言行的榜样作用，避免简单生硬的说教。

（五）民族与世界性的统一

为让幼儿增进对社会和世界的理解，幼儿园社会教育的内容必然要包含对民族文化和世界文化的了解，也就是说社会教育的内容，不仅包括科技发展所带来的现代文明，还包括中华民族优秀传统文化以及世界其他民族的优秀文化。例如，每年的传统节日如春节、清明节、端午节、中秋节等，都是对幼儿进行传统文化教育的良好契机；而不同民族、不同国家的一些风俗习惯也是社会教育不可缺少的重要内容。

二、社会领域对环境创设的基本要求

（一）创设一个安全、舒适、富有童趣的环境

安全、舒适、富有童趣的环境有助于幼儿萌生归属感，消除幼儿的不安情绪。应该说，大多数幼儿园都注意了这个要求，但是有些幼儿园却做得过犹不及，如有些幼儿园对幼儿保护过度，用"安全"束缚了幼儿的手脚，导致幼儿出现一些消极行为；有些幼儿园片面追求高档华丽的装修、琳琅满目的高价玩具等，这种"现代化"环境，反而让幼儿园远离自然，违背了幼儿的天性。有些幼儿园周围的环境过于嘈杂，不仅不能对幼儿的发展起积极作用，反而容易引起幼儿注意力的分散。所以，幼儿园室内室外环境的创设应以美观、简单、和谐为原则，这样有利于陶冶幼儿的性情。

☞社会领域对环境创设的基本要求示例

（二）创设一个结构合理的活动空间

幼儿园的活动空间包括室内和室外，是幼儿和教师、幼儿和幼儿进行交往的地方。活动空间的结构是否合理在很大程度上会影响幼儿的社会性发展。创设结构合理的活动空间，要注意以下几个方面。

在室内活动空间方面，首先，活动空间应保持恰当的密度。空间密度是指在活动场地面积一定的情况下，每单位面积参与活动的幼儿的数量。这是影响幼儿社会行为的一个重要因素。国内外的研究均发现，单位面积参与活动的幼儿过多，会较多地出现干扰其他幼儿活动的行为；单位面积参与活动的幼儿过少，则

较少出现合作行为，互不相关的独自行为的发生率较高。[①]

其次，要有合理的空间分隔和设备安排。目前，我国幼儿园较为流行的空间分隔是创设活动区，如娃娃家、建构区、阅读区、表演区等。这些活动区的创设是为了便于幼儿开展不同的活动，它应当有利于幼儿之间的交往，以及幼儿与教师的交流、接触。

在室外活动空间方面，尤其要重视全园公用、混合场地的使用，以适合不同年龄班幼儿之间的交往。例如，不同年龄班幼儿在某个时间点可共同使用一两种游戏设施开展户外活动。

（三）恰当投放活动材料

首先，活动材料的配置应能促进幼儿之间积极的交往以及良好的社会性行为和情感的发生，如各类游戏及操作类的材料。教师应注意投放适合幼儿个别化探究的独立性材料和激发同伴合作性学习的合作性材料。例如，在积木区，大型的积木更有利于幼儿之间的共同协商和分工合作，能使幼儿在相互配合中学习处理人际关系，解决各种问题。

其次，教师要提供数量充足的活动材料。活动材料少，容易使幼儿发生争执，表现出竞争性、侵犯性和破坏性行为。但这并不是说给予幼儿的活动材料越多越好，教师还应根据各个年龄班幼儿游戏活动发展的特点来提供活动材料。例如，小班幼儿大都处于平行游戏或独自游戏阶段，教师应多提供种类相同的活动材料；而到了中、大班，教师则应更多地为幼儿提供适合发展合作性游戏的活动材料。

（四）创设良好的人际环境

创设人际环境的中心是建立融洽、和谐、健康的人际关系，具体包括教师与幼儿之间的关系、幼儿与幼儿之间的关系以及教师与教师之间的关系等。

1. 建立良好的师幼关系

《幼儿园教育指导纲要（试行）》指出"幼儿与成人、同伴之间的共同生活、交往、探索、游戏等，是其社会学习的重要途径，应为幼儿提供人际间相互交往和共同活动的机会和条件，并加以指导"。教师是幼儿在幼儿园的主要交往对象之一，良好的师幼关系对幼儿健全人格、交往能力、亲社会行为等的发展具有重要作用。

首先，教师应给每一个幼儿安全感和亲切感，尊重他们的独立人格，与他们建立和谐、平等、相互依赖的师幼关系，这样有助于幼儿建立安全感、归属感，乐于与他人交往。

其次，教师应以平等的身份与幼儿交往，理解幼儿的各种需要，允许幼儿表

---

① 汪叔阳.幼儿园设施设备［M］.北京：北京师范大学出版社，2001：9-16.

达自己的想法和意见，这样能使幼儿形成积极、主动、大胆、自信的社会态度，接纳自我，同时具有较强的社会适应能力。

2. 建立良好的同伴关系

同伴之间具有交往的平等性和体验的共鸣性，幼儿在与同伴交往的过程中可以学会承担责任、学会关心他人、学会合作和分享、学会表现自我等，发展社会性。

首先，教师应创设良好的班级气氛，引导幼儿进行人际交往，使幼儿之间的关系融洽、友好，从而产生归属感、安全感。例如，对于刚入园的幼儿，教师可以让他们互相介绍自己，逐渐消除陌生感和胆怯心理；在日常生活中，教师引导幼儿交流思想、感情，了解他人的需要、情绪情感状态等。教师要鼓励缺乏交往技能或过分害羞的幼儿积极参与班级活动，并鼓励其他幼儿与其交往。

其次，教师应引导幼儿之间互相关心、互相帮助。幼儿存在自我中心的倾向，缺乏对他人情绪情感状态的认知，这就会导致合作、同情等亲社会行为的缺乏。幼儿在生活中或学习中出现了困难，教师可以引导幼儿互相帮助。例如，一个幼儿摔倒了，教师可以让其他幼儿把他扶起来；幼儿之间出现了争执，教师可以引导他们自己协商解决；一个幼儿的手工总是做不好，教师可以让做得好的幼儿教他。给予帮助与获得帮助都是幼儿需要获得的关键经验。

3. 教师树立良好的榜样

教师正确的社会认知、良好的社会情感和社会行为，特别是教师与教师之间的人际交往对幼儿社会性的发展具有重要影响。

教师之间互相关心、合作，一方面可以给幼儿提供耳濡目染的学习机会，使幼儿容易产生相应的行为并且长期稳定下来；如果教师之间漠不关心，那么教师再怎么强调培养幼儿的爱心、同情心，效果势必都会大打折扣。另一方面，教师之间互相关心、合作，会给班、园带来一种良好的心理气氛。所以，不管是一个班的主班教师与配班教师的互动，还是全园教师和全体教职工之间的交往，都应当成为幼儿良好社会性发展的榜样。

（五）充分利用社区环境资源

社区中的超市、邮局、市场、医院、图书馆、纪念馆、名人故居、名胜古迹，以及各行各业的工作人员等是幼儿园开展社会教育的丰富资源。教师可采用让幼儿参观、访问、参与某些活动等方式，激发幼儿对社会生活的兴趣以及参与社会生活的愿望。例如，带幼儿到超市观察，了解营业员的工作特点，丰富生活经验；带幼儿到纪念馆参观，了解社会历史文化；带幼儿到敬老院，与那里的老人一起活动等。这些都可以起到相应的教育作用。

教师应充分挖掘和利用社区资源对幼儿进行社会教育，使社区环境真正成为社会教育的大课堂。

三、社会教育活动的环境创设

（一）社会教育活动环境创设的整体要求

1. 创设能够引发幼儿真实生活体验的活动环境

社会教育具有潜移默化的特点，尤其是幼儿社会态度和社会情感的形成，往往不是教师直接"教"的结果，而是在实际生活和活动中积累有关经验的结果。因此，社会教育活动常需要创设一定的情境，引发幼儿真实的生活体验。在创设这样的环境时教师要考虑以下两点：一是如何将真实的社会生活呈现在幼儿面前；二是如何让幼儿充分与社会生活接触，应采用哪些方法引导幼儿主动地观察、体验、思考、发现。

教师创设能够引发幼儿真实生活体验的活动环境，引用真实的生活情境，可以引起幼儿的学习兴趣，从而容易理解和掌握社会教育的学习内容。

▶【案例 3-5】

小客人（小班）

教师首先自述："前几天我看到我们幼儿园大班的小朋友到中班去做客了，中班的哥哥、姐姐也想邀请我们班的小朋友去做客。"接着抛出问题："你去过别人家做客吗？你是怎样当小客人的？"接着，让幼儿带着问题观看教师拍的录像。录像记录的是真实的生活场景——大班幼儿到中班做客。幼儿观看录像后，讨论做客时应有的行为规则；在随后的区角活动中，幼儿在"娃娃家"开展了模拟做客，并自觉地把刚刚学到的行为规则应用到游戏中。

在这个案例中，教师以具体生动的生活情境展示代替纯粹的说教，利用幼儿好模仿的特点使幼儿很好地掌握了做客时应有的行为规则。

幼儿的情绪易受影响，容易融入情境，在情境中自然地受到教师的影响，有时候，教师还需要故意"制造"一些真实的生活情境，让幼儿体验。

▶【案例 3-6】

节约用水（大班）

许多幼儿不懂得节约用水，教师拍了一些幼儿洗手时不注意关紧水龙头的照片。在开展活动前，教师故意在区角活动时间制造了一些情境，让幼儿在自然的状态下想到用水：有的幼儿在进行手工活动，手上沾满了胶水；有的幼儿在建构区玩完玩具后发现手很脏；植物角的植物有点不对劲，似乎都打蔫了……而当幼儿找水时，却无法找到水，因为教师事先把阀门关掉了，这时他们能够真实地感受到水和生活的密切关系，感受到水的宝贵。这个时候，教师用多媒体播放拍到的幼儿浪费水的照片，还有其他生活中浪费水的现象的图片，开始让幼儿听"水"的不满："人人都说我用处大，大家都离不开我，可有我在的时候，很多小朋友不珍惜我，小朋友们都回家了，我还在滴滴答答地流，这次我太伤心了，我不想让小朋友再用水了。"教师借此让幼儿发现生活中浪费水的现象，产生愧疚感。这时，大部分幼儿产生了共鸣，保证不再浪费水，教师让配班教师偷偷重新把阀门打开。幼儿在重新用上水的时候，体会到水的来之不易，并在情感上接受了要节约用水。

在这个案例中，教师为幼儿创设了一个与实际生活相联系的学习环境，这个环境使幼儿产生情感上的共鸣，从而收到了良好的教育效果。

2. 投入积极的情感，营造良好的情感氛围

在教学过程中，师幼的情感状态会彼此影响，相互感染，其中教师的情感状态往往处于主导地位。因此，在社会教育活动中教师要投入积极的情感，通过爱与关心建立教师与幼儿间的双向接纳关系，为幼儿的社会性发展营造良好的情感氛围。

首先，教师必须爱幼儿，对幼儿持有理解、支持的情感态度，给予幼儿努力克服困难、乐于与人交往的信心；同时，教师还要能及时体察幼儿的情绪情感需要，并及时给予回应，与幼儿建立起积极的相互接纳、信任的情感关系，这种情感支持本身就会成为幼儿社会化学习的榜样。

▶【案例 3-7】

友谊桥（大班）

教师在活动室的主题墙上画了一座"友谊桥"，要求幼儿自选好朋友，然后在纸上画出好朋友的形象，一同贴在友谊桥上。

活动刚开始，活动室里一阵骚动，"明明""小舟""轩轩"……幼儿们叽叽喳喳地叫喊着自己的好朋友，手拉手去找合适的地方画画。教师看了看活动现场，幼儿们基本上都三三两两地开始画了起来，只剩下康康一个人孤独地四处张望。平时，他喜欢和小宇、天天一起玩，但是今天小宇、天天在一起，没有带上他。康康终于发现了他的两个好朋友，就兴奋地搬起小椅子走过去，说："我可找到你们啦！"小宇和天天看了看康康，小宇说："我们以前是好朋友，现在我只和天天是好朋友，不和你做好朋友了。"天天说："我也是。"康康刚刚兴奋起来的脸

马上变得沮丧，他搬走椅子，将头埋在胳膊中。

教师看见了没有朋友的康康，走过来说："康康，我愿意做你的好朋友，你就画我吧！"康康沮丧的脸上绽开笑容，快速地打开自己的画笔盒，为"好朋友"画起像来。

在这个案例中，小宇和天天出现的排斥行为是幼儿比较常见的一种社会性行为。教师注意到了康康的情绪，在关键时刻帮助了他，使他迅速找回自信。当然，并不是说通过一次活动就能让幼儿的社会情感、社会态度得到升华，但至少这样的情感支持，能够推动幼儿逐步形成所期望的社会情感和社会态度。

其次，教师在教学过程中还应善于对幼儿进行情感激发。教师要注意让幼儿通过语气语调、音量、表情、动作等感知教师的情感投入，并且教师的情感投入一定要真切，这样才能感染幼儿，带动幼儿产生实际的社会性行为。教师可以采取表达自身立场（注意不要攻击幼儿人格）、提出期望、设置选项、换位体验自然后果等技巧。

3. 积极创造条件，为幼儿提供行为实践机会

在幼儿园社会教育中，教师不仅要让幼儿形成正确、积极的社会性认知和情感，更重要的是要让他们到实际的生活中去实践、去锻炼，把相应的观念、情感变成行动，尤其是能在相应的情境中自觉地产生相应的社会行为。这是社会教育活动的最终目标，也是教师在开展社会教育活动时要明确的。从这一点出发，社会教育活动要为幼儿提供充分的实践学习机会，才能使相应的知识与态度内化为幼儿自己的体验。如在"怎样当哥哥、姐姐"的活动中，开展"大带小"的实践活动，不仅要让幼儿明白"好哥哥、好姐姐"的行为标准，还要给予他们行为练习的机会，鼓励幼儿经常这样做，成为习惯。

（二）社会领域不同内容教育活动的环境创设

社会领域的教育活动分为自我教育活动、社会环境与社会规范认知教育活动、人际交往教育活动、多元文化教育活动。在创设这四类教育活动的教育环境时，一方面教师要遵从前面提到的整体要求，另一方面由于这四类教育活动具有自身的特点，在创设环境时也有各自的侧重点。

1. 自我教育活动

自我教育活动是帮助幼儿认识和接纳自己，增强自我价值感和自信心，学会认识、理解和恰当表达自己的情绪情感并控制自己行为的活动。对于自我教育活动的环境创设，教师应该注意以下几点。

（1）营造平等、宽容的心理氛围

在自我教育活动中，教师要让幼儿形成正确的自我认识，首先要尊重幼儿的

独立人格。尊重的需要是一个人较高层次的需要，幼儿也同样有被尊重的需要。宽容能构造一种具有信任感的心理环境，营造一个接纳的、支持性的氛围。幼儿缺乏自主意识，行为也具有他控性，自我认识还需要借助外部环境，他们对于教师的关注是十分敏感的。教师是宽容的还是苛刻的，是关切的还是淡漠的，他们都能敏锐地感知到。教师要以宽宏的胸怀去爱全体幼儿，给幼儿充分的时间和空间，给幼儿学习、活动的自主权和选择权，鼓励幼儿自由大胆地发现自己、表现自己。

（2）创设有利于发挥幼儿主体性的环境

幼儿要实现自我的发展，必须能自觉地接纳自我、表达自我、控制自我，也就是说自我教育活动应该要让幼儿成为学习的主动者，站在个体的角度去体会、建构自己的内部经验，认识自己。自我教育具有主观能动性，是自主感悟和发现自我的过程。因此，为自我教育活动创设的教育环境应该能够让幼儿以主动和创造性的方式参与自我教育活动，在主动建构中发展自我。

2. 社会环境与社会规范认知教育活动

幼儿对社会环境的认知主要包括对家庭、幼儿园、社区、家乡、国家等社会环境的认知，社会规范的认知主要包括对基本道德规范、文明礼貌规范、公共场所行为规范等的认识和理解。对于社会环境与社会规范认知教育活动的环境创设，教师应注意以下几点。

（1）选择和利用与幼儿生活有紧密联系的具体的社会环境

在幼儿园阶段，对社会环境和社会规范的认知活动所选择的内容都强调尽可能从幼儿的生活出发，选择基于幼儿生活经验与生活实际，并能丰富幼儿生活经验的内容。活动实施过程中的环境创设自然要还原到真实的生活中，也就是说要选择和利用与幼儿生活有紧密联系的具体的社会环境开展活动。

▶【案例 3-8】

参观小卖部（中班）

幼儿想在区角中开个"小卖部"，为了让幼儿了解售货员与顾客各自的角色规范和行为准则，教师开展了一次"参观小卖部"的活动。教师事先与离幼儿园不远的小卖部联系，选择好参观地点；然后确定参观路线。活动开始时，教师通过谈话，引起幼儿对参观小卖部的兴趣，并提出参观要求：参观小卖部里卖什么东西，售货员是怎么卖东西的。接着，教师带幼儿参观小卖部，引导幼儿观察售货员和顾客的互动，请幼儿记住售货员和顾客之间的简单对话；请幼儿仔细观察售货员是怎么放置小卖部物品的，使幼儿知道小卖部里东西是按照类别来摆放的，建立初步的分类概念。回到幼儿园后，教师组织幼儿讨论：小卖部里有什么人？他们在干什么？售货员是怎样卖东西的？他们是怎么对待顾客的？最后的活动延伸是收集各种包装袋和物品盒子，在活动区开展"小卖部"游戏。

　　该案例中的活动环境是与幼儿的生活紧密联系的小卖部，活动延伸则巩固了幼儿的社会学习，以便幼儿在生活实践中正确应用。

　　（2）创造条件鼓励幼儿与环境、材料积极互动

　　社会环境与社会规范认知教育活动常常需要在一定的情境中去开展，如对社会机构的认知活动常到实地环境中开展，而对社会规范的认知活动同样也强调注重规范的直观性、情境性和易操作性。在开展社会环境与社会规范认知教育活动时，教师要创造条件鼓励幼儿与环境、材料积极互动。

▶【案例 3-9】

帮助盲人（大班）[①]

　　活动一：教师的目的在于引导幼儿学会关心和帮助盲人。活动一开始，教师假扮盲人，戴着墨镜、拿着导盲杖，在地上敲敲打打，一步一步摸索着向前走。谁知幼儿看到这一幕，都觉得教师的样子很滑稽，哄堂大笑。在整顿秩序之后，教师又通过多媒体课件向幼儿介绍了导盲犬，并让幼儿两个人一组做游戏，一人戴上眼罩扮演盲人，一人则扮演导盲犬来帮助盲人。然而，整个过程无论是"盲人"还是"导盲犬"一直都是嘻嘻哈哈的，看不到他们在情感上有所触动。

　　活动二：教师用多媒体播放一组反映盲人生活不便的图片，然后让幼儿戴上眼罩走路，体验一下盲人的生活世界，思考一下如果自己是盲人在生活上会有多么不便，多么需要别人来帮助自己；最后讨论该如何帮助盲人。

　　在活动一中，教师扮演盲人的初衷是让幼儿懂得盲人生活的艰辛，但是这种不真实的情境并没有取得预期的效果，反而让幼儿觉得刻意而滑稽，并不能给幼儿带来真切的体验，幼儿与环境之间没有发生相互作用；然后教师让幼儿扮演导盲犬帮助盲人，这看似幼儿与环境发生相互作用了，但这充其量也只是形式上的体验，因为这个环境在幼儿眼里就是虚构的，只是好玩而已，他们无法通过这样的互动达到情感上的触动。在活动二中，教师创设情境引导幼儿换位思考，这样的环境有利于幼儿把自己置于对方的处境中去认识、体验和思考问题，在这个过

---

① 资料来自笔者的观察笔记。

程中幼儿与环境发生了相互作用，产生了情感共鸣，体验到了关心、帮助盲人的意义和价值。

3. 人际交往教育活动

人际交往教育活动是教师通过创设一定的情境和条件，引导幼儿学习某种人际交往能力的活动。对于人际交往教育活动的环境创设，教师应该注意以下几点。

（1）创设人际交往情境，激发幼儿的交往兴趣

人际交往教育活动的目的在于为幼儿提供交往的机会，构建人际交往平台，让幼儿在轻松、友好、快乐的交往氛围中，积极与人交往。因此，人际交往教育活动首先需要创设一个人际交往情境，激发幼儿的交往兴趣。如中班社会活动"小记者"，其设计程序为：首先教师与幼儿一起看大班小记者采访的场景，了解如何去采访，然后讨论确定采访的内容，最后让幼儿进入社区采访。

另外，交往的环境越广、越丰富，幼儿交往的主动性越强，兴趣越浓，交往能力越能获得发展。因此，幼儿园还可以开展人际交往专题活动，如开展"大带小活动"、举办"生日沙龙"等，使幼儿既享受到了活动的快乐，又体验到了交往的乐趣。

（2）利用游戏，让幼儿在游戏中体验交往

游戏是幼儿喜爱的活动，也是交往的最好方式。人际交往教育活动的环境创设要注意充分利用游戏，特别是角色游戏。角色游戏中的每一个环节都有幼儿之间的交往，从分配角色到进入角色到最后结束游戏，这些都需要幼儿之间的合作。角色游戏还可以使幼儿学会不同的交往方式，如"娃娃家"中父母与"孩子"的交往、"理发店"中"发型师"与"顾客"的交往、"医院"中"医生"与"病人"的交往。

4. 多元文化教育活动

多元文化教育主要是对幼儿进行世界文化的启蒙教育，应以本国文化为主、外国文化为辅，培养幼儿公平、公正的意识。[①] 多元文化教育需要创造一个尊重与重视差异的氛围。对于多元文化教育活动的环境创设，教师应该注意以下几点。

树立文化认同意识，培养幼儿的文化归属感，接纳不同的文化，如平等对待来自不同文化背景的幼儿，对他们的文化表现出浓厚的兴趣；鼓励不同文化背景的家长来园给幼儿讲故事等，让幼儿感受到虽然文化间存在差异，但各种文化是平等的，培养幼儿尊重文化的意识。

要把民族文化和世界文化融合起来。教师可以在各个活动区投放具有多元文

---

① 李生兰.学前儿童多元文化教育初探［J］.早期教育（教育教学），2003（6）：4-6.

化特色的玩具或材料，让幼儿充分感受到多元文化无处不在、无时不在。如在益智区可以投放世界拼图、地球仪；在美工区可以投放其他国家特色服装、建筑的图片；在表演区可以投放一些中西餐具、茶具、咖啡器具等，以及各种肤色的娃娃；在阅读区可以投放不同语言、文字的图书等。具有文化属性的特殊环境是熏陶幼儿心灵的有效刺激源，教师应当重视环境的感染作用，寓多元文化教育于幼儿园的环境之中。

第四节　艺术领域的环境创设

《3~6 岁儿童学习与发展指南》指出，"艺术是人类感受美、表现美和创造美的重要形式，也是表达自己对周围世界的认识和情绪态度的独特方式"。一方面，艺术活动有助于形象思维和直觉思维的发展；另一方面，艺术活动中的细致观察、认真体验、表现创造离不开大脑的理性参与。艺术教育可以激发幼儿对艺术的兴趣，帮助幼儿体验艺术带来的乐趣，最终形成可持续发展的艺术表现力与创造力。相反，如果缺乏适当的艺术教育，幼儿早期的艺术潜能会随着逻辑思维的发展、认识世界方式的改变和学习任务重心的迁移而削弱，甚至消失。因此，幼儿时期的艺术教育尤为重要。

《3~6 岁儿童学习与发展指南》指出，"幼儿对事物的感受和理解不同于成人，他们表达自己认识和情感的方式也有别于成人"。艺术活动是幼儿本真的生命活动，艺术大师毕加索说过，"我花了一辈子去学习怎样像孩子那样画画"。然而，我们经常在幼儿园看到这样的情形：一些孩子会唱很多歌曲，会跳不少舞蹈，画作在色彩和构图方面都很好，但是他们的表现却千篇一律，感受到的并不是艺术所带来的愉悦。虽然幼儿园艺术教育取得了很多可喜的成绩，但过分强调技能技巧和标准化要求的偏差一直存在着。本节着重论述艺术领域环境创设的特点与要求，为幼儿创设真正的能感受美、表现美和创造美的环境，支持幼儿在美的熏陶中快乐地度过童年。

一、幼儿园艺术教育的特点

幼儿园艺术教育旨在通过音乐、美术等艺术熏陶，为幼儿创造条件与机会，萌发对美的感受与体验，丰富想象力和创造力，引导幼儿用心灵去感受和发现美，用自己的方式去表现和创造美。把握幼儿园艺术领域环境创设的要求，有必要先了解幼儿园艺术教育的特点。

（一）情感性

在艺术活动中，情感具有特别重要的作用和地位。从更广泛的意义上来讲，一切艺术都是情感的艺术，艺术中的情感即审美情感，是一种无功利的具有人类普遍性的情感。在艺术教育中引发幼儿的情感共鸣，能够达到"以情动人"的教育效果。

幼儿具有泛灵论的心理特点，因而他们更容易移情，幼儿把自己的情感和意志赋予对象物，艺术活动为幼儿提供了一个情感沟通与表达的窗口。在与审美对象的相互作用中，一方面幼儿以自己的方式感受到情感的表现形式，另一方面幼儿达到自由和谐状态并产生审美愉悦。[①]《幼儿园教育指导纲要（试行）》提出"能初步感受并喜爱环境、生活和艺术中的美；喜欢参加艺术活动，并能大胆地表现自己的情感和体验"，同时也明确要求"应充分发挥艺术的情感教育功能，促进幼儿健全人格的形成"，还指出"教师的作用应主要在于激发幼儿感受美、表现美的情趣，丰富他们的审美经验，使之体验自由表达和创造的快乐"。

幼儿园艺术教育也是满足幼儿发现美、表现情感需要的情感教育，应该侧重情感启迪、情感交流、情感表达。例如，在艺术欣赏教育中，教师应精心选择艺术作品，充分调动幼儿已有的知识经验，引导其感受艺术作品的审美特点，体验其中所凝聚的艺术家的思想情感，通过审美体验，产生情感上的共鸣，从而获得美的感受，识别作品所反映的美与丑、悲与喜、是与非。在艺术教育中，教师应创设宽松的心理环境，营造充满情感色彩的审美情境，鼓励幼儿多感官、多形式、多渠道抒发自己的情感。

（二）创造性

艺术是最富创造性的领域，艺术教育重在培养创造性思维。在艺术教育中，教师要注意肯定幼儿富有创意的艺术构想和艺术作品所表现出来的独特价值，使艺术活动成为幼儿创造力生长的起点，保护并发展幼儿的创造力，从而使幼儿形成良好的艺术素质。

学前期是创造性发展最自由、最迅速的阶段。《幼儿园教育指导纲要（试行）》指出，幼儿园艺术教育需要达到"能用自己喜欢的方式进行艺术表现活动"的目标，幼儿园艺术教育必须"克服过分强调技能技巧和标准化要求的偏向"，以免把创造性的表现活动降格为机械的训练，使幼儿在被动地服从和模仿中丧失自信心和对艺术活动的热情。在幼儿园的艺术教育教学实践中，对于幼儿创造力的保护逐渐深入人心，不过我们也应清醒地认识到，在如何正确认识和使用范例的问题上，还有一个漫长的过程，教师需要从内心去除"范例"思维，用创设情境、提问、暗示、联想、隐喻等方式引导幼儿用自己的方式去感受和体验艺术作品，启发幼儿大胆想象，运用艺术的形式表现，使幼儿的艺术作品显示出自身的稚拙情趣。

---

① 孔起英.幼儿园美术领域教育精要：关键经验与活动指导［M］.北京：教育科学出版社，2015：45.

（三）愉悦性

人们用艺术抒发情感，用艺术愉悦生活，艺术常常通过美的形象和令人愉悦的形式，潜移默化地感染人们。艺术通过满足人的多种精神需求，使人产生精神愉悦。例如，当人体律动与音乐的旋律、节奏、舞蹈动作形式真正吻合时，人们就会感觉找到了与自身心灵状态相类似、相共通的"对应物"，内心那种流动的、只可意会不可言传的情感能迅速被唤起，这是一种愉快的情感交流和难得的艺术享受，是生命在对象中得到全面解放而产生的轻松感、自由感、陶醉感。再如，有趣的艺术创造与审美愉悦往往成正比关系，当人能够借助各种艺术形式表现、表达自己时，会感到无比的快乐和自由。从这个意义上说，幼儿园艺术教育是一种使幼儿的学习生活充满乐趣的活动。

艺术起源于游戏，正是游戏冲动产生了艺术，幼儿通过创作、表演、展示、欣赏、交流、评赏等活动，获得本能驱动的想象力和创造力的自由发挥，获得前所未有的成功感和自信心，这也是他们感到无比愉悦和满足的主要源泉。更重要的是，幼儿将审美愉悦带入生活和学习之中，有益于其健康成长。

（四）操作性

艺术活动是一种手、眼、脑、口等多感官并用，把想象和外界感受到的信息转化成心理意象，再用一定的艺术媒介把它表现出来的操作活动。艺术活动包括心理操作和实际操作，心理操作就是对自己头脑中存在的意象的加工、改造；实际操作就是对具体实物或动作的具体操作。

在幼儿园艺术教育中，教师需要根据幼儿的身心发展水平和年龄特点设计教育活动，幼儿在这些活动中进行心理操作和实际操作，把自身对艺术的感受传达给他人，这是一个感受和创造美的过程，也是需要用脑想象、理解、加工艺术形象，用语言表达对审美对象的感受，用手操作材料，用肢体动作去表现形象的过程。例如，在绘画活动中，幼儿要依靠头脑中已生成的意象，配合对画笔、颜料等绘画材料的操作，在二维空间的画纸上表现出三维想象的空间。为此，幼儿需要在教师的引导下学习如何生成绘画所需要的心理意象，如何使用美术工具和材料，如何组织画面等。这种手、眼、脑并用的心理操作和实际操作都体现在绘画教学中。因此，幼儿园艺术教育应注意培养幼儿手、眼、脑、动作等协调一致，使幼儿全面发展。

二、艺术领域对环境创设的基本要求

艺术领域环境创设应该遵循环境创设的教育性、引导性、层次性、安全性、动态性等一般原则，当然还必须遵循其自身的基本要求。

（一）创设充满感情色彩的审美环境

创设充满感情色彩的审美环境，一方面是指教师为幼儿创设宽松、愉快的心理环境，让幼儿在良好的身心状态下，体验自我情感抒发和与他人情感联结的愉悦；另一方面是指教师引导幼儿运用多种感官观察、感受艺术作品和周围环境中事物的审美特点，拓展幼儿敏锐的审美感知能力和深刻的审美体验能力，进而让幼儿充分地体验艺术作品中的情感或为幼儿表达情感提供表象。因此，教师对活动室内外、各活动区角的环境创设应尽量做到和谐优美、造型生动、色彩鲜明，符合幼儿的审美情趣。教师也要注意运用艺术化的语言，引导幼儿去感知对象的声音、形状、色彩与运动变化等艺术特点，这种感知不同于科学领域中的观察，科学领域强调的是"真"，强调的是感知客观事实，形成科学概念；而艺术领域强调的是"美"，是对事物情感表现性的把握。

如中班绘画活动"柳树"，北方的幼儿熟悉柳树的形象，南方的幼儿对柳树缺少充分的审美体验，难以激发幼儿的创作动机。教师要结合幼儿的生活经验引导幼儿探索和发现身边生活中的美。

再如，小班音乐活动"小胖胖"。活动开始，教师出示道具：小床上睡着胖胖的布娃娃，布娃娃身上盖着小小的花被子。教师根据歌词内容提出问题，引导幼儿回答问题，从而自然地引出一句句歌词。接着教师扮演"妈妈"的角色，在床边轻轻给布娃娃唱儿歌："一张小小床，睡个小胖胖，呼噜噜，呼噜噜，睡个小胖胖。不吵又不闹，睡得甜又香，呼噜噜，呼噜噜，睡得甜又香。起床叠小被，自己穿衣裳，嗯啊嗯啊，自己穿衣裳。教师阿姨笑，都夸小胖胖，嗯啊嗯啊，都夸小胖胖，都夸小胖胖。"然后教师请幼儿扮演"小胖胖"，教师唱歌哄"小胖胖"；再交换角色，幼儿扮演"妈妈"，唱歌哄"小胖胖"睡觉。这首儿歌歌词和旋律简单，气氛温馨，幼儿能联想到在睡觉的时候，父母轻轻地、柔和地给自己唱摇篮曲，于是非常乐意在这种情感状态下去表现该作品。教师还可以调动幼儿已有的生活经验，请幼儿表演一下父母唱过的摇篮曲，挑选传唱度高、幼儿普遍喜欢的作品进行延伸，如在广东地区，广府童谣就很受欢迎。

（二）创设激发创作的艺术环境

心理学研究表明，心理安全感最有利于幼儿创新意识的产生。因此，教师首先要给予幼儿心理安全感。在讨论时，幼儿可以自由地表达自己的观点、看法，而不必担心被嘲笑；幼儿有自主做出决定的权利，小组成员可以共同决定解决问题的方案，而不必向教师寻求认可；幼儿有自主选择归属的权利，幼儿可以单独活动，也可以选择加入某一小组，幼儿之间的组合只以他们的兴趣和意愿为基础；幼儿有权利用各种"语言"方式表达，从而在探索世界和表达自我中得到发展。

丰富的物质材料可以激发幼儿创作的欲望，因此，教师应尽可能地为幼儿提供丰富多样的便于开展艺术活动的材料，如各种手工制作材料、各种颜料、表演道具、实物、资料、乐器等。与此同时，教师也需要关注材料的层次性，以免幼儿在繁多的材料中无所适从，从而影响创造力的发展。在必要的时候，教师可以指导幼儿使用材料的方法，但需要注意的是，这种指导并不是代替幼儿的创作，而是把材料使用的方法、艺术创作的一般过程呈现给幼儿，帮助他们举一反三、触类旁通。

> ▶【案例 3-10】
>
> 　　幼儿对电影《疯狂动物城》非常感兴趣，其中的小兔子朱迪、狐狸尼克还有树懒闪电深受幼儿们的喜爱，他们会模仿其中的电影片段并乐此不疲。教师在观察、记录的基础上，分析幼儿的兴趣所在，决定借这部电影开展主题活动。当教师播放电影主题曲时，立即有幼儿自发地跟唱。有幼儿提出："老师我想唱这首歌！""我想跳舞！""我想画朱迪和尼克！""我想扮演闪电！"幼儿有许多好的想法，教师感到用单一的形式已不能满足幼儿们的愿望了，于是她采纳了他们的建议，在活动中尝试用多种表现形式，设置了"小舞台""小剧场""音乐厅""手工室"供幼儿自选，同时还为幼儿提供了图谱、操作卡、道具等。在这个过程中，教师通过提出问题，引导幼儿明确自己的兴趣所在，并不断激励他们探究自己感兴趣的东西。

由以上案例可知，教师为幼儿创设艺术环境的工作是非常具有创造性的，这也是教师创造力的表现。要做好这项工作，教师必须富有创造力，而教师提出新颖独特的问题正是自身创造力的体现。如此，幼儿在生动有趣、材料丰富、自由探究、自主表现的活动中获得有益的经验，体验艺术创作带来的快乐，激发创造思维。

（三）创设愉悦的艺术环境

首先，教师要注重保护幼儿的艺术兴致，给予幼儿正面评价与激励，避免空洞的溢美之词，以使幼儿从活动中获得艺术愉悦体验和成功的机会；为幼儿创设参与艺术活动的条件，挖掘与运用周边的环境资源，引导幼儿发现日常生活中的美，如提醒幼儿注意身边的色彩、声音、造型；启发幼儿运用多种感官认知，在听听、看看、说说、玩玩的愉悦情感体验中去发现美。

其次，在艺术教育过程中，教师应以饱满的热情，利用艺术的魅力吸引、感染幼儿自觉自愿、主动积极地参与艺术活动，使幼儿获得艺术审美的愉悦体验。如中班歌唱活动"拉拉勾"，教师在演唱第一乐段（第 1—8 小节）时音调舒缓，把"不理不睬"的"理""睬"唱得短促有力，当唱到"小嘴巴往上翘"时也把这个表情特征突出，表现幼儿互不理睬的神态；间奏的节奏逐渐舒缓下来，开始慢慢转化为和解的情绪；第二乐段（第 11—18 小节）表现和解，教师的音调提高，节奏活跃，演唱的速度稍快，表现出轻松、愉快、活泼的情绪。这首歌曲表达了幼儿由矛盾冲突到重归于好的情绪变化，展现出幼儿天真淳朴的情感，教师利用声音的大小、高低、强弱、长短及快慢，辅以面部表情、身体动作等元素，让幼儿产生情感联结。

最后，教师可以创设游戏情境，将游戏与艺术结合，游戏促进幼儿的主动学习，而艺术起源于游戏。如绘画活动"有趣的脸"，教师可采用唱表情歌—照镜子做表情—画表情的形式来组织。

（四）提供可操作的艺术环境

如前所述，幼儿园艺术教育包含了丰富的操作过程，所以，教师在创设环境时需要提供一个可操作的环境。

首先，结合幼儿的创作需求进行区域划分。"一个高质量的区域，需要有清晰的目标，独具特色的吸引力和美感，并且提供符合幼儿发展水平的、有趣丰富的材料与之发生互动。"[①] 如美术教学活动室就可以大致划分为绘画区、雕塑区、设计区。

其次，提供足够丰富的材料供幼儿动手操作，让幼儿了解不同材料的质地、特性等，发展造型能力。同时，教师要注意材料的有序摆放与层次性，如果材料过多或者没有合理分类，很容易让幼儿手足无措或者失去兴趣。如小班的幼儿好奇心强，喜欢新鲜事物，教师可以多投放色彩鲜艳、结构简单的活动材料。

最后，尽量安排多种操作类型或需要不同操作技能的活动，让环境与幼儿相互促进，同时也帮助幼儿动静交替操作。例如，教师把歌唱活动和韵律活动相结合，或者把欣赏活动、绘画活动和手工活动相结合，为幼儿提供发挥想象力的空间以及联结的通道。如手工活动"纸版画"，幼儿需要先构思，在纸上勾勒相应的轮廓，剪纸、粘贴、风干，刷油墨，最后用宣纸拓印，这个活动集合了设计、绘画、剪贴、着色、拓印等不同的操作类型，既有心理操作，又有实际操作。

三、艺术教育活动的环境创设

（一）艺术教育活动环境创设的整体要求

1. 提供需多通道参与的教学环境，让幼儿充分地感知和理解美

心理学研究指出：人在感知特定事物时，开放的感知觉通道越多，对特定对象的把握（理解、记忆）就越全面、越精确、越丰富、越深刻。提供需多通道参与的教学环境，就是在艺术教育活动中调动幼儿的多种感觉器官，如听觉、视觉、运动觉、言语知觉等，协同参与，更好地丰富和强化幼儿对艺术的感受和理解，让他们体验并享受艺术的魅力，这样不仅能够有效提高幼儿感知、理解和表

☞提供多通道
参与的环境创设
示例

① 王海英. 儿童视野的幼儿园环境创设［M］. 北京：人民教育出版社，2019：218.

现艺术的能力，同时能够激发幼儿参与的主动性和积极性。

幼儿受身心发展的制约，感知觉在认知活动中占据着重要地位。他们常常利用多种感官的协调进行审美知觉。所以，教师应帮助幼儿利用多种感官，感知、理解作品的要求，并在艺术教育活动中利用各种艺术形式结构本身的统一性和协调性，从整体入手，引导幼儿感知，更容易帮助幼儿感受和体验完整且有意义的艺术。

在艺术教育活动过程中，教师需要注意引导幼儿充分运用视觉、听觉、触觉等多种感官，感知色彩、声响的意蕴，调动想象、思维、动作、语言的参与。如奥尔夫教学从节奏入手，结合运动知觉和言语知觉共同参与；瑞士音乐家达尔克罗兹的体态律动更是要求各种知觉跟音乐紧密联系，突出的是视觉和运动觉等的共同参与；匈牙利柯达伊教学法要求每个人都进入自己歌唱的声部里，强调的是听觉和言语知觉的共同参与；我国的民族音乐文化是以五声音阶为基础，习惯使用首调唱名法等，不少歌曲可改编为适合幼儿演唱的合唱曲目，如《猜调》《槐花几时开》《雕花的马鞍》《小白菜》等。

2. 创设生活情境来表现美

艺术源自生活。生活中的点点滴滴，都是艺术教育的源泉，艺术中的很多要素都可以在大自然和社会生活中发现它们的原型，如以季节为主题的环境创设，春季万物复苏，盛夏果实累累，秋季满是秋收的喜悦，冬季银装素裹。南与北有差异，沿海与内陆有差异，城市与乡村也有差异，艺术元素不再是冰冷的概念，而是一幅幅深刻体现幼儿生活方式和精神世界的动人画卷。日本作家黑柳彻子以文学作品的形式回顾了自己的童年："小豆豆"处在被人遗忘的窗边，而巴学园里小林校长主动打开了窗户，带领小豆豆发现了窗外的世界。教师在组织艺术领域的教学时，要善于发现契机，灵活地创设幼儿熟悉的生活情境，唤起幼儿真切的生活体验，丰富幼儿的艺术体验，打开幼儿心灵的窗扉，让他们真切地热爱与拥抱生活。

▶【案例 3-11】

歌曲《大树妈妈》的教学

这首歌分两段，第一段乐曲旋律抒情优美，表达了小树叶离开妈妈的不舍、害怕；第二段乐曲欢快活泼，表达了小树叶乐观勇敢的精神。要理解歌曲中蕴含的这些情感需要哪些生活经验？——幼儿见过秋风吹落树叶的情形，了解树在四季的生长，有离开妈妈的体验。为了帮助幼儿理解，教师带幼儿去公园观察小树叶从树上飘下来的样子，让幼儿说说离开妈妈时的感觉。在学习歌曲的时候，首先由教师扮演树妈妈，让幼儿们扮演小树叶，模拟小树叶落下的形态；在活动中教师引导幼儿发现"树叶宝宝为了回到妈妈的怀抱，掉在大树妈妈的脚边，变成肥料，给妈妈暖脚"。当幼儿都跑到树妈妈身边时，教师也抱着他们很幸福地说"都是我的好宝宝，我感受到了树叶宝宝好爱大树"。在这个活动中，教师通过创设真实的生活情境，唤起幼儿爱妈妈这一生活情感体验，将树叶宝宝和大树妈妈之间的母子情深表现出来，使整个活动充满了温馨的母爱氛围，给幼儿充足的体验和感受的空间。

幼儿具有"泛灵性"，他们常常把自己的情感和意识赋予现实，把童话等同于生活。所以，教师创设的情境可以是符合幼儿生活逻辑的虚拟物，在上述案例中，幼儿是小树叶，教师是树妈妈，活动通过扮演角色唤起幼儿爱妈妈这一生活情感体验。

教师还可以利用生活中的材料帮助幼儿表现美。如旧报纸、塑料袋、一次性杯碟、碎布条、饮料瓶、包装袋、纸盒等可以用来做美工材料，铁盒、筷子、碗、水杯、旧衣服、头巾等可以用来做音乐器材和道具，大自然中的果壳、树叶、种子、石块、稻草等，可为幼儿的艺术创作提供天然的素材，这些随手可得的材料贴近幼儿的生活，易于唤起幼儿的创作热情与愿望。教师还要充分利用本土化的原始材料，为幼儿了解、传承传统文化提供良好的平台，如岭南特色的骑楼建筑、曲艺文化、印章、剪纸、书法等。《3~6 岁儿童学习与发展指南》指出，"带幼儿观看或共同参与传统民间艺术和地方民俗文化活动，如皮影戏、剪纸、捏面人等"。

（二）艺术领域不同内容教育活动的环境创设

幼儿园艺术领域的教育活动通常分为音乐教育活动和美术教育活动。这两类教育活动由于自身特性不同，在创设环境时有各自的要求和侧重点。

1. 音乐教育活动的环境创设

（1）创设充满活力的环境，让幼儿自己动起来

在音乐教育活动中，幼儿在听、唱、动、奏等实践活动中，学习参与音乐活动所必需的能力。在创设音乐区域时，教师需坚持动静分离的原则，保持区域的相对独立性，从而使音乐教育环境相对自由并充满活力。

充满活力的音乐教育环境应该是这样的：教师全身心投入，能不断激发幼儿的兴趣；幼儿全身心投入，在活动中能大胆地表达和表现，感受到音乐的魅力。

（2）创设富于表现的环境，给幼儿展示的舞台

音乐是表演的艺术，音乐教育活动需要培养幼儿通过自己真实的表演来表达情感、表现音乐的能力。教师应注意为幼儿创造丰富的表演情境，提供利用歌、舞、奏等各种形式表现音乐的条件、机会。幼儿的音乐能力是在表演实践过程中

发展起来的，他们能够从中获得满足与快乐，建立自信心，并从反馈中不断修正和提高。所以，音乐区材料的投放要能够激发幼儿想象的空间，具备一定的挑战性。如在音乐活动"动物狂欢节"中，幼儿在音乐伴奏下模仿小动物，随着音乐进行动作的创编与表演。

2. 美术教育活动的环境创设

（1）营造自由、轻松的美术活动氛围

幼儿园美术教育是以培养幼儿的审美创造能力为核心的，因此，美术教育活动应尽可能进行富有创造性的实践探索。美术区相比其他区域更具开放联动性，环境中的色彩不应太丰富，要避免色彩的干扰。在美术教育活动中，幼儿占主体地位，教师既是幼儿的支持者，又是幼儿可以信赖的朋友，不必囿于范例而限制童心、童趣。

（2）创设支持幼儿主动探索的美术活动环境

美术教育不同于一般的理性科目教育，它要靠思想的启迪和情感的激励来让幼儿敞开心灵的大门。首先，教师要让幼儿对事物有强烈的兴趣，用幼儿喜闻乐见的形式激活幼儿创作的愿望，形成创作冲动，获得愉快的情绪体验，从而乐于从事美术活动。

其次，配合美术教育开展丰富多彩的认知活动。如实地观察春天的花朵如何由含苞到开放，夏季的荷花如何别样动人，秋日赏菊是怎样一番景象，冬季落叶景色又是如何萧瑟。教师不仅要让幼儿捕捉事物瞬间的变化，还要让幼儿做长期的观察，如让幼儿观察下雨的时候，天空颜色的变化，还有雨中人们的行为、装束、神态等。

第五节　科学领域的环境创设

幼儿天生具有好奇心与创造力，他们对周围的世界充满好奇，渴望认识周围世界和学习科学。幼儿园开展科学教育活动有助于幼儿萌发对科学的兴趣、好奇心，积累科学经验，建构科学概念，掌握科学探究的技能，从而为以后的科学教育打下良好的基础。从小培养幼儿的科学素养，不仅是幼儿发展的需要，更是人类进步的必然要求。教师应创设有助于培养幼儿创新能力的科学教育环境与材料，让幼儿在内部驱动力的推动下认识科学、感受科学。

一、幼儿园科学教育的特点

幼儿园科学教育是幼儿全面发展的一个重要组成部分，它是幼儿科学知识教育、科学方法教育和科学精神教育的协调统一。实施幼儿园科学教育需要教师具备全面的科学观，激发幼儿主动进行科学探索，感受和体验科学精神，通过与周围环境的相互作用获得有关物质世界及其关系的认识和经验，最终形成终身受益的科学态度与素养。把握幼儿园科学领域环境创设的要求，有必要先了解幼儿园科学教育的特点。

（一）逻辑性

科学概念作为科学学习的中心支架，具有独特的学科逻辑性，可以保障教育教学不偏离教育目标，从而促进幼儿较为全面、系统地学习，积累核心关键经验，发展认知思维。如自然界中各种自然现象之间的关联性和因果性是幼儿要探索的逻辑；数学中所反映的抽象的数、量、形关系也是幼儿要探索的逻辑。因此，幼儿园科学教育具有逻辑性，这是区别于其他领域教育最大的特征。

（二）广泛性

广泛性是指科学教育的内容是丰富和广泛的，涉及天文学、物理学、化学、地球科学、生物学等诸多自然科学学科。因此，幼儿的科学探索涉及多个方面：太阳的升落、花儿的颜色、恐龙的灭绝、动物的习性、植物的生长、声光电磁热现象、美丽的星空等。广泛的学习内容，能够满足幼儿广泛的学习兴趣，帮助幼儿接触广泛的事物，把他们引向广袤的科学天地。

（三）探究性

科学作为一门独立的学科体系相对于其他学科的显著特征之一就在于它的探究性。可以说，没有探究就没有真正的科学。"幼儿学习科学的过程，实际上就是科学探究的过程——观察现象、提出问题、做出假设、检验假设、形成结论等。科学探究是幼儿园科学教育活动的基本方法和重要内容。幼儿在科学探究过程中，培养和发展了各种具体的科学探究能力——观察实验能力、科学思考能力、表达交流能力、设计制作能力等。"[①]

值得注意的是，科学经验不是靠教师的传授从外部灌输给幼儿的，而是幼儿通过自主探究获得的，它是幼儿与外部环境相互作用的结果。幼儿的探究和学习是从意识到问题开始的，进而产生寻求答案的愿望。教师预想的问题如果不能成为幼儿自己想了解的问题，接下来的操作就不是幼儿的主动探究了。在科学活动中，教师只是起指导幼儿学习的作用而不是代替幼儿学习。教师不能简单地把结果告诉幼儿，需要给幼儿探究、讨论的机会，让幼儿自己尝试。

二、科学领域对环境创设的基本要求

（一）创设适宜幼儿主动探索的物质环境

适宜的物质环境刺激，能激发幼儿的探索兴趣。科学区需要相对独立的空

---

① 张俊.幼儿园科学领域教育精要：关键经验与活动指导［M］.北京：教育科学出版社，2015：67.

☞利用墙面、
柜面布置科学墙
示例

间，宜与相对安静的区域相邻。教师可结合班级和园所实际情况，创设植物角、动物角、科学发现室等供幼儿进行科学探索的环境；充分利用墙面、柜面等布置科学墙；选取幼儿身边或日常生活中常见的事物，充分挖掘环境本身具有的科学因素，重点培养幼儿的观察能力和思考能力。例如，户外活动可以作为科学探究的延展，幼儿在玩耍中丰富关于斜坡、阻力、光滑与粗糙等方面的经验。

（二）营造安全的心理氛围

心理氛围是一种情感活动状态，积极的心理氛围包括自由、民主、积极的情感互动。在这样的情感互动中，幼儿能体会到安全、宽容、接纳、信心与勇气，大脑皮质处于兴奋状态，产生好奇心与探索行为。

心理上的安全是指幼儿认知和理解的需要以及尊重、归属和爱的需要得到满足。安全的心理环境是幼儿主动探究和学习的前提。要为幼儿提供心理上的安全感，教师需要鼓励幼儿勇敢尝试，了解幼儿的意图、行动、解决问题的方式，允许幼儿出错，不是急于告诉或暗示幼儿答案，而是利用自然结果的反馈调整幼儿的认识；了解幼儿的真实意图和认识水平，避免误伤幼儿的好奇心；尊重和支持每一个幼儿的兴趣和观点。

▶【案例 3-12】

保　温

在中班一次关于"保温"的科学教育活动中，教师让幼儿在活动开展前通过各种方式收集信息；在活动开展的过程中，教师通过多种方式引导幼儿讨论保温的方式。幼儿十分积极，分享了很多保温的方式，如放入保温壶、盖棉被等，还尝试用不同的材料，测试保温效果的区别。在活动快要结束时，教师帮助幼儿总结保温的方式，当说到棉被保温是因为它能隔断冷空气的时候，一名幼儿站起来说："老师，是因为棉被会发热，我家的棉被自己就会发热。"教师听到了幼儿的疑惑，拿起了百科全书，告诉幼儿书中写的是棉被自身不会发热。解答完幼儿的问题，本次活动"圆满"结束。

案例中这位教师看上去没有忽视幼儿的问题，将书中关于棉被的知识告诉了幼儿。但是"真理"是教师告诉幼儿的，而不是幼儿从探究中获得的。一方面，教师需要重视幼儿的直接经验，幼儿的这个疑惑是从自己的生活体验中来的，可能他盖上棉被就会感觉暖和，认为棉被自己会发热；另一方面，教师需要给幼儿更多、更丰富的科学体验，也有可能幼儿家的棉被具备插电加热的功能。案例中幼儿的疑惑实际上是一个很好的探究契机，如果教师把激发幼儿的探究兴趣作为科学教育的重点，那么教师应该请幼儿开展讨论，进行观察记录，得出棉被保温是因为隔断了冷空气的结论，并进一步鼓励幼儿思考，在日常生活中人们如何利用这个特性进行保温；从插电加热的角度，教师还可以将活动延伸到科技产品给人们生活带来的便利和提升方面。

（三）提供适于幼儿探究的有意义的活动材料

皮亚杰的相互作用论告诉我们：儿童的认知在环境的相互作用中获得发展。幼儿的思维是具体的、形象的，他们对外部世界的认识需要借助一定的材料来实现。在幼儿园科学教育中，材料是引发幼儿主动探究的刺激物，与生俱来的好奇心和探究兴趣使他们特别喜欢摆弄和操作材料。因此，活动材料在科学教育的环境创设中起着重要的作用。

☞有意义的活动材料示例

材料要具备吸引性。教师为幼儿提供的材料要能激发幼儿的探究兴趣，引发幼儿摸一摸、看一看、做一做的愿望。科学区的实验器材可以多结合幼儿的兴趣点，并在外形设计和功能联动上符合幼儿的需求，如迷你显微镜、神奇不倒翁、磁力片立体建构等；再如在自然角中，为幼儿提供成长变化较为明显的植物，如豆苗、蘑菇、大麦等，持续吸引幼儿的关注。

材料要具备开放性。教师要为幼儿提供具有多种组合可能性的材料，以让幼儿用不同的方式进行探究。

材料要具备支架性。一方面，幼儿操作材料所产生的结果应易于被观察，如"植物吸水"实验，需要的材料是容易吸水的植物、透明的瓶子、溶于水的颜料，如果水没有颜色，让幼儿观察植物是否吸水就比较困难；再如观察水的流动，如果提供一个不透明的吸管，幼儿就很难观察到水的流动了。另一方面，投放的材料要具备一定挑战性和想象空间，不仅要满足幼儿现在的兴趣与需求，还要促进幼儿潜能的开发。

材料要充足，有序地提供给幼儿。在大多数情况下幼儿是独立地自主探究的，材料充足与否，会影响幼儿的探索过程是否顺利；材料多形式、多层次地呈现，有助于满足不同幼儿个性化的兴趣、需求和发展水平。

材料要安全。教师在实验材料的选择上要特别考虑材料的安全性，避免幼儿在操作过程中对身体造成伤害。

▶【案例 3-13】

　　这个学期，蓝蓝所在的幼儿园在开展动物主题的活动，幼儿园的吊顶、墙面、地面和柜面都做了相应的布置。通过相关活动，蓝蓝已经能认识不少动物，对动物的习性感兴趣，能对食草、食肉和杂食动物进行分类，知道同类动物的共同特征，了解食物链，对于动物之间相互制约、相互依存的关系有初步的认识。在动物角，有一些幼儿从家里带来自己喜欢的小动物，每天离园前，蓝蓝都会拉着爸爸、妈妈停留在那里，看一看、问一问、讲一讲，探讨"小蝌蚪吃什么？""小蝌蚪什么时候长腿呢？"这样的问题。这一天，幼儿园出现了一位"新朋友"——AR 地球仪，通过 AR 和 3D 技术，蓝蓝可以看到世界各地动物的分布，还可以"见到"恐龙，这可把蓝蓝高兴坏了，抱着 AR 地球仪一直在研究。教师注意到蓝蓝对动物世界有深入认知的兴趣，就及时与家长进行了沟通，希望结合家庭的力量给蓝蓝更多元化的视角，邀请家长加入动态环境的创设。蓝蓝的爸爸、妈妈很支持教师的想法，他们主动找了更加丰富的学习探索材料，鼓励蓝蓝在家里继续她的研究，蓝蓝积累了许多有益的直接经验。这个周末在动物园的大象馆，蓝蓝还给爸爸、妈妈出了考题："你知道大象有几个脚趾吗？"这下把爸爸、妈妈难住了，没想到孩子有这么丰富的知识储备，环境作为一种隐性课程，对于幼儿的互动效应如此之大！

案例中的幼儿园选取动物主题，能激发幼儿的认知积极性。在创设动物主题环境的过程中，幼儿园从人文环境、物质环境方面营造整体氛围，并借助科学技术的力量，打破幼儿园现有时空的限制，为幼儿提供具有开放性、层次性的认知材料。此外，教师还结合个别幼儿的兴趣点，引导家庭参与，形成合力，提供多元化的视角与支撑，大大地激发幼儿探索的兴趣。

三、科学教育活动的环境创设

（一）科学教育活动环境创设的整体要求

1. 创设有准备的环境

科学教育活动中的准备首先是幼儿的经验准备，即幼儿对将要进行的科学活动必须先期了解相关知识，具备一定的亲近、喜爱、好奇的情感基础。其次是材料准备，材料的准备应该是有针对性的，例如，在"测一测，量一量"活动中，要达到发展幼儿测量技能的目标，教师可以为幼儿准备充足的测量工具，如皮尺、绳子、带子等，某些特定长度的物体；也可以引导幼儿用自己的身体进行测量。在"有趣的镜子"活动中，教师可以为幼儿准备各式各样的镜子，如放大镜、望远镜、万花筒、多棱镜等，让幼儿感受不同光线反射导致的不同效果。

☞有准备的环境创设示例

2. 给予幼儿活动的自由

科学的本质在于探究，探究的过程需要自由。因此，在幼儿园科学教育活动的环境创设中，教师要给幼儿提供自由的活动空间，幼儿有能按自己的意愿选择材料的机会，有自己尝试、发现和练习的机会，不一定要按照既定的步骤去做。教师应注意避免干扰幼儿独立探究的过程，如"你是在盛水吗？""你在做记录吗？"这类明知故问的问题会打断幼儿的思路。

3. 为幼儿创造交流的机会

幼儿在探究操作材料后，会获得相应的知识经验，具有关于事物特性及其关系的感性认识，教师可以鼓励幼儿把想法和探究结果表达出来，帮助他们整理所发现知识经验的意义及其关系，在头脑中加工成有意义的解释。因此，教师在科学教育活动的环境创设中要给幼儿创造表达、交流的机会，为鼓励幼儿表达、交流营造平等、宽容的交流氛围。表达、交流的方式多种多样，可以通过语言，也可以采用记录的方式，如图画记录、表格记录或数字记录等。

（二）科学领域不同内容教育活动的环境创设

幼儿园科学教育的内容非常广泛，在实践中，科学教育活动主要有以下五种类型：观察类科学教育活动、实验操作类科学教育活动、技术制作类科学教育活动、交流讨论类科学教育活动、数学类科学教育活动。

1. 观察类科学教育活动

观察类科学教育活动是以观察为主要认知手段，让幼儿探索客观事物、现象的特征，发展科学认知、培养科学情感、形成科学态度、训练科学方法的一种科学启蒙活动。对于观察类科学教育活动的环境创设，教师应该注意以下几点。

（1）选择合适的观察对象

观察是一种有目的、有计划、比较持久的知觉过程，是知觉的一种特殊形式。幼儿对事物的知觉是随意的、被动的，缺乏目的性，常常受观察对象本身的特点和自身专注力的制约。所以，在开展观察类科学教育活动时，教师需要选择那些具有显著特征，能引发幼儿兴趣的观察对象。幼儿对于新奇的事物和现象容易产生观察和探究的愿望。

（2）创设一个需要调动幼儿多种感官参与的教育环境

观察是用感官获取信息的直接方法。观察不仅是用眼睛看，也包括其他感官的运用，如视觉、听觉、嗅觉、味觉、触觉等方式。幼儿通过多种感官获得观察对象的信息，通过大脑的筛选、整理获得对观察对象的整体认知；在具体解决问题的过程中，幼儿综合运用看、闻、听、尝、摸以及操作等多种方法，收集对解决问题有用的信息。

2. 实验操作类科学教育活动

实验操作类科学教育活动是幼儿通过自己动手操作仪器和材料，发现客观事物的变化及其关系的活动。它强调在人为控制的条件下，利用一定的仪器或材料去探究各种事物或现象。对于实验操作类科学教育活动的环境创设，教师应该注意以下几点。

（1）创设问题情境，引发幼儿对实验操作活动的兴趣

在实验操作中所发生的现象与自然条件下的现象不同，它需要在一定的人工

控制条件下开展，所反映的关系比较隐蔽，不容易被幼儿发现其"秘密"。问题情境往往是最容易引发幼儿去操作实验材料的方式，它能引发幼儿对实验操作的兴趣。如科学实验活动"灯泡亮起来"，活动材料有小灯泡、电池、电线。教师提供了小灯泡、电池、电线，一位教师在开展活动的时候创设了这样一个问题情境："有个秘密要告诉大家，用这些材料可以让小灯泡亮起来，谁愿意去试试？"另一位教师则创设了这样一个问题情境："小朋友们，娃娃想看一本关于人体结构的书，但娃娃家有点暗，对视力不好，请能干的小朋友们帮娃娃接亮灯泡吧！"这两位教师采用的引入形式虽不一样，但都是通过创设问题情境来引发幼儿对实验操作的兴趣。后者将电路连接与人体结构的知识联系起来，增加了问题情境的故事性，有利于激发幼儿的探索动力，也为后面内容的开展进行铺垫，同时将"保护视力"的观念带入幼儿的日常学习、生活之中。

（2）创设教育环境，使幼儿感受到实验操作的意义

在实验操作中幼儿通过动手操作改变变量，发现客观事物的变化及其因果关系，但是由于幼儿尚不能在逻辑的基础上理解事物之间的因果关系，往往意识不到实验操作对其生存和生活的意义。这就需要教师创设适宜的教育环境，使幼儿了解学习的意义，进而维持进行实验操作的兴趣。

3. 技术制作类科学教育活动

技术制作类科学教育活动是幼儿学习制作产品，使用科技产品，以真实的科学本质为基础，逐渐让幼儿获得对科学技术的基础认识，了解技术的转化和中介作用的活动。对于技术制作类科学教育活动的环境创设，教师应该注意以下几点。

（1）借助社会资源

技术制作类科学教育活动可以让幼儿亲历"技术设计"的过程，如制作简易浇水壶、滤水器、小风扇等，这个过程可以让幼儿获得对技术本质的初步体验，但也正是这种技术的要求，教师在开展此类活动的时候，往往需要一些社会资源的支持。这些社会资源的支持可为技术制作类科学教育活动提供材料、设备与智力支持等，能促进活动的顺利开展并提高活动的质量。如在制作简易脚踏垃圾桶活动之后，教师组织家长共同参与垃圾分类的活动，培养幼儿垃圾归类投放的意识，探讨生活垃圾如何变废为宝，还组织幼儿到热电厂参观，了解垃圾处理过程与垃圾处理技术，以及如何利用垃圾发电等。

（2）提供充足的操作时间

技术制作类科学教育活动是以幼儿的最大参与为目的，让幼儿操作使用简单的科技产品，学习使用工具；设计并开展制作，学习在操作使用中发现问题，在设计实践中尝试解决问题。让幼儿尝试制作是此类活动的重要环节，教师在活动过程中应该给幼儿充足的操作时间，鼓励幼儿大胆尝试，对幼儿的想法加以支持。

4. 交流讨论类科学教育活动

交流讨论类科学教育活动是幼儿在亲身探究与收集资料、整理资料的基础上，通过交流讨论等方式获取科学知识的活动。对于交流讨论类科学教育活动的环境创设，教师应该注意以下几点。

（1）营造民主氛围，创造平等对话环境

教师在引导幼儿交流讨论的过程中，既要面向全体幼儿，又要照顾个别幼儿的需要。教师与幼儿的交流应采用平等对话的语气。教师应认真、耐心地倾听幼儿的观点；对幼儿的观点及时反馈，多鼓励与支持；即使是错误的回答，教师也不要急于否定、纠正和得出结论，而是启发幼儿运用已有的经验进行再思考。教师既要鼓励幼儿大胆地讲述自己的经验，又要培养幼儿尊重他人、善于倾听的习惯，使交流讨论成为真正的"社会建构"学习。

（2）创设能使用多种方式表达科学认识的环境

交流并不局限于语言，还包括非语言方式，如图像记录、手势、动作、表情、艺术表演、作品展示、图画展览等。可以说，幼儿表达科学认识的方式是多样的，教师应引导幼儿运用熟悉的、易于交流的各种方式表达，使交流的方式丰富多彩；另外讨论形式也可多样化，如集体讨论、分组讨论、借助图片讨论、创设场景讨论、推选主持人、不同观点辩论等。另外，教师还可运用适当、多样化的教育手段如多媒体资源等进行引导。

5. 数学类科学教育活动

数学类科学教育活动是研究幼儿学习数学的认知特点、规律和方法，引导幼儿在生活中感知事物的数量关系、空间关系、时间关系，培养幼儿学习数学的兴趣，发展幼儿数学能力的活动。对于数学类科学教育活动的环境创设，教师应该注意以下几点。

（1）立足幼儿的实际生活

数学知识的实质是一种具有高度抽象性的逻辑知识。幼儿的思维还处于具体形象阶段，其思维中逻辑的建构需要借助具体的事物和形象。整个幼儿时期，数学概念对于幼儿来说还未成为抽象逻辑体系，从数学本身的特点来看，很多抽象的数学概念，如果不借助具体的事物，幼儿很难理解。现实生活为幼儿提供了通向抽象数学知识的桥梁。生活中有大量的材料如小木棍、水果、石头、瓶子等，可供幼儿进行数学活动。同时，教师可以创设生活情境，体现数学的应用性，让幼儿尝试用数学的方法解决问题。如推断距离过年还有多少天；钟表上的数字表明时间的早晚，由此推断爸爸、妈妈还有几个小时下班等。再如学习"数的分解"，教师可以引入生活中分东西的示例，让幼儿学习分解；学习"设计门牌号码"，感受门牌号码与楼层、房间位置之间的对应关系，学习用数字表述；运用从生活中获得的序数经验，为动物楼房设计门牌号码，交流设计经验。

（2）创设优化的操作环境

幼儿在数学学习的过程中离不开操作。幼儿学习数学首先应从外部形式的活动即对物体的操作开始，在操作和积极的探索过程中逐步实现由直接感知到表象认识，进而构建初步的数学概念。

优化操作环境最重要的是适宜地指导幼儿进行操作活动。首先，教师要提供合适的操作材料，使幼儿能与材料发生作用，获得丰富的数学感性经验；其次，教师应说明操作的具体方法；最后，在操作结束后，教师与幼儿一起讨论操作结果，帮助幼儿归纳和整理他们在操作中获得的感性经验，促使幼儿的外部感知经验向内部思维转化。

阅读推荐

1. 袁爱玲.幼儿园全语言活动设计与实施指导［M］.南京：南京师范大学出版社，2008.

该套书分小、中、大班共三册，每册书都分为理论篇和实践篇。理论篇论述了什么是全语言和学前全语言教育，为什么要进行全语言教育以及怎样进行全语言教育；实践篇则根据不同年龄段的要求用大量的活动设计案例说明如何设计和指导语言活动。

2. 顾荣芳.学前儿童健康教育［M］.北京：高等教育出版社，2017.

该书主要内容包括：了解"学前儿童健康教育"课程性质、初步形成健康理念、初步形成健康教育理念、学前儿童健康行为养成理论、学前儿童健康教育的目标与内容设计、《3~6岁儿童学习与发展指南》健康领域解读、学前儿童健康教育活动设计与实施、了解幼儿园健康教育教研。该书采用纸质教材与数字化资源相结合的方式，提供了丰富的视频等拓展资源，拓展了教材的广度和深度。

3. 张明红.学前儿童社会教育［M］.上海：华东师范大学出版社，2008.

该书共八章：第一章阐明学前儿童社会教育的发展、研究对象和研究方法；第二、三章分别论述了学前儿童社会性发展的影响因素及其教育；第四、五章说明了学前儿童社会教育的目标、内容、方法与途径；第六章具体介绍了学前儿童社会教育活动的设计与实施；第七章阐述了学前儿童社会教育评价；第八章则探讨了对学前儿童问题行为的干预与矫正。

4. 许卓娅.学前儿童艺术教育［M］.上海：华东师范大学出版社，2008.

该书包括绪论和上、下两篇。绪论主要讨论艺术教育的宏观理论问题，其中包括艺术教育的性质与地位之争、审美愉悦与幼儿的生命质量提高、循序渐进与幼儿的有效学习、迁移模仿学习与幼儿的创造性表达、身心舒适与幼儿的自律性发展等。上篇主要讨论分领域的艺术教育，下篇主要讨论综合的艺术教育。

5. 张俊. 幼儿园科学教育活动指导［M］. 北京：人民教育出版社，2008.

该书共分为七章：第一章立足幼儿的发展，从总体上阐述了幼儿科学教育的意义、原则等；第二、三章对幼儿园科学教育的目标、内容、方法和途径做了具体分析；第四、五、六章分别介绍如何在集体活动、区角活动及日常生活中开展科学教育；第七章则从课程整合的角度，讨论如何将科学教育整合到幼儿园课程中。

思考与探索

1. 幼儿园各领域教育分别具有什么特点？

2. 幼儿园各领域环境创设的基本要求有哪些？

3. 以个人或小组为单位，选择一个领域，设计一个教学活动，并指出它们需要的具体教育环境。

4. 观摩一次教学活动，分析该教学活动的教学环境，并指出其合理与不合理之处。

5. 在幼儿园日常环境创设中如何体现健康领域的要求？

6. 科学教育活动环境创设应考虑哪些因素？

7. 请以某一领域活动或主题活动为例，试谈如何有效地整合五大领域进行环境创设。

第四章
幼儿园主题活动的环境创设

在人的存在和生成中（以人的年龄、教养与素质差别区分），教育环境不可或缺，因为这种环境能够影响一个人一生的价值定向和爱的方式的生成。

——雅思贝尔斯

我们从大自然中得到了我们的中枢，得到了造就我们成为真实和有特性的个人的一切。

——雅克勃·萨多来特

□ 内容提要

　　本章主要任务是在主题活动的内涵与特点的基础上分析主题活动开展对环境的依赖性。阐述了在幼儿园主题活动中环境创设的基本步骤；提出在幼儿园主题活动开展的准备阶段，如何制定可行的主题活动网络、预设环境创设方案、合理配置不同空间的资源；在主题展开过程中，如何依据活动内容的动态延伸及随机生成的活动配置环境、增补材料，以便环境能够及时跟进等。

□ 学习目标

　　1. 掌握幼儿园主题活动环境创设的基本步骤。

　　2. 了解主题活动环境目标设定需要考虑的基本要素，了解主题活动环境布局规划、基本结构与主题活动过程中环境的管理和评估。

　　3. 掌握主题活动网络的编制过程，主题活动环境初步创设过程中如何进行室内空间布局，如何对主题展示区以及区角环境进行布置。

　　4. 能联系实际领会主题活动展开过程中环境如何跟进。

问题情境

　　某幼儿园在开展主题活动之前，要求班级教师根据自己对主题活动的目标和内容的理解对幼儿园活动室的环境进行布置。为了圆满完成任务，中班的王老师加班加点对班级的主题活动环境进行布置，粉刷主题墙，粘贴主题树，精心设计主题网络，在活动室内悬挂了很多图画作品和实物，用文字把活动的主要内容标示在主题墙的主题网络上，并且在活动室的美工区、科学区、语言区、建构区等区角为幼儿精心准备了各种各样的活动材料。经过一个星期的加班，王老师终于布置完了本班的活动室环境，王老师觉得很满意，主题墙布置精美，画面栩栩如生，而且材料丰富。

　　活动刚开始，幼儿们对王老师布置的环境比较感兴趣，还不时讨论，这里该放一个什么？那里应该是什么颜色的？甚至有些幼儿要王老师把他们的作品张贴在主题墙上，可是王老师担心幼儿的作品会破坏精美的墙面，于是拒绝了幼儿们的要求。活动进行了一段时间，主题墙还是如布置之初那样精美，活动区角还是那些材料……但王老师很快就发现，幼儿们很少光顾主题墙，对活动区角提供的材料也失去了兴趣。王老师感到很困惑：为什么辛辛苦苦布置的精美环境，提供了这么丰富的操作材料，幼儿还是没有兴趣参与主题活动？

　　幼儿为什么对教师花了大力气布置的精美的主题活动环境不感兴趣？为什么布置精美的环境不能为主题活动中幼儿的探索和学习提供一个良好的支持？主题活动开展需要一个什么样的环境？在创设幼儿园主题活动环境时，需要综合考虑哪些要素？如何进行创设？本章将带着这些问题来探讨如何对主题活动环境进行创设。

第一节　主题活动与环境创设概述

　　"主题活动"是当下我国学前教育领域比较热门的一个概念。近百年来，我国学前教育曾经历过三次大的改革，其中两次都与主题活动有密切关系：一次是20世纪二三十年代陈鹤琴先生倡导单元主题活动，另一次是在20世纪80年代开始的学前教育改革中，师范院校与幼儿园开展综合主题教育研究与实践。从目前学前教育发展的状况看，主题活动是幼儿园普遍采用的课程模式，因其在内容和形式上具有的多样化和开放性的特点，被越来越多的幼儿园工作者认同和推行。

一、主题活动的内涵与基本特点

☞主题教学是
一个系统的设计
过程

（一）主题活动的内涵

主题活动是指在一段时间内，教师与幼儿按具有内在脉络或价值关联的中心内容（即主题）进行的教育教学活动。主题活动打破了学科之间的界限，根据主题的中心内容确定主题展开的基本线索，依据这些基本线索确定主题的基本内容，并创设相应的教育环境，组织开展一系列教育教学活动，让幼儿通过对主题的学习，获得与主题有关的较为完整的知识和经验。

（二）主题活动的基本特点

1. 学习内容之间的有机关联

主题活动与学科活动不同，从本质上看它是综合课程在幼儿园教育情境下的一种具体操作形式。主题活动打破了学科之间的界限，将各个方面的学习活动有机地联系起来，这就消除了学科活动过分强调学科自身知识体系，割裂学科之间关联的弊端。当前幼儿园开展的主题活动主要是与幼儿园的五大领域——健康、语言、科学、艺术和社会结合在一起的，主题活动内容之间的有机关联可用图4-1来说明。

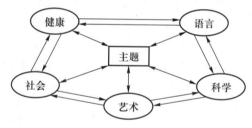

图4-1　主题活动内容结构示意图[①]

《幼儿园教育指导纲要（试行）》指出："各领域的内容有机联系，相互渗透，注重综合性、趣味性、活动性。"因此，在图4-1中，各个领域之间不是隔离的，而是有关联的、相互影响的，例如：主题的选择与开展受到领域目标、内容的影响，同时又反过来影响领域目标、内容的实现情况以及各领域之间的联系情况。需要说明的是，各领域学习内容在主题中的比重并不均等，会因主题自身特点、可以利用的资源、幼儿特点等因素的影响，而有所侧重。[②]

☞主题环境有
助于激发幼儿
互动

《3～6岁儿童学习与发展指南》指出，关注幼儿学习与发展的整体性。幼儿的发展是一个整体，要注重领域之间、目标之间的相互渗透和整合，促进幼儿身心全面协调发展，而不应片面追求某一方面或几方面的发展。主题教育活动通过探求不同领域间的固有联系，将活动内容还原成整体的、相互联系的状态，以建

① 王春燕.幼儿园课程概论［M］.北京：高等教育出版社，2007：169.
② 王春燕.幼儿园课程概论［M］.北京：高等教育出版社，2007：169-170.

构起多科合一的主题网络式的活动内容结构，并为幼儿呈现一个具有丰富、多元刺激的活动场景，同时，尽可能地去发现和挖掘领域间新的、更多的联系线索，从而使整合活动内容更紧密联系于幼儿的生活，贴近幼儿的发展。[①]

从幼儿的角度来看，主题活动强调幼儿生活中的世界是以幼儿具体的、感性的经验为中心，而不是以抽象出来的分门别类的学科知识为中心。幼儿所接触的事物通常自然地超越个别学科的界限，包含多个学科领域，幼儿看待世界的方式和解决生活中遇到的问题的方式也是综合的，所以幼儿需要的是对事物有一个较为整体、全面、生活化的认识，而非相互割裂的认识。

因此也可以说，一个有意义的主题活动应该蕴含多种教育价值，有助于达成多方面的教育目标，幼儿园课程要以增进幼儿身体动作、智力、社会情感、语言、创造力等方面和谐发展为目标。因此，主题活动的选择要支持、引导幼儿上述方面的发展。当然有些目标是直接达到，有些目标则是间接达到，无论如何，这些目标都是这个主题本身所蕴含的而不是牵强附会的。

2. 活动组织的系统协调性

主题活动的展开是一个复杂的过程，是教师、幼儿、教育环境资源以及主题等要素之间相互作用的过程。主题活动的顺利开展离不开以下要素的协调：具有一定知识储备和教育智慧的教师，能够与幼儿的需要、生活及已有经验接轨的具有价值的适宜主题，幼儿园提供的必要的资源，具备基本学科知识与能力的幼儿以及相邻主题之间的衔接等。这些要素中的任何一个方面或者几个要素之间的相互作用考虑不周全，主题活动就难以达成预期的目的。例如，在开展某一个生成于幼儿日间探索的主题活动时，教师对该主题了解不够深入或者教师难以抓住探究中的有利时机，主题中蕴含的学习契机可能就会失去，主题活动的应有价值也就难以发挥。事实上，教师在开展某一主题活动时，如果没有考虑到幼儿已有的知识储备与能力，那么这一主题的探究过程很可能流于形式。因此，在主题活动中，活动过程能否顺利进行取决于整个系统中各个要素之间的协调状况。

3. 动态生成性

在主题活动中，教师与幼儿在特定的教育情境中，围绕主题开展开放式探索。从活动目标看，活动不能仅仅局限在初始预设的目标之上，而是以初始预设的目标为基础，教师根据主题活动中的情境机智地捕捉生成性目标，预设的与生成的目标共同构成了主题活动的目标体系。这就要求教师在对主题活动目标进行预设时，不宜做硬性的、细致的规定，要为生成性目标留下空间。可以说，活动目标的动态生成为充分发挥教师与幼儿的主体性，发挥教师的创造性提供了可

① 基础教育教学研究课题组.幼儿园主题教育活动指导［M］.北京：高等教育出版社，2014：3.

能。从活动内容看，教师会随着主题情境的变化，及时捕捉教师、幼儿与主题情境互动时生成的资源，即教学内容是教师与幼儿在具体的、生动的、变动不居的主题活动中共同建构、不断创造的结果，因而是一种生成性的、多主体共同建构的课程内容。不断动态生成的主题活动目标与不断丰富的主题活动内容赋予了主题活动动态生成的特性。

二、主题活动与环境创设

与学科活动相较而言，主题活动更强调幼儿的主动探究，更注重幼儿与主题环境的互动，因而，主题活动中的环境创设对主题活动的展开及幼儿在主题活动中经验的提升就显得更为重要。具体而言，环境创设与主题活动的关系表现在以下两个方面。

首先，环境生成主题活动。环境是主题活动中幼儿进行探索与学习的背景，是幼儿与幼儿之间、幼儿与教师之间相互作用的舞台，环境可以为幼儿的主动探索提供强有力的支持。主题的产生依赖幼儿周围的环境，幼儿通过对环境的观察和探索，不仅能够发现许多有趣的现象，引发幼儿的关注，为自然启动主题提供良好的条件，而且有助于生成许多有价值的中心主题。如果环境中的某种要素成为幼儿谈论的热点或中心的话，细心的教师应通过引导幼儿围绕这一中心进行讨论，以确定是否要将这一热点或中心发展为主题活动。例如"塑料袋"主题活动就是源于幼儿每天接触的各种各样的塑料袋，幼儿每天在家中、幼儿园、商场或者在经过垃圾箱的时候总能看到塑料袋，塑料袋的颜色、大小、材质以及用途等引起了幼儿的关注。由此，从收集塑料袋，再到研究塑料袋的来源、功能、危害以及如何把废弃的塑料袋变害为宝等方面，一个"塑料袋"的主题一步步地发展深入和丰富起来。幼儿园教育中的很多主题，如"叶子""食物""汽车"等都是生成于幼儿周围的环境。

其次，环境是拓展、延伸主题活动的源泉，即通过环境中相关活动内容的展示，进一步引发幼儿的思考或更深层次的探索行为，或生成新的主题活动内容。主题活动的展开需要某种特定环境的支持，在主题活动中，主题一旦确定，教师与幼儿就开始着手创设适宜的活动环境了。一方面，教师要围绕主题活动提供相应的物质材料和活动空间，离开了物质材料与活动空间的支持，主题活动便难以开展。例如，在下面的"过大年"主题活动案例中，为了能够让幼儿对春节有深入的了解并展开探索，教师从班级整体布置到各个区角都提供了与这一主题活动有关的材料，幼儿在与这些区角材料互动的过程中生成了一个新的主题"年历"。

主题活动"过大年"，益智区中的挂历引起了幼儿极大的兴趣，他们把这些废旧挂历制作成漂亮的画册、叠成小帽子、折成小裙子等摆放在活动室里……看着幼儿的作品，教师也由衷地感到高兴。

一天，一名幼儿兴奋地把他的发现告诉教师："挂历中的数字，还有字体大小不一样。"一个发现带动和启发了众多幼儿对挂历的关注。随后幼儿发现了越来越多的不一样：每个月的天数不一样，月份与天数排的规律不一样，图案、颜色、形状、质地、厚薄都不一样……随着一个个的发现，幼儿对挂历的兴趣、探究的需求也越来越浓。于是，关于"年历"的主题诞生了，并伴随着幼儿的探究兴趣不断地深入和扩展。①

另一方面，主题活动的开展需要一定的情境，这一情境不仅要有基本的物质材料与活动空间，更重要的是教师与幼儿共同创设的一种探究氛围，也就是教师与幼儿之间、幼儿与幼儿之间形成的某种互动关系。反之，要实现幼儿与幼儿之间、幼儿与教师之间的互动，也少不了环境的支持与介入。因为教育是由复杂的互动关系构成的，只有"环境"中各个要素参与，才能为许多互动关系的发展提供可能。因此，教师与幼儿之间应建立一种良好的双边互动氛围，教师在鼓励幼儿进行探索的同时为幼儿提供必要的指导，使幼儿真正成为推动主题活动开展的主人，让幼儿亲自动手、亲自体验。这种良好的学习氛围能够唤起幼儿的学习与探究欲望，促进幼儿与幼儿之间、幼儿与教师之间的互动，促进对主题的深入探究。

☞在探究情境中推进幼儿与材料的互动

第二节 主题活动环境创设的步骤

幼儿认知、情感和社会性的发展离不开与环境的相互作用，幼儿与环境互动的方式直接影响幼儿的发展和教学活动的质量。《幼儿园教育指导纲要（试行）》明确指出："环境是重要的教育资源，应通过环境的创设和利用，有效地促进幼儿的发展。"因此，从活动主题的产生到活动的具体组织实施，我们都要考虑环境这一重要因素。教师应积极创设条件，通过创设与主题活动相适应的环境，让幼儿在主题活动中通过与环境的互动，进行有效的探索和学习。

主题活动环境包括物质环境、精神环境、制度环境，主题活动环境创设主要指主题墙的设计、活动区域的设计、材料的提供及相应区域的指导与管理等。

主题活动与环境密不可分，环境为主题活动而创设，主题活动需要环境的支持才能更深入、更具体地展开。在主题教育活动中，环境的设计就如同骨架一样，能够把主题活动涉及的各个方面和一系列活动呈现出来，留下教育的痕迹，给幼儿提供一个回顾已有经验、建构新知的线索和载体。② 从幼儿园环境创设的

① 摘自陈晓芳. 幼儿园教育活动设计策略及案例评析. 北京：北京师范大学出版社，2007：62.
② 基础教育教学研究课题组. 幼儿园主题教育活动指导［M］. 北京：高等教育出版社，2014：22.

视角出发，每个主题活动的环境创设可以从多个方面、多个层次进行考虑。因此，要创设高质量的主题活动环境是一个复杂而漫长的历程，从幼儿园主题活动的展开过程看，主题活动环境创设需要考虑以下几个方面：环境创设的目标设定、环境的布局规划与结构以及环境的管理与评估。具体而言，主题活动环境创设的流程如图 4-2 所示。

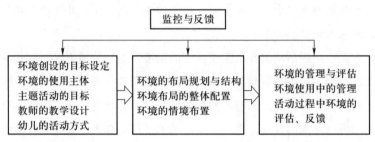

图 4-2　主题活动环境创设的流程

一、主题活动环境创设的目标设定

在主题活动中进行环境创设的出发点是了解环境的使用主体、主题活动的目标、教师的主题教学设计思路与教学实施方式以及幼儿开展主题学习的方式。

（一）环境的使用主体

主题活动环境的创设要以幼儿为主体，与幼儿的发展相适应，体现出幼儿的主体性和参与性。同时要考虑环境中主体的基本状况，如幼儿的年龄段，活动参与的人数等。对于不同年龄段的幼儿，以及不同的班额状况，环境创设考虑的维度是不同的。不同年龄阶段幼儿的身心发展是存在差异的，这就要求教师在主题活动环境的创设过程中要针对幼儿的发展状况和身心特点来创设具有层次性的环境，并使用针对不同年龄段幼儿的材料以及提供不同的指导方式。此外，开展同一主题活动，参与人数不同，对活动空间的要求是不同的。

例如，在主题活动"跌不破的蛋"中，幼儿围绕"怎么能让蛋跌不破"这个问题进行探究。小班幼儿好模仿，别人玩什么，自己也想玩什么，因此教师给他们提供的活动材料种类不必太多，但数量可以多些。小班幼儿总是试图通过层层包裹来达到蛋跌不破的目的，因此教师只要提供给幼儿厚厚的棉布或软软的毛边纸、橡皮泥等材料就可以了。中班幼儿的思维相对小班幼儿活跃得多，他们可能会想到用更多的其他代替物，如棉花、纱布、毛绒等，因此教师给中班幼儿的活动材料种类要相对丰富一些。大班幼儿的思维和想象更加活跃，他们喜欢新奇的东西，喜欢与别人不一样，并且他们可能会有许多更大胆的想法，如把蛋煮熟了，再包裹起来就不容易摔碎；让蛋乘降落伞下落就不会跌破；用吸管或铁丝做一个支架蛋就可能跌不破……那么，教师给大班幼儿提供的活动材料就要更加丰

☞环境的"儿童性"与"儿童感"

富了，这样才能满足他们的要求。①

（二）主题活动的目标

我们知道，主题活动整合了不同领域的内容与目标，而每个领域的内容又可以包含多个教育目标。虽然每个主题活动都可能具有多种教育价值，但是在一个主题活动中不可能达成所有领域的多个目标，这就需要教师在开展主题活动的过程中初步确立该主题活动的主要目标，并依据主要目标进行相应的环境创设。主题活动内容和目标是环境创设的内在依据，环境创设是主题活动目标的外在体现，只有创设与主题活动目标相适应的环境，才能充分发挥环境的教育功能，为幼儿提供良好的探索氛围和发展契机。因此，教师在创设主题活动环境时，首先应该明确主题活动的目标和内容是什么，然后依据主题活动目标和内容进行环境创设。

例如，在小班"我是谁"的主题活动中，教师初步确立的活动目标为：明白自己是一个独特的个体；建立健康的自我形象；能表达自己的感受；能接受自己，进而能接纳他人。这一主题活动如果从领域的角度看，主要涉及了健康、社会和语言领域。这就需要从这几个方面去开展环境创设，对于小班幼儿而言，要让幼儿"明白自己是一个独特的个体"这一事实，教师需要从以下几个方面与幼儿一起创设环境：幼儿照片、录音机（幼儿听声音辨别自己）、一个全身镜（用于幼儿认识自己的形体、面部、头发、牙齿和动作等）、画纸和颜料（在画纸上比较自己的手掌和脚掌）、每个幼儿准备自己的故事、每个幼儿一天当中的情绪表。有了这些基本的材料后，教师就可以通过活动让幼儿了解自己有独特的名字和样貌，能够认识身体的不同部分以及知道不同情绪的表达等。不同的主题活动目标，在材料准备、场所和教师指导方面都有不同的要求。

（三）教师的主题教学设计思路

如果教师是开展精心准备的主题活动，事先对主题活动的开展有一个规划的话，则教师在提供资源和活动指导过程中，基本会按照活动的步骤提供材料、布置空间，再辅以灵活机动的材料增减和空间调整；如果教师是以一种开放性的思路来组织主题活动，则要提供更多的与主题活动相关的材料，教师要积极引导幼儿进行探索，只有幼儿对尽可能多的材料进行操作、探索，以及教师提供及时、有针对性的指导，主题活动的网络才会逐步清晰起来。可见，不同的主题教学设计思路有不同的环境创设要求，影响幼儿在主题活动中对环境的需求以及教师与幼儿的关系。

（四）教学实施方式

在主题活动中，教师通常采用三种教学实施方式：一是以集体教学为主要方式；二是以小组活动为主要方式；三是集体教学与小组活动、个别活动有机结合

---

① 郑健成.学前教育学［M］.上海：复旦大学出版社，2007：193-194.

的方式。不同的教学实施方式在环境创设方面的要求存在较大的差异，如活动空间、教学资源以及教师与幼儿之间的互动关系方面的差异。

（五）幼儿的学习方式

在主题活动中，幼儿如何参与并对主题活动进行探究，采取何种学习方式，都对主题活动的环境有着不同的要求。如果幼儿是在教师有目的地引导下参与主题活动，则环境中材料的种类、数量与材料的投放是比较稳定的，而且活动也是有序的；如果幼儿在主题活动中自主发挥的机会比较多，那么在环境的创设方面，教师则需要在基本配置的基础上，按照幼儿探究的进展情况及时补充材料，这样才能为幼儿发挥想象和实现想法提供可能。此外，如果主题活动涉及户外的探究、采用游戏的方式，则需要更加丰富的材料配置、更加动态的情境场景布置以及更加灵活多样的指导方式。主题活动中幼儿的学习方式不同，对环境中的材料和空间的需求不同，也影响主题活动环境的情境需求和布置。

二、主题活动环境的布局规划与结构

主题活动发生在一定的环境中，主题活动的有效延伸需要相应环境的支持，而且环境创设合理与否将会影响主题活动的展开过程和成效。环境创设合理与否很大程度上与环境的布局规划与结构有关系。环境的布局规划与结构是主题活动中环境创设的第二个步骤，即在考虑上面提到的环境的使用主体、主题活动的目标、教师的主题教学设计思路与教学实施方式以及幼儿的学习方式的基础上，对主题活动所需要的空间和资源进行合理的安排与配置。

图4-3　主题活动中活动室过道的有效利用[①]

（一）主题活动的空间布局规划

主题活动的空间主要包括室内空间与室外空间，室内空间又包括教学活动场所、活动区和活动室等。每个主题活动随着主题内容的变化，教学活动场所、活动区以及活动室都要进行相应的调整和规划。一般而言，主题活动中的室外空间布局主要包括楼道、活动室的过道以及相应的游戏区和操作区。随着幼儿园室内资源的逐渐丰富和区角的增多，幼儿园在主题活动中越来越重视对活动室过道和楼道的有效利用和使用（如图4-3）。而且活动室过道和楼道的布置比较灵活，活动开展前在相

---

① 图片由广东省佛山市顺德区碧桂园幼儿园提供。

应的区域内为幼儿提供主题活动所需要的材料；活动结束后，对这些区域进行清理。

活动室内部的空间规划需要考虑活动室中的固定装置，如活动室中的立柱、墙面、窗户、地板等。在开展主题活动的过程中，幼儿一般对主题墙非常重视，教师与幼儿共同对主题墙进行规划，并随着活动的进展而逐渐丰富，教师要对主题墙进行合理配置，同时也要注意对活动室中的立柱、窗户、地板以及天花板进行合理规划，这些空间对主题活动中的活动空间划分及环境的利用具有重要影响。

活动室内活动区的布置要依据主题活动涉及的内容和幼儿的学习方式进行。依据幼儿兴趣与能力，在活动室内设计多样化的活动区，并在这些活动区中提供与主题有关的丰富的玩具、教具、器材和设备等，让幼儿主动进行探索、观察和游戏。幼儿园一般都设有阅读区、音乐区、建构区、积木区、表演区、美工区以及电脑区等，但不是每一个主题活动都会涉及这些活动区，这就需要教师在开展主题活动的过程中根据主题的需要开放相应的区域并依据活动进展投放相应的材料。

（二）环境的情境布置

情境布置是指教师围绕主题活动的内容创设相应的学习环境和氛围，营造一个幼儿能够身临其境的主题情境和学习环境。情境布置是主题活动环境创设的一个重要环节，是幼儿学习环境的重要组成部分，对幼儿的环境知觉有着最为直接的影响，情境布置需要从慎重选择材料开始。

情境布置可以从活动空间的自然情境和社会情境的布置着手。主题活动中每一个活动的开展，通常都需要一个活动空间、固定或活动的器材设备、相应的操作素材和储物区。其中，活动空间可能是活动室内的地板（或地毯）或活动区角；也可能是一个表演场所，布置的是吸引人的色彩鲜艳的图画、实物。情境布置的主题要依主题活动而定。一般而言，情境布置应与季节的更替相一致，如在九月或十月份开展"秋天"的主题活动，在布置这一主题的情境时，秋季社会生活中、自然环境中的题材都可以成为情境布置的主题，如"中秋节""秋天大丰收"。

☞主题环境形态：从"单一"走向"多元"

再如，在主题活动"海底总动员"中，教师收集了各种各样的贝壳，把整个活动室布置成一个光怪陆离的"海底世界"，从天花板到墙壁，到处都是各种各样的海底生物。幼儿在这样仿真的情境中，自己仿佛也变成了小鱼，在海底世界自由自在地生活和学习。教师还带领幼儿去海洋馆参观，到海洋乐园游玩，回来后让幼儿把自己在海洋馆和海洋乐园看到的景象和活动室的景象相对照，然后对活动室的环境进行增添和改造，自己动手制作各种海洋动物放置其中。[①]

三、主题活动中的环境管理与评估

主题活动开展过程中，科学合理地创设环境，可以有效地提升活动区和各种设施、材料的使用效能。主题活动过程要提升环境的功效，须对主题活动环境创设和情境布置进行系统的管理，一般包括活动区的人数控制以及活动过程中的基本规则、活动材料的使用规则和使用指引。每个活动区可以依据空间大小、桌椅数、材料的情况来控制参与的幼儿数。每个活动区的操作材料都需要建立相应的使用规则，包括物品使用后归位，以及如何正确进行操作等细节。例如，在某班的主题活动中，针对阅读区的使用，教师与幼儿共同制定了以下使用规则：

（1）不能在阅读区跑来跑去，要坐在小椅子上看书；

（2）要轻轻翻阅图书，不能将图书扔来扔去，不能撕坏图书；

（3）不争抢图书，要认真地看完一本后再换另一本；

（4）看书要专心和安静，不玩玩具、不吵闹、不影响别人；

（5）看完图书要按照标志放好，小椅子也要归好位。

主题活动过程中教师需要随时对活动环境进行评估，包括使用过程中的环境评估和活动结束后教师对整个活动环境的评估。在动态的主题活动环境创设过程中，教师如果发现环境的创设、情境的布置、自己的指导方式不符合主题活动目标或教学设计思路，难以适应幼儿的学习方式，可随时对环境中的空间、设施、材料以及指导方式进行重新规划与调整，以推动主题活动继续进行。在主题活动中，幼儿不仅是环境的主要使用者，也是主题活动环境的创设主体，教师应通过观察幼儿在主题活动中的状态来对主题活动环境进行调整，幼儿对环境的反应大体有调整、创新与拒绝三种方式。

调整：指幼儿在进入主题活动中的活动场所或区角时，其活动方式有改变，这种改变与原先教师设计活动区时所想象的幼儿行为模式不同。

创新：指幼儿对主题活动中活动场所或区角提供的材料在使用方式方面的改变，或者是重新组合。

拒绝：指幼儿明显地拒绝进入活动区或难以对材料产生操作兴趣。

在主题活动中，教师需要视幼儿的反应对环境进行调整，并进一步观察调整后的状况。虽然在主题活动过程中教师会依据幼儿的反应等因素对环境进行调整，但是在主题活动告一段落后，教师还需要根据活动过程中的反馈对环境创设进行系统的回顾，如果教师发现在整个活动过程中环境创设的某些环节难以有

---

① 陈晓芳.幼儿园教育活动设计策略及案例评析［M］.北京：北京师范大学出版社，2007：50.

效地为主题活动提供支撑，或者幼儿对环境的参与程度和参与方式也不尽如人意，就需要进行反思，找出原因所在，为下次主题活动的环境创设提供可借鉴的经验。

第三节 主题活动网络的设计与环境的初步创设

在幼儿园教育实践活动中，受教师教育理念与实践经验等因素的影响，主题活动环境的创设与展示的方式是多种多样的。一般来说，主题活动环境的创设都以一定的主题活动网络为基础，并根据活动需要逐步进行创设。

☞在取舍中深
挖主题内涵

一、主题活动网络的设计

（一）主题的选择与产生

在主题活动中，主题对整个活动起着统领作用，处于核心的位置。教师可以根据幼儿园的教育教学计划，也可以通过观察幼儿或者与幼儿交谈来确定主题。在选择主题内容时需要了解幼儿对即将开展的主题的已有认识和经验储备，了解幼儿对即将开展的主题的兴趣点和基本的需要。在主题选择和产生过程中，教师应当遵循以下原则：[①]

（1）选择的主题应与幼儿的生活相贴近，并能被用于他的日常生活。

（2）能引起幼儿的兴趣，并运用已学技能。

（3）能为幼儿未来的生活做准备。

（4）有益于幼儿园课程的平衡。

（5）能充分运用幼儿园和社区的资源。

（二）主题活动网络的编制

教师在确定主题之后，接下来的任务就是编制主题活动网络。编制主题活动网络包括初步确立主题活动目标、建构主题网络和选择主题展开的方案三个部分，这三个部分是相互影响、相互制约的。

1. 初步确立主题活动目标

虽然教师选择的主题已经是多方面考虑的结果，教师对该主题的教育价值也是比较了解的，但是一个主题蕴含的教育价值是多方面的，这就需要教师对主题中的潜在价值进行分析，确定为了实现这些价值，主题活动应该怎样展开。由于主题活动延续的时间比较长，这就需要教师注意主题活动目标的全面性，也就是在主题活动中要能够有机融合各种学习内容，使不同的领域之间产生有机的联系。

---

① 朱家雄.幼儿园课程［M］.上海：华东师范大学出版社，2003：265.

2. 建构主题网络

主题网络，简单地说"就是将通过'脑力激荡'而调动出来的与主题有关的知识经验或概念，经过归纳整理，建立起某种关系和联系，并以网络的形式将这种关系和联系直观形象地呈现出来"[①]。主题网络是由许多与主题密切相关的下位概念或问题、活动有机构成的。从建构思路来看，教师可以从自身经验出发进行主题网络建构；也可以参照已有的主题网络，结合本班活动情况重新进行加工。教师也可以采用与其他教师或幼儿、家长合作的方式进行主题网络建构。在主题网络建构过程中，教师可以根据自己对幼儿的了解初步预设一个主题网络，然后与幼儿共同讨论，及时把幼儿的不同想法用简明的方式记录下来，根据讨论的情况对主题网络进行修改和完善。

在建构主题网络时，使用较多的策略是头脑风暴。所谓头脑风暴，就是教师尽可能围绕某一主题，展开丰富联想，充分调动相关知识经验，并将头脑中出现的与主题有关的内容写在一张张事先准备好的小卡片上。如在"风"的主题网络建构过程中，教师对风的类型、功能、危害、性质等方面的内容进行记录。在此基础上，教师对自己记录和想到的内容进行归类，尽量把性质相近或相同的内容归为一类，如风的速度、方向、力量等都属于"性质"方面的内容。以此类推，通过每一小组的小标题再与这些小组的内容相连，逐渐就可以在一张大纸上形成以中央的"风"主题为核心，向周围辐射的网络图（如图4-4）。在此过程中如果教师发现同一归类的内容很多，可以采取把这一部分放大的策略，如"风"主题网络中的"功能"这一部分，可以使其成为一个新的主题网络。在建构主题网络的过程中，如果有其他与主题相关的内容，可以及时补充，以便进一步丰富主题网络。

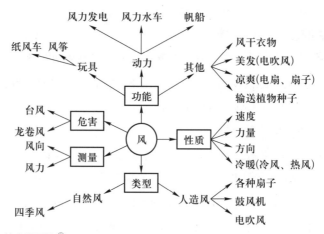

图4-4　"风"的主题网络[②]

在建构了主题网络以后，教师要根据初步确立的目标以及资源等情况对这些内容进行筛选，以确立一个比较可行的主题活动体系，但是这些初步确立起来的目标并不是不可更改的，也不是一定要完成的。教师在执行目标和选择内容时具有一定的灵活性，一方面初始预设的一些活动目标、内容可能由于幼儿缺乏这方面的经验或者不感兴趣，不会再继续探究；另一方面，教师在教学过程中可以根据幼儿的兴趣和活动的需要产生新的内容和目标。

3. 主题网络的展开

在初步建构主题网络之后，教师就要着手展开主题网络，组织幼儿开展主题活动了。在此过程中，教师可以先引导幼儿围绕主题网络进行交流和讨论，了解幼儿对这一主题网络内容的熟悉情况，如幼儿对主题活动中哪些方面感兴趣，具备了哪些经验，哪个方面最有可能成为主题活动的切入点，以及可能还有哪些方面的疑问和问题，这些幼儿存在的疑问和感兴趣的问题可能是活动中要着重关注的一些方面。主题网络可以从不同的角度展开，当前幼儿园使用比较广泛的是分领域按目标展开，即把主题网络与领域活动结合起来。此外，也有的主题网络是按照主题下位概念分解出的活动展开，如在开展图 4-4 中"风"的主题活动时，可以通过风的性质、功能等概念形成整个网络支架，再沿着每个概念进行分解，从而分解为不同的、具体的活动内容。虽然这种主题网络展开方式的涵盖面比较广，逻辑性强，活动内容容易拓展和生成，不受到学科或者领域的限制，但是这种不借助学科或者领域的展开方式在实践中对教师具有一定的挑战性，在活动展开过程中活动的重点难以突出，教学操作性较差。

分领域按目标的展开方式，一般是将五大领域与主题活动目标脉络、主题网络进行组合，形成一个网络图，见图 4-5。在这种展开方式中，五大领域不一定在每个活动中都会涉及，而是要按照主题网络涉及的具体领域进行组织。其中，涉及的每个领域都包含一定的主题活动目标和活动内容，这些领域中的活动目标和活动内容进一步分解为一个个具体的活动，这就构成了主题活动网络展开示意图的第三层，第三层中的每一个活动都有一定的活动目标。总而言之，一个主题活动有可能会涉及五个领域，也有可能只涉及其中几个领域；每个领域可能会有相应的一个或多个活动，也有可能是从两个或多个领域整合的视角来开展一个活动，这取决于教师对每一个活动的理解和驾驭。

从表 4-1 中可以看出，"亲亲泥土"这一主题是通过与科学领域、艺术领域和社会领域的融合展开的，而且是以艺术领域为重点，辅以科学领域和社会领域。虽然三个领域都有一些相应的活动，但是这个主题是以艺术领域的相关目标为重点的，所以在活动的开展过程中，艺术方面的活动就比较多，同时也注重领域之间的融合，如艺术领域与科学领域的融合、艺术领域与社会领域的融合。

图 4-5　主题活动网络展开示意图

表 4-1　"亲亲泥土"主题网络与展开简表 [①]

主题	主题活动目标	主题展开视角	教学活动目标
亲亲泥土	1. 感受土的不同特质，如不同土质的柔软与坚硬、光滑与粗糙、疏松与密集等质感，感受影响泥土软硬、粗细等特性的因素，如水量、土质、光线等 2. 欣赏陶器等不同泥土艺术品，感受艺术作品色彩、造型、装饰图案的美，初步体验民间艺术作品中的文化内涵 3. 初步探索与学习捏、塑、雕等用泥进行艺术造型的方法与技能，并尝试运用这些方法与技能进行艺术创作 4. 萌发热爱与亲近大自然的情感，体验艺术创作的快乐 5. 提高主动探究、合作学习的意识与能力	科学领域	活动：和泥 1. 探索泥土怎样变成泥 2. 初步感知泥的特性 3. 愿意分享自己的探索和发现
		艺术领域	活动：做"泥糕" 1. 尝试利用不同模具制作泥糕 2. 在感知泥的特性的基础上，学习玩泥的技巧 3. 能大胆积极地动手操作，创造出不同的造型
			活动1：彩绘人面泥塑——我是谁 1. 大胆运用色彩进行泥塑彩绘 2. 增强色彩的感知能力 3. 学唱歌曲《泥娃娃》 活动2：自由泥塑 1. 尝试运用泥塑的简单技能进行自由创作 2. 增强动手能力
			活动：走进"陶艺"世界 1. 参观陶艺吧，感受陶艺制品的艺术美 2. 了解有关陶艺制作的基本方法，并愿意尝试简单的陶艺制作 3. 初步了解陶艺制品的发展历史
		社会领域	活动：泥巴总动员之策划 1. 对创作的泥制品进行全面展示，尝试策划展示活动的方案 2. 培养团队合作精神

[①] 此表的编制借鉴了《幼儿园课程概论》一书中的相关内容，具体参见王春燕. 幼儿园课程概论 [M].
北京：高等教育出版社，2007：174-175.

二、主题活动环境的初步创设

主题的选定以及主题活动网络的编制都是依据一定的环境基础进行的，为了使主题活动顺利开展，需要对主题活动中的环境进行合理的规划、布置。由于在环境创设初期更多的是针对主题活动开展前和起步阶段的物质环境准备，所以这里主要阐述物质环境的创设。

物质环境的创设是主题活动环境创设的重要环节，在主题活动中，幼儿通过与物质环境的互动来学习，幼儿只有在与环境交互作用的过程中，才能真正体验交往和探索的乐趣，而且环境创设也能激发幼儿不断发现和学习的愿望。主题活动的物质环境创设主要包括以下几个方面：室内空间规划、主题展示区设置、区角环境的布置以及家长和社区资源利用的初步规划等。

（一）室内空间规划

为了促使主题活动顺利开展，教师需要对室内空间进行合理的规划。教学场所的规划取决于主题活动采取的教学组织方式，一般来说，幼儿园在主题活动中采用较多的是集体活动与小组活动相结合、集体活动与区角活动相结合或者是小组活动与区角活动相结合的方式。集体活动与小组活动相结合的方式，要求教师规划集体活动的区域、小组活动的区域，如果室内空间不够宽敞，则需要在小组活动中有效利用集体活动的区域，这样就可以做到空间的合理利用，或者如图4-3那样，有效地规划和利用过道等空间。后两种组织方式也涉及室内空间的合理布局与利用，如小组活动与区角活动的场所如何协调等。此外，关于主题活动中主题展示区与活动区角的安排，一般而言，主题展示区需要一个比较宽敞的空间，这里不仅是主题活动的核心地带，而且也是幼儿光顾次数最多的场所，这就需要教师根据幼儿园的室内面积和活动形式进行灵活的安排。宽敞的空间是幼儿开展主题探究的重要条件之一，如果室内空间太过于狭窄或者教师没有合理安排，就会出现相互干扰的问题。

（二）主题展示区设置

所谓主题展示区，是指在主题活动过程中，在班级或者活动室专门设置的一个区域，如室内墙壁等，辅以相应空间来展示主题活动展开的基本脉络，记录幼儿的学习活动。当前幼儿园大多采取主题墙饰的方式，即选择活动室内的一面墙壁或走廊，辅以相应的空间，并通过对这一墙壁和相应空间的布置来展示和记录主题活动的情况。主题墙饰相当于主题活动中的"隐性课程"，能够多角度、多层次地为幼儿的成长和主题活动的展开提供支撑。从某种程度上讲，主题墙饰已经成为主题活动环境创设的核心部分了。作为物质环境的墙面环境是与幼儿朝夕相处的，与幼儿的互动也是最频繁的，它不仅从视觉感官上带给幼儿有关线条、形状、色彩、构图等因素的刺激，而且当幼儿置身于墙面环境之中时，墙面环境

☞墙面环境有"童心"

就如同一位"不说话的教师",默默地无处不在地传递着教育信息,与幼儿进行着相互作用。

既然主题展示区是整个主题活动环境的核心部分,那么在主题展示区的布置方面就涉及这样一些问题:主题展示区如何进行布置?主题展示区应该记录和展示哪些内容?主题展示区环境创设应该注意哪些问题?以下将针对这几个问题进行阐述。

1. 主题展示区环境创设的整体思路

主题展示区的环境创设往往以主题开展为线索,教师根据主题开展的需要,通过幼儿积极参与构思、创作、安排,与幼儿共同创设与主题相关的展示区环境,包括教师与幼儿在主题活动过程中如何把前面建构的主题网络物化在主题墙上,布置活动的情境背景,以及教师安排与主题墙相应的其他空间。

主题墙以图片、照片、文字、美工作品等形式记录和呈现主题活动的过程和进展情况,记录幼儿的探究过程,帮助幼儿梳理、积累主题活动中的相关经验。主题墙虽然强调幼儿的主体地位和参与性,但是教师不应该随意地将主题墙交给幼儿布置,而是应该有目的地引导幼儿参与设计主题墙的主体结构。在布置主题墙时,教师先和幼儿一起讨论主题墙的布局,然后由教师创作大背景,可用树型网络图或其他方式(如平行展开的方式)来展示主题网络,具体可以根据幼儿园主题墙面的实际状况来安排,然后利用幼儿在活动中收集和创设的图画、符号、实物等来丰富主题展示区。

图4-6和图4-7为"桃树下的小白兔"主题展示区布置的准备阶段,为了在活动室营造一个春天的环境,教师与幼儿一起粉刷了一片草地,画了五颜六色的花,做了各种各样的花,把故事《桃树下的小白兔》的背景呈现在活动室里,栩栩如生的环境陪伴幼儿开始了该主题的探究之路。教师还专门在附近的其他区域为幼儿准备了将来在活动中可能会产生的作品(包括收集的资料和物品、调查记录、绘画作品、制作成果、活动照片等)的展示空间。

图4-6 "桃树下的小白兔"主题展示区布置(1)

图 4-7 "桃树下的小白兔"主题展示区布置（2）①

　　主题展示区是整个主题活动环境创设的指引，系统地呈现了主题活动的内容体系，但是主题展示区不是一开始就定型了的，或者说主题中呈现的这些内容并不是教师在活动之初就完全预设好了的，而是教师根据主题的展开程度与幼儿共同建构起来的。在图 4-6 中，虽然教师初步预设了"风能为人们做什么""春天里的花"和"给朋友写信"三个活动区域，但是这并不代表这三个区域在活动结束时都会按照预期丰富起来，也有可能在活动过程中产生了其他的活动，取代了预设的活动区域。这就要求教师在互动中通过询问幼儿对相关活动的认识和看法或通过观察幼儿在活动中的表现、兴趣等对主题展示区进行调整。通过教师与幼儿不断的互动以及教师的不断调整，最终在主题活动结束时建构出一个内容丰富、布局独特的主题展示区。

　　2. 主题展示区环境创设的基本要求

　　创设主题展示区是为幼儿与环境、幼儿与教师、幼儿与同伴之间的交流提供一个中介和桥梁，促使主题活动不断丰富和深化，最终为幼儿的学习与探究提供一种氛围，为教师与幼儿互动、实现教育目标提供一个载体。主题展示区环境创设的基本要求如下。

　　（1）主题展示区的布置要适合幼儿的发展水平

　　在布置主题展示区时，教师首先要考虑幼儿的可参与性。例如，主题展示区布置的高度和主题展示区展示的方式等。对于主题展示区的高度，有研究者认为，幼儿能够积极有效地参与的主题展示区，高度最好在 1.5 m 以下，而且在展示区的表现手段上也要尽可能多地以图片和实物呈现为主，尤其是对于小班和中班的幼儿来说，图片和实物不仅使主题展示区看起来比较直观、生动，更主要的

———————————

① 图片由广东省佛山市顺德区碧桂园幼儿园提供。

是这种表现手法符合这个阶段幼儿的年龄特征和兴趣需要，到了大班可以逐步在主题展示区中增加文字类内容。

（2）鼓励幼儿参与环境设计与布置

☞幼儿参与主题环境创设

在主题展示区的环境创设中，特别是主题墙的布置，要注意处理好教师与幼儿在主题墙布置中的关系。幼儿是主题墙布置的主体，通过幼儿的智慧和双手布置的环境可以使他们对环境中事物的认识更为深入，参与的积极性更高。但是，主题墙的面积毕竟有限，如何将所有幼儿的智慧和想法展示出来呢？这就需要教师发挥引导、组织的作用，教师应将精力放在怎样启发、鼓励、引导幼儿参与上，有目的、有计划地组织幼儿参与设计、参与收集和准备材料、参与布置与管理。而幼儿参与设计与布置的过程也是幼儿积极学习的过程。下面是一个在布置主题墙的过程中教师鼓励幼儿参与环境设计与布置的案例。[①]

▶【案例 4-1】

按照以往的经验，在主题活动前，教师会按照自己的思路装饰好墙面和区角，幼儿的参与只是象征性的。但在"服装"主题活动中，我改变了这种做法，尝试着和幼儿一起布置主题墙。讨论时，幼儿们兴趣浓厚，有的说："在主题墙上布置一个时装店，店里挂满我们小朋友自己设计的漂亮的衣服。"有的说："太阳下面，我们把各种衣服洗干净挂在绳子上晒干。"还有的说："街上、公园里来往的行人，他们都穿着不同的衣服。"最后，在我的帮助下，幼儿们达成了一致意见：将主题墙分成两部分，一半布置成"娃娃时装店"，另一半取名"晒衣服"。我深深体会到，幼儿参与环境布置，不单纯是一个参与的过程，还是一个认识和学习的过程。这个过程是一个深入的过程，这种深入使幼儿的认知水平不断提高，能力不断增强。

（3）合理利用主题展示区的空间

很多幼儿园的场地并不宽敞，教师和幼儿可以有效利用的墙面更是有限，而且在主题活动中，活动室内设置的众多活动区角以及玩教具和活动材料的储物柜占据了很大空间。这就需要教师在布置主题展示区的时候充分挖掘和合理利用室内外的墙面和空间。相对而言，幼儿园在主题展示区的墙面布置中存在表现手法单一和空间利用率低的问题，往往只是简单地往墙面上粘贴作品，这样不仅使主题展示区显得比较单调，而且墙面只能粘贴纸质的图片等，实物或者其他复杂的作品则不能在墙面上展示出来。随着主题活动的逐渐生成、活动内容的扩展、幼

① 章继红.由"服装"主题重新认识环境的价值 [J].早期教育，2002（1）：34-35.

儿作品的增多，就会出现由于墙面使用面积紧张而无法展示幼儿创作成果的情况。针对这种情形，教师需要利用多种途径来展示幼儿的作品，如主题展示区的空中垂直地带就是一个可以利用的地方，教师可以将屋顶改造为木格的结构，在上面布置装饰物品或悬挂大幅的幼儿作品；或者利用天花板固定玻璃丝带悬挂各种小的作品；或者在主题展示区配置多层的柜子储存大量的实物和不能粘贴的作品。这样不仅改变了主题展示区单调和墙面空间不足的状况，而且也为从多个角度展示幼儿的作品提供了可能。

（三）区角环境的布置

1. 区角环境的整体布置

在主题活动环境创设中，除了要创设主题展示区的环境外，区角环境的布置也是非常重要的，因为主题展示区中展示的幼儿作品在很大程度上依赖区角中幼儿的活动。区角环境的布置状况既影响主题展示区的环境创设，也影响幼儿在主题活动中个体、小组探究活动的质量。虽然主题活动中涉及的区角环境仍然采用常规区角的名称，如语言区、美工区、表演区、阅读区、益智区、建构区、科学区、沙水区等，但是主题活动中涉及的区角环境是有机地把主题目标、主题活动内容物化在区域材料当中的环境。常规区角是经常性地在活动室中设置的活动区域，这种区域的材料投放与某一个主题活动并不密切相关，而是与幼儿的身心发展相关。相对而言，主题活动中的区角，从目标到操作，结构性更高一些，相应活动的目的性更加突出。教师在主题活动的区角中投放材料时，需要不断根据主题目标和活动内容对材料进行调整，以帮助幼儿选择适合自己的方式来对主题进行探究，满足不同水平、不同兴趣幼儿发展的需要。

2. 区角环境布置的操作步骤

在主题活动中，区角环境的布置要与主题活动的主旨一致，主题鲜明，具体包括以下两个方面。

（1）依据主题活动目标规划与布置区角

由于每次主题活动涉及的领域不同，因此，教师要根据具体活动规划与布置主题活动的区角。区角环境的布置应该凸显主题活动的核心目标，突出主题学习的要求。尤其是材料的投放要紧紧围绕主题活动来进行，这样幼儿只要进入区角，就能够感受到正在进行的主题活动，并能"捕捉"到其中蕴含的各种教育信息，进而在主题背景、活动内容和幼儿将要进行的活动之间建立联系。下面的案例就体现了这种联系。

▶【案例 4-2】 ①

教师在开展"过大年"主题活动时，预设了该活动的目标是：以"过大年"为主线，将礼仪、风俗、民间艺术等融入其中，希望幼儿通过本单元的学习，能够知道春节是中国最重要的节日之一，也是中国人家庭团聚的日子；通过了解有关过新年的习俗，激发幼儿对中华民族传统文化的热爱，增进亲子间的交流；通过区域活动的创设，提高幼儿的动手能力及创造力。

教师根据主题活动的主要认知目标"知道春节是中国最重要的节日之一，也是中国人家庭团聚的日子"预设了语言区、益智区；根据情感目标"激发幼儿对中华民族传统文化的热爱，增进亲子间的交流"和技能与策略目标"提高幼儿的动手能力及创造力"预设了生活区、表演区、美工区、亲子游戏区、建构区。

教师和幼儿一起在语言区投放了如下材料：各种与过年有关的图书、画册，各种人们欢度春节的录像片，幼儿与家人过年的照片；益智区投放了师幼收集的各种"年历"；美工区投放了各种美工用具和剪纸、窗花、鞭炮、拉花、中国结等制作示意图和有关样本；生活区设置了一个家庭过年的情境，提供各种生活用品和厨房用具，幼儿可以根据需要布置房间、打扫屋子迎新年，也可以做许多好吃的，等等。

（2）依据主题活动内容呈现与投放区域材料

在主题活动中，教师要根据整个主题活动的目标与计划开展活动，进行材料的呈现与投放。在这一过程中，材料呈现和投放的层次性和针对性也是非常重要的，这就要求教师根据预设的活动进展过程逐步地提供和呈现材料。例如，在上面提到的"亲亲泥土"主题活动中，教师按照活动内容和组织思路在不同的活动区角为幼儿提供了丰富的材料。②

科学区：收集各种透明的罐子或瓶子，便于幼儿收集各种泥土，如沙土、黏土、红土、黑土等。提供植物油、干泥、水等材料，启发与引导幼儿做泥土不干裂小实验。准备一些不同质地的土、泥等，激发幼儿自由玩弄与探索。在此过程中，引导幼儿感受、体验与交流不同质地的土、泥的特性。

美工区：陈列收集到的各种泥制品，张贴各种泥塑作品的图片。教师提供各种可塑性不同的土（泥土、陶土等），各种简易的雕塑工具，以及幼儿做泥塑时的各种围裙、袖套等，便于幼儿开展泥塑活动。在幼儿开展泥塑活动的过程中，

① 参见陈晓芳.幼儿园教育活动设计策略及案例评析 [M].北京：北京师范大学出版社，2007：51-55.
② 王春燕.幼儿园课程概论 [M].北京：高等教育出版社，2007：176.

教师要进行适当的指导，重点指导幼儿学习捏、塑、雕等用泥进行艺术活动造型的方法与技能。教师提供各色颜料，供幼儿给泥塑上色，或做彩泥。如果条件允许，幼儿园可以开辟一个宽敞的玩泥场地，供各班幼儿轮流使用。

阅读区：教师收集有关泥制品的图画书等方面的资料，引导幼儿进行阅读，并分享各自的发现。教师还可以放置一些有关泥制品制作方法的书籍，启发与引导幼儿在自由制作泥制品的过程中查阅这些书籍，借鉴书中介绍的泥制品制作方法。在此过程中，教师要对一些幼儿不懂的地方及时进行指导。

☞通过图画书与幼儿园环境融合来创设良好主题教育

可以说，在"亲亲泥土"主题活动中，科学、美工、阅读三个区角提供的多样材料都是紧紧围绕"泥土"这一主题进行的，这些主题明确的材料，有助于激发和引导幼儿开展相应的活动，便于幼儿在主题活动中积极地与这些区角材料进行互动。

▶【案例 4-3】

镜头一

在"春天"主题活动中，芝芝和涵涵正在语言区进行"打保龄球"的活动。活动规则是：两名幼儿为一组。一名幼儿在距离一排瓶子 2 m 左右的地方"打保龄球"，打倒几个瓶子，就把这几个瓶子上贴的图片内容分别用一句话描述出来，如：幼儿打倒的是贴有"风筝"的瓶子，就需说出："我打倒了春天的风筝，风筝五彩缤纷。"另一名幼儿在纸上记录打倒的瓶子的个数。然后另一名幼儿接着打，游戏轮流进行，直到瓶子全部被打倒为止。先由芝芝来"打保龄球"，她一下子就打倒了两个瓶子，分别贴有"燕子"与"蝴蝶"。她高兴地拿起这两个瓶子，走到涵涵面前说："我打倒了春天的燕子，我打倒了春天的蝴蝶。"涵涵皱着眉说："不行，你说得还不够好听。"芝芝想了想又说："燕子穿着黑色的衣服，蝴蝶是美丽的。"涵涵点点头，接着两人互相交换，由涵涵来"打保龄球"，芝芝来监督和记录。可涵涵刚开始玩的时候，不是把球滚偏，就是用力不够。芝芝着急了，主动对他说："我来教你。"说完，就手把手地教他怎样滚球。当球滚过去打倒瓶子时，涵涵高兴地跳了起来："我也打中了，我也打中了。"说完，他就上前拿起了被打倒的瓶子，对着芝芝说："我打倒了桃花，桃花是粉红色的。"游戏继续进行，他们百玩不厌。

镜头二

几个星期之后，芝芝和涵涵又在语言区玩"打保龄球"的游戏。这次是"勤劳的人们"主题活动。涵涵先"打保龄球"，他非常熟练地拿起球，打倒了三个瓶子，他拿起这三个瓶子，对芝芝说："我打倒了一把建筑工地的铲子，我打倒了一双建筑工人穿的靴子，我打倒了一个建筑工地的榔头。"接着是芝芝来"打保龄球"，她也熟练地拿起球扔向瓶子，一下就打倒了四个瓶子。游戏进行了一轮又一轮，他们对此始终抱着极大的热情。忽然游戏中止了，原来，芝芝和涵涵为量词的使用产生了争执。芝芝说："锯子是一把一把的。"涵涵说："锯子是一副一副的。"两人争执不下。争论中，教师来到了他们中间，然后告诉他们："锯子是一把一把的，有些东西，如手套，可以说一副一副的。"在教师的引导下，他们终于停止了争吵，继续玩游戏。在有趣的"打保龄球"游戏中，他们对建筑工地所使用的工具都能正确地认识，并学会使用准确的量词。[①]

以上案例，教师通过综合运用删减与添加等材料投放技巧，满足了不同主题活动对环境的需求。在主题环境创设过程中，教师利用日常生活中常见的饮料瓶以及幼儿经常玩的皮球作为"打保龄球"的基本材料。在瓶子上贴的图片，则采用在白纸上添画不同内容的方式制作。这些废旧材料或者就地取材的材料，具有很强的开放性，如可以根据需要在白纸上任意画不同的内容，给幼儿留下了更多探索与参与的空间。在"春天"和"勤劳的人们"这两个主题活动中，在环境创设方面，语言区中"打保龄球"的材料基本保持不变，教师只是将瓶子上原来有关春天的图片去掉，贴上了有关建筑工人使用的工具的图片。材料的调整和有效利用，既节省了教师的精力，也顺应了新主题"勤劳的人们"的需要，能持续地吸引幼儿参与。更为重要的是，新主题"勤劳的人们"对幼儿提出了新的要求，由原来使用丰富的词汇描述春天景物的特征发展为正确使用量词描述建筑工人使用的工具。

（四）挖掘、利用社区资源和家长资源

在主题活动中，教师需要从生态系统的角度看待主题活动的环境和资源，家长和社区作为生态系统外围的一个层面，是主题活动环境的一个重要构成要素，也是重要的环境资源。教师要充分了解幼儿园和社区周围的资源，充分利用社区资源，调动家长资源。家长是幼儿园的重要资源库，家长的参与不仅有助于教师更深入地了解幼儿，而且能够为幼儿园提供多种多样的资源。幼儿园在开展主题活动环境创设时，一方面要积极利用社区资源，如"汽车"主题活动，教师积极联系附近的社区，带幼儿参观附近的消防基地，为幼儿了解消防车提供了真实的场景和直接的经验。另一方面，教师可根据需要积极邀请家长参与活动，联合家长共同开展主题活动环境创设。如"汽车"主题活动，在"车是靠什么开动

① 秦元东，陈芳，等.如何有效实施幼儿园主题性区域活动［M］.北京：中国轻工业出版社，2013：92-93.

的？"活动中，教师为了让幼儿更深入地了解汽车的发动机，请一位幼儿的爸爸通过汽车模型给幼儿讲解汽车的原理和结构，并且让这位爸爸把汽车开到幼儿园。幼儿对真实的汽车发动机和其他结构进行分组观察，这位幼儿的爸爸还结合真实的汽车讲解有关原理。

充分挖掘并有效利用幼儿园周围与主题活动相关的资源，可以在主题活动中形成一个由幼儿园班级环境、幼儿园环境、幼儿园家长以及周边社区环境构成的逐步扩展的生态环境资源网络。

三、主题活动环境的初步创设示例与评析

▶【示例 4-1】

"天气"主题活动环境创设[①]

一、主题由来

天气每天都在发生着变化，并且与幼儿的生活息息相关，所以大班幼儿对天气的变化产生了巨大的兴趣，充满了探索的欲望。为了鼓励幼儿发现及认识天气变化的原因和规律，以及天气变化和人们生活的关系等，教师设计了"多姿多彩的天气""我喜欢的天气""有趣的天气图标""气象小专家"四个系列活动，使幼儿通过亲身体验和感受，在教师的带领下进行探究，由浅入深地发现有关天气的各种知识，了解、发现天气变化对人们生活的影响，从而提高幼儿的认知能力，增强幼儿对气象知识的兴趣。

二、主题活动目标

详见主题活动网络图（图 4-8）中各个领域的目标。

三、班级主题活动环境创设

（一）主题墙饰

将主墙分成上、下两个部分，上半部分随主题（如雨天、晴天、雪天等）变化不断更换内容。例如，在进行雨天活动时，教师和幼儿可利用多种方式制作或画出动物、植物、人在雨天里的活动。下半部分对应上半部分的内容做知识的扩展。例如，教师可让幼儿收集各种有关雨的信息（如不同的雨、雨给人们生活带来的益处和害处）展示在墙面上，并通过讲故事等方式讲述雨的形成。

在一面辅墙上设计一副天气棋，并鼓励幼儿在游戏时间玩天气棋。

---

① 参见冯惠燕. 幼儿园汉英整合课程探索［M］. 北京：北京师范大学出版社，2009：203-206.

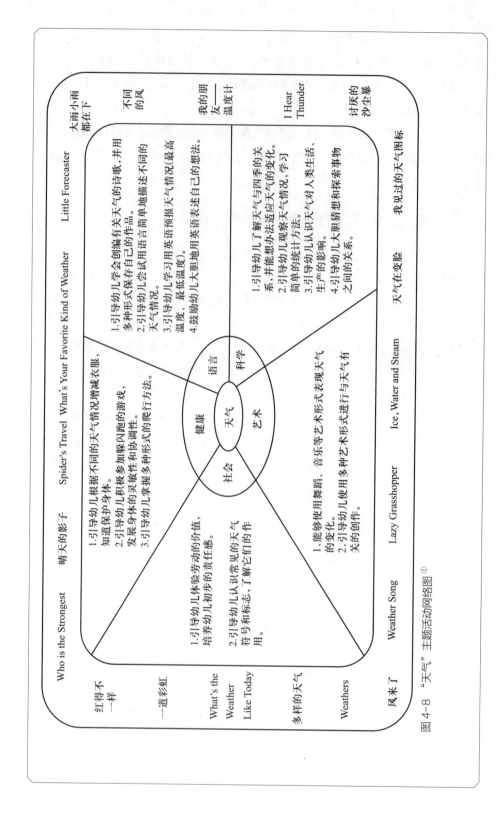

图 4-8 "天气"主题活动网络图①

① 参见冯惠燕. 幼儿园汉英整合课程探索 [M]. 北京：北京师范大学出版社，2009：203-206. 有改动。

（二）区角设计与布置

1. 美工区

投放各种废旧材料，鼓励幼儿大胆设计、制作不同天气的小图标，如代表不同天气的表情图、代表不同天气的天气符号；制作爱心提示卡，内容涉及穿衣、喝水、护肤、护眼等。

2. 表演区

引导幼儿创编情景故事，启发幼儿自主选择各种能发出声音的物品来表现各种天气的音响效果，和幼儿共同制作各种天气表情面具。

3. 阅读区

运用收集的各种天气资料，制作天气小常识的图书。

用废旧纸盒制作一个"电视"，和幼儿的图画一起放在天气预报栏。幼儿可根据天气情况，选择相应的图画插入"电视"里，学习天气预报员，播报天气预报（描述图片的内容）。

设置天气预报角，幼儿通过操作可替换的天气图片和文字来发布每天的天气情况，并记录每日的最高和最低气温，制作每月温度统计表和每月天气情况统计表。

4. 科学区

小实验"精彩无极限"。鼓励幼儿根据有关坡度和速度的知识经验，设计与众不同的滑雪道。

（三）家园共育

家长和幼儿收集各种有关天气的图片、照片、文字等资料，了解不同天气对我们生活的影响。

家长和幼儿一起记录在不同的天气情况下最适合做的事情，引导幼儿根据天气合理安排自己的活动。

请幼儿根据天气变化，自己选择适宜的衣服。

请幼儿回家收听天气预报，第二天为大家播报当天的天气情况，并记录在天气预报栏上。

▶【评析】

在"天气"主题活动环境的初步创设中，教师在主题选择、主题网络建构的基础上，根据活动目标和内容初步创设了主题活动的环境。从主题的由来看，"天气"是幼儿每天都要接触的，这就为幼儿参与后面的主题网络建构和环境创设奠定了良好的基础。"天气"主题活动环境创设根据"天气"主题活动在五大领域中的活动目标和初步预设的内容展开。从环境创设角度看，一方面教师对主题展示区进行了规划与布置，在主题墙的布置过程中提出了一个基本的布置轮廓，而且对以后如何逐步丰富主题墙也提出了基本的思路，较好地处理了预设活动环境布置和将来生成活动环境布置的关系。另一方面教师为主题活动中涉及的区角——美工区、表演区、阅读区、科学区提供了一些主题活动中将会用到的基本材料，并对这些材料的具体操作有一个初步的目标指向，这有助于教师在活动中通过观察更有针对性地投放材料。尤其重要的是，无论是主题墙的布置还是区角的材料操作，教师都积极地引导幼儿参与其中并进行积极的探索。此外，从广泛利用各种家长资源和社区资源的角度看，"天气"主题活动在环境的初步创设中也很好地利用了家长资源，体现了主题活动环境创设家庭、社区积极参与的原则。从环境布置的针对性和全面性的角度看，"天气"主题活动环境创设为幼儿开展这一主题活动提供了一个良好的探索条件。

▶【示例 4-2】

"汽车"主题活动环境创设 [①]

一、主题的产生

"汽车"是梅林一村幼儿园中班的一个主题探究活动，一共进行了5 周。

在"梅林一村我的家"主题活动中，幼儿的表现让教师留意到汽车。在与幼儿一起讨论小区的设施时，幼儿不约而同地想到了梅林公共汽车总站。他们对总站开出的车和从这里途经的车如数家珍，一个幼儿一口气报出了所有途经这里的公共汽车和大部分巴士的名称，一阵热烈的掌声之后，幼儿开始讨论去哪里应该坐哪一路车，哪路是空调巴士，哪路是双层巴士，这路公共汽车和那路公共汽车有什么不同……在建构活动中，幼儿留了一大块地方搭建小区的停车场和公共汽车站，还提出自己家里有很多"汽车"，希望带来放在我们为小区建设的"停车场"中。

在平时，幼儿对车也是非常感兴趣的，车经常是幼儿谈话和玩具分享的主要内容，它在幼儿生活和游戏中占据重要的位置，于是教师和幼儿一起商量决定了下一个主题活动的内容——汽车。

二、预设学习目标

---

① 参见深圳市梅林一村幼儿园.探索心智的教育：课程篇 [M].长春：吉林美术出版社，2003：120-127.

1. 收集各种关于汽车、交通的资料，并学会自己分类、整理。

2. 从名称、种类、用途、颜色、大小、形状、构造等方面认识和描述常见的汽车，观察比较它们有哪些不同。

3. 简单了解汽车的发展历史。

4. 学习各种分类、测量的方法，也可自己设计测量的方法。

5. 观察探索汽车的内部结构，知道主要部件的名称和用途。

6. 学习做汽车的观察记录和考察报告。

7. 认识红绿灯及常见的交通标志，了解交通常识，懂得乘车安全。

8. 学习建构汽车和停车场，在建构活动中能运用已有的知识经验，并与其他同伴合作。

9. 分析汽车的用途和带来的坏处，加强环保的意识。大胆设计未来的汽车，并尝试绘制模型。

三、"汽车"主题活动网络图（图 4-9）

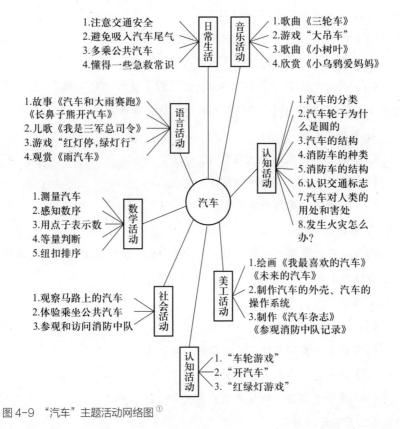

图 4-9 "汽车"主题活动网络图 ①

---

① 参见深圳市梅林一村幼儿园. 探索心智的教育—课程篇［M］. 长春：吉林美术出版社，2003：120-127.

四、"汽车"主题活动环境创设

（一）区角环境创设

1. 美工区

（1）幼儿绘画作品展示：《我最喜欢的汽车》《未来的汽车》

（2）幼儿模型制作展示：汽车的外壳、汽车的操作系统、我喜欢的汽车品牌标志等。

2. 语言区

（1）各种有关汽车的谈话记录。

（2）故事图片"汽车和大雨赛跑"。

（3）儿歌图片"我是三军总司令"。

（4）研究报告展示：《汽车杂志1——汽车的外壳有什么》《汽车杂志2——汽车的操作系统有什么》《汽车的分类》《参观消防中队》等。

（5）"汽车"等汉字的书写范例。

3. 认知区

（1）图片展示：各种各样的汽车。

（2）汽车结构图示、汽车发展历史图片。

（3）交通标志图、怎样过马路的图示。

（4）关于汽车轮子的实验报告，"急救电话和急救车辆""注意交通安全""注意乘车安全""汽车的分类统计"等作业单。

4. 建构区

（1）展示各种汽车的大幅图片。

（2）展示各种幼儿制作的交通标志。

（3）与汽车相关场所的标志。

5. 角色区

布置汽车大世界：汽车分类、大世界标志、工作人员标志、汽车标价、宣传海报等。

6. 其他

（1）展示亲子制作的汽车模型。

（2）设立分类停车场，展示各种玩具汽车。

（3）图示：如果起火了怎么办。

（4）亲子总结活动的作品展示。

（二）家长参与

1. 预先了解主题的目标和内容。

2. 协助孩子一同收集有关汽车的资料，如画报、书籍、模型、玩具等。

3. 在休息日带孩子参观汽车大世界以及停车场、加油站、洗车房等场所。

4. 和孩子一同关注汽车以及与汽车相关的事物。

5. 记录孩子在"汽车"主题活动进行过程中的相关言行等。

▶【评析】

"汽车"主题是教师根据幼儿在上一个主题活动中对汽车表现出来的兴趣，以及发现幼儿在日常生活中对汽车有持续兴趣的基础上生成的。从主题活动环境的创设来看，主要集中在主题活动涉及的区角环境布置方面，其中涉及了美工区、语言区、认知区、建构区和角色区等区角，而且也充分挖掘了社区资源和家长资源。在这一主题后面的活动中，教师不仅带领幼儿去观察马路上的汽车，带领幼儿去参观消防车，而且把家长请到幼儿园为幼儿讲解汽车的结构和原理，在此基础上幼儿创设了汽车发展历史的作品展示区。但是从上述环境创设的计划中发现有以下几个方面是值得注意的：第一，整个活动环境的创设教师预设的成分太多，幼儿在环境创设中的作用没有得到充分显示；第二，各个区角中的材料投放缺乏一个清晰的思路，认知区、建构区和角色区在材料投放上针对性不是很强，在这三个区角中，投放的材料基本都是以图片为主，而建构区投放的材料应该是能够让幼儿动手对汽车进行探究的材料。

主题活动与传统的分科活动相比，对环境的依赖性非常高，如果教师创设的环境缺乏针对性，且对提供的材料缺乏详细地规划，那么即使教师在不同的区角中为幼儿提供了大量的材料，也难以为幼儿提供一个良好的探索环境。

第四节 主题展开过程中环境创设的跟进

在主题活动中，环境是主题活动的载体，随着主题活动的开展和深入，环境创设也随之不断丰富和充实，发挥激发、过渡以及成果展示的功能。相对而言，在主题活动环境的初步创设中，物质环境的准备是非常重要的。随着主题活动的逐步展开，主题展示区环境的不断丰富与调整，操作材料的增补以及教师创设良好的氛围、提供适宜的指导这些方面成为主题展开过程中、环境跟进过程中需要关注的问题。

一、主题展示区环境的跟进

（一）主题展示区环境的动态跟进

主题活动环境创设是一个动态过程，环境创设既发起了主题活动，也延伸了主题活动。环境的跟进能够有效激发幼儿探究的兴趣，达成活动的目标，促进幼儿的主动发展，主题展示区环境的动态跟进可以从以下两个方面理解。

1. 环境的跟进要依据主题活动的展开和幼儿的探索状况进行

主题展示区要引领主题、渲染主题氛围，主要展示主题活动的内容、发展脉络、相关信息资料以及幼儿的作品等。但主题展示区不是一成不变的，是伴随主题活动的展开逐步丰富起来的，需要根据活动目标的变化和活动的实际需要进行调整。幼儿在主题探索过程中，随着活动情境和操作材料的变化，会产生许多新的兴趣点，教师要善于观察，关注幼儿的兴趣点，及时捕捉有价值的要素，创设问题情境，提供环境的支持，调动幼儿已有的经验去生成新的主题活动。

2. 环境跟进过程中应为幼儿提供更多参与活动的机会

在主题活动环境的跟进过程中，幼儿不仅是环境的使用者，也是环境的创设者。如果在环境跟进过程中仍然是教师主导环境创设，并且注重的是静态装饰性环境的话，那么就难以激发幼儿的主动参与，实现幼儿与环境的有效互动，也使环境失去了教育和促进幼儿发展的价值。因此，教师要在环境跟进过程中，通过不断创设与幼儿相互作用的环境，鼓励幼儿参与环境的创设，具体可以从以下两个方面着手。

一是积极引导幼儿根据主题活动的进展，搜集与主题活动相适宜的材料。材料是环境创设的要素之一，幼儿搜集材料的过程就是思考如何创设环境的过程，而且幼儿亲自搜集的材料所隐含的信息能成为环境创设的线索，让幼儿有了更多的选择空间，这不仅有利于提升环境创设的效能，而且真正为幼儿提供了一个能与他们进行有效互动的行为环境。这种环境不仅是影响幼儿学习的重要因素，也为教师在主题活动中及时补充教育资源、提供多元选择、提出建设性建议提供了支持与来源。正如瑞吉欧学前教育系统的创办人马拉古奇所说："站在旁边等一会儿，留出学习的空间，仔细地观察幼儿在做什么，然后加入，你的教法也许与从前大不相同。"[①]

二是鼓励幼儿参与环境创设。在环境跟进过程中，环境中的材料要随着主题活动的开展及时补充或更新，不能总是一成不变；不能只是幼儿作品或者收集资料的零散展示，要充分体现幼儿的主体性。教师应让幼儿充分参与环境的跟进过程，与环境形成良性互动，使环境成为幼儿的表达空间，体现出多样性和层次性，满足不同幼儿的发展需要。在为幼儿布置作品展示区的过程中，教师要鼓励

---

① 屠美如 . 向瑞吉欧学什么 :《儿童的一百种语言》解读［M］. 北京：教育科学出版社，2002：27.

幼儿依据自己的想法与需要展示作品与所收集的材料。虽然展示区在刚开始布置时，可能比较零乱，不够美观，但是教师要先让幼儿尝试，给予支持和鼓励，帮助他们积累相关的展示区布置技能、技巧。幼儿主动参与环境创设，会对环境的变化产生期待，由期待又萌生了进一步参与的兴趣。在开放的环境中，幼儿可以随时与环境互动。在与环境的互动中，在与同伴的交流中，幼儿实现了经验的交流、信息的传递，并使主题活动环境的创设伴随主题活动开展的日渐深入不断完善。

（二）主题展示区环境跟进的案例[①]

案例"多彩的秋天"和"桃树下的小白兔"可以让我们了解主题活动开展过程中环境的跟进。

> ▶【案例 4-4】
>
> 　　在大班"多彩的秋天"主题活动中，教师与幼儿以秋天的叶子、秋天的果实、秋天的气候等为线索对主题展示区进行布置。教师和幼儿一起在活动室挂上金黄的树叶，共同布置以秋天为背景的主题墙面，但是秋天叶子的种类、形状和秋天的果实都是空白的，需要教师与幼儿在活动过程中逐渐地丰富。教师带领幼儿在幼儿园的花园和附近公园观察，区分落叶的颜色，讨论为什么树叶会变黄；收集各种形状的叶子，并将各种收集起来的树叶做成一棵"多彩的秋天大树"。在开展"秋天的叶子"活动后，随着幼儿对叶子的了解，幼儿心目中的各种各样的叶子也开始呈现在图画上了。在"秋天的叶子"这一活动区域中，不仅有了实物，而且有了幼儿创作的大量作品。教师将幼儿的绘画作品及时在主题展示区展出，有的悬挂在天花板上，有的贴在主题墙上。幼儿经常围着看，并相互介绍自己是怎样画叶子的，有些幼儿还津津有味地介绍自己在电视上看到的世界各地不同植物的叶子。在开展"秋天的果实"活动过程中，教师一方面发动家长帮助孩子收集秋天的果实，另一方面带幼儿外出秋游，到附近的菜园参观农民伯伯收玉米、挖土豆、拔萝卜等。幼儿在秋游中收集了玉米、萝卜以及其他蔬菜的叶子，回来后，幼儿与教师进一步丰富了"秋天的叶子"区域的环境，使幼儿更加全面地了解叶子的种类之多和形状之奇特。在"秋天的气候"活动开展后，教师发现幼儿由于缺少与其他季节的对比，对这个活动的兴趣不大，于是教师就把主题展示区中"秋天的气候"区域取消了。此外，秋天是个水果丰收的季节，教师让每个幼儿都带一个水果，举行"水果品尝会"，请幼

---

① 案例 4-4、案例 4-5 与图 4-10、图 4-11 来源于广东省佛山市顺德区碧桂园幼儿园，案例有改动。

儿介绍水果的名称和吃法。在此过程中，教师觉察到幼儿认识了各种各样的水果，而且逐渐对水果的味道和形状、颜色和用途等产生了兴趣，于是教师根据幼儿对水果的探索，布置了新生成的活动"水果的秘密"的主题墙，并与幼儿一起收集各类水果、水果制品的图片，绘制各种水果，并把这些材料放在主题展示区中，逐渐生成了一个预设计划之外的环境。

▶【案例 4-5】

　　主题活动"桃树下的小白兔"，教师与幼儿围绕三个内容"风能为人们做什么"、"花"和"给朋友写信"开展了主题探究活动。最先开展的是"给朋友写信"，在与幼儿阅读和分享故事的过程中，教师发现幼儿萌生了给自己的朋友寄一片桃花瓣、寄一封信的念头，于是教师引导幼儿开始了这一活动。在活动中，教师为幼儿准备了写信需要的笔、信纸和各色各样的自制信封用的彩色纸以及胶水等。幼儿们非常兴奋，一直在讨论给谁写信、要写什么内容等。信写好了，怎样寄出去呢？有的幼儿想到了故事中的情节，说"风可以帮我们寄信的"。教师与幼儿把这些"写给朋友的信"及时地展示在主题展示区。在接下来的"风能为人们做什么"活动中，教师一方面为幼儿提供了有关风的图书、视频等资料，另一方面让幼儿回家通过电视、报纸或者与父母交流等多种途径了解风的功能。经过一段时间的探究，幼儿逐渐总结出了"风能给人们带来氧气和好的心情，也能给人们带来灾难""风能把我们吹得很凉快""风可以把我的头发吹起来"等，教师把幼儿探索总结的"风能为人们做什么"的结果及时地呈现在主题墙上（见图 4-10）。在接下来的"花"的活动中，教师带领幼儿开展了"赏花画花""制作花标本""用花扩词""花的结构知识竞赛"等活动。

　　随着主题活动的深入，布置主题展示区所使用的材料也越来越丰富，幼儿把从幼儿园、家中收集到的各种各样的花制成标本悬挂在活动室里；在进行到"赏花画花"活动时，幼儿不仅把拍摄的花的照片带到活动室中，还用不同的材料，如水粉颜料、蜡笔、马克笔等绘制了各种各样的花。随着探索的深入，班级里的"花"越来越多，有迎春花、桃花、一串红等。在教师的指导下，幼儿利用各种皱纹纸、蜡光纸、报纸、塑料花瓣等材料制作出各种各样的"小花"和"树"，班级变成了一座美丽的花园。

图 4-10 "桃树下的小白兔"活动中的主题墙

　　接着幼儿又用收集到的各种新鲜的花制作了插花,摆在主题展示区,由于主题墙面积狭小,墙面上只展示出了主要的活动板块,幼儿大量的作品或分类摆放在作品展示区,或悬挂在活动室上方。在活动结束时,最初空白的主题墙已经变成一个内容充实、表现风格多样的主题墙了(见图 4-11)。

图 4-11 "桃树下的小白兔"活动结束时的主题墙

二、主题活动区角环境的跟进

　　主题活动区角环境的跟进主要包括操作材料的增补和区角的调整。材料是幼儿在主题活动区角中最主要的操作对象,是幼儿与环境对话、教师与幼儿互动的重要媒介。虽然教师在活动初期已经在活动区角准备了相应的操作材料,但是这些材料并不是一次性地投放到这些活动区角中的,而是要根据主题活动的推进和需要逐步、有间隔地投放。主题活动区角中材料的增补也不是教师一个人的事情,而是要根据具体的情形有针对性地进行增补,如有的材料是教师根据活动中幼儿活动状况为幼儿提供的;有时为了使活动顺利进行下去,幼儿需要自己去收集材料，收集材料的过程也是一个重要的学习过程。除了材料的合理投放外，在主题活动中，教师有时要根据活动需要增加相应的区角。下面主要从材料增补的针对性角度进行简单阐述。

主题活动区角材料的增补要针对主题活动的主要内容和进度有层次、有针对性地提供，以便给予幼儿持续的刺激，这样才能充分地调动幼儿探索和创造的积极性。

例如，在"花"的主题活动中，教师在集体教学活动中组织幼儿初步认识了花，与此同时，在区角中投放了一些与花有关的材料。幼儿在通过集体教学活动获得的相关经验的基础上，开展了一些区角活动，有的在美工区围绕"花"进行绘画，有的给同伴讲解花的结构。教师发现美工区的幼儿只会用一些简单的方法进行绘画，不久就失去了兴趣，便适时组织幼儿讨论如何进行绘画（包括表现手法、使用材料等方面），并通过开展集体教学活动、查阅相关图书等，帮助幼儿丰富绘画经验。在此基础上，教师又在阅读区有针对性地投放了介绍花的不同表现手法的图画书，在美工区展示了如何用撕纸的方式制作花、在玻璃瓶上面绘制花，引导幼儿开展更为复杂的"花"的绘画活动。

下面的案例从区角调整与活动材料丰富的角度为我们展示了在主题活动中区角环境的跟进。

▶【案例4-6】[①]

小班主题活动"我爱我家"的目标是培养幼儿的爱心，关爱家人。为了能让主题活动顺利开展，教师事先进行了一些准备工作：根据这个主题中的一个活动"我家的房子"，教师把各个区角的名称改了一下，例如探究区叫作"玩具房"、计算区叫作"游戏房"、语言区叫作"小书房"、美工区叫作"美工房"、娃娃家叫作"娃娃房"，还有植物区叫作"小花房"。教师把整个活动室布置成家的样子，从而让幼儿更加深刻地了解每个房间的作用。

区角划分好了，在随后开展的活动中，教师与幼儿依据主题活动的需要，对各个区角进行了丰富和调整，在各个区角投放了相关主题的材料。例如，教师在娃娃房与幼儿一起制作了小床、冰箱、电视机和小圆桌等，并且让幼儿的父母带来了孩子的照片和全家福照片，此外还临时增加了父母的衣服、裙子、假发、领带、眼镜等，让幼儿扮演爸爸妈妈，深刻地体会当爸爸妈妈的乐趣，同时也理解爸爸妈妈的不容易（见图4-12，其中左边柜子中家长的衣物等是在活动中增加的）。在小书

---

① 案例4-6与图4-12来自广东省佛山市顺德区碧桂园幼儿园，案例有改动。

房里，教师分了两个区，一个区放幼儿园的图书，另一个区放幼儿自己带来的图书。教师还投放了一些泡沫坐垫，让幼儿在轻松舒适的环境下阅读图书。在玩具房里，教师不断地把幼儿自己带来的玩具增添到这个区域中。在美工房里，由于教师在活动过程中发现幼儿特别爱涂涂画画，所以在原有材料的基础上，增加了各类废旧报纸和其他的物品，让幼儿在自由活动时间涂涂画画或者制作手工作品。

图 4-12　娃娃房区角的布置

三、主题活动展开中精神环境的有效支持

主题活动展开过程中除了需要上述提到的物质环境方面的跟进外，精神环境的有效支持在主题活动的展开过程中也很重要，二者缺一不可。精神环境作为一种潜在的状态，对幼儿的学习态度、学习动机和社会性等方面的发展具有潜移默化的作用。"打一个形象的比方，物质环境好比是儿童发展赖以展开的舞台，舞台的布景再好，如果儿童不去使用也毫无意义。因此，物质环境之所以与儿童的发展有关，其客观存在只是前提，真正重要的是儿童生活中的重要他人能够提供条件和机会让儿童与物质环境相互作用。而儿童所处的精神环境，包括他人与儿童所形成的人际关系的质量及精神抚慰便在很大程度上决定着儿童是否能够获得这种条件和机会。"①

在幼儿园主题活动中，精神环境是一种幼儿在活动中可以感受和体验到的潜在氛围，它通过对幼儿活动的动机、心理状态的影响进而对幼儿在主题活动中的参与状况、认知发展等产生影响。班级的精神环境主要体现在教学氛围、人际交往等方面。教学氛围是在集体教学活动过程中形成的一种情绪、情感状态。积极愉悦的教学氛围有利于幼儿的主动探索，有利于教师在有效互动中及时了解幼儿

---

① 庞丽娟．教师与儿童发展 [M]．2 版．北京：北京师范大学出版社，2003：313.

的学习状况，更重要的是有利于师幼之间、同伴之间的积极情感交流和信息交流。人际交往主要包括教师与幼儿之间、幼儿与幼儿之间在主题活动中建立起来的师幼关系、同伴关系。基于此，在主题活动精神环境的创设中，教师需要注意以下两个方面。

（一）创设积极愉悦的主题活动氛围

主题活动氛围是指教师与幼儿在主题活动过程中形成的一种情绪情感状态。主题活动过程既是信息交流的过程，也是情感交流的过程。在主题活动中，和谐、愉悦的活动氛围，是鼓励幼儿与周围人、事、物相互作用的重要条件，积极的情感氛围对于幼儿积极参与活动至关重要。一般而言，教师的态度、期望、课堂行为、教学方法等都是直接影响情感氛围的无形因素。教师在活动中对幼儿探索行为的支持、积极的言语鼓励、适时的启发和引导对于幼儿来说营造了一种宽松和谐的氛围，这不仅有助于鼓励幼儿用自己所学的知识做出相应的选择，保持学习兴趣，而且能为幼儿提供情绪上的支持，使幼儿能够充满自信地、大胆地探索周围的环境和积极地表达自己的想法，有助于幼儿自信心、独立性和责任感的培养。

☞支持性环境
的创设策略

（二）创建和谐的师幼关系

在主题活动中，教师与幼儿、幼儿与幼儿之间的关系直接影响着主题活动的开展和幼儿的参与状况。主题活动中的师幼关系作为一种人与人之间具有情感色彩的人际关系，深深影响着主题活动的进程与效果，也影响着幼儿的学习。和谐的师幼关系能够为幼儿提供有助于学习的情感氛围，使幼儿在活动中学习积极性高涨、情绪饱满。在主题活动中，教师在与幼儿建立良好关系的过程中，应当注意以下两个方面。

1. 尊重幼儿在主题活动中的主体地位

师幼关系是教师与幼儿在主题活动中通过互动建立和发展起来的。教师只有把幼儿当作积极、主动发展着的个体来看待，尊重幼儿在主题活动中的主体地位，才会允许幼儿自由地选择活动的材料和决定如何使用材料。在主题活动中，尊重幼儿的主体地位，一方面，教师需要正确地认识自身与幼儿在活动中的角色。在主题活动中，幼儿是活动的主体，教师不是扮演裁决者的角色，而是良好互动环境的创设者、积极师幼互动的组织者以及幼儿发展的指导者和促进者。在主题活动中，教师只有对自身的角色有恰当的定位，才可能更多地关注幼儿的需要、兴趣、见解，也才能更有效地与幼儿对话、沟通，理解幼儿。另一方面，教师在与幼儿交往中，要营造对幼儿具有激励作用的良好精神氛围（平等、期望、宽松、理解、激励），这种氛围能激发幼儿主动探究的欲望和积极交往的动机。在下面的这个主题活动"蜗牛"中，教师不仅尊重幼儿在活动中的主体地位，而且随时根据幼儿的反应进行积极引导，为幼儿营造了一种良好的参与和探究的精神氛围。

> ▶【案例 4-7】①
>
> 　　在一次户外活动中，一个偶然的机会，有个幼儿捉到两只小蜗牛，班里的幼儿产生了很大的兴趣。经过几天的探索观察后，幼儿了解了蜗牛身体的主要组成部分：触角、眼、嘴、身体、硬壳。看到幼儿对蜗牛感兴趣，于是我们开展了"蜗牛"主题活动。一天中午，我在活动室里布置主题网络图，把写好的文字标志贴上去，然后站在一旁满意地欣赏着。这时楠楠走来问我："老师，你在看什么呀？你写的是什么东西？我们一点也看不懂。"我一下愣住了。我回想到：有几次几个幼儿站在主题网络图前，爬上小椅子（我把主题网络图布置在高出幼儿视野的墙面上），他们的小手在图上摸着、看着，湿乎乎的手把主题网络图都抹花了（主题网络图用黑色水性记号笔记录）。
>
> 　　于是，我征求幼儿们的意见："老师是把你们看到的、学到的本领记下来。可是你们不认识字，你们有什么好办法让走进我们班的每个人都能看懂网络图。"幼儿们开始了热烈的讨论："可以画下来""可以自己用橡皮泥做些东西"……经过一番讨论后，我们决定用图画的方式表示主题网络图，幼儿们为这个建议欢呼起来。接下来的工作就是如何画。按幼儿掌握的蜗牛身体形态的知识，蜗牛可分为眼、两对触角、身体、硬壳、嘴，于是我和他们着手作画。幼儿观察后指出蜗牛的两对触角不一样长，长一点的蜗牛触角上有眼睛，所以画上个圆圈。身体是长长的、圆圆的，一头粗，一头细（幼儿还不会用圆柱、长圆形表示），我引导："硬壳的花纹形状像什么呢？""用什么图表示呢？"文文说："花纹像蚊香，一圈一圈的。"莉莉说："蜗牛壳像爸爸喝的老酒瓶底，也有一圈圈的花纹。"在此，我真的感叹幼儿具有如此丰富的想象力，庆幸及时听取他们的意见。更有意思的事是描画嘴巴。大家提议画一个弯弯的、向上翘的图案，像月亮的嘴巴，因为蜗牛在笑。我当时就拿油画棒画了一个大大的嘴巴。可是亮亮马上冲上来说："老师画错了，不对的，不是这样的。"看着他急切的样子，我很奇怪："没错呀！是个笑笑的嘴巴呀！"亮亮说："小蜗牛的嘴巴是很小的，我们很难找到的，不是像老师画的那样的大嘴巴。""噢，原来是这样。"我一下子明白过来了，这张嘴巴就由帮我挑毛病的亮亮画。果然，他画的是个小小的嘴巴：这样一来，大家都满意了，也调动了幼儿的积极性，以更高的热情

---

① 资料来源于福建省龙岩市永定区实验幼儿园网站。

> 把活动深入下去。

2. 从情感上真诚地对幼儿及其活动进行关注

在主题活动中，教师与幼儿建立的关系，不仅包括教学关系，还包括情感关系。人本主义心理学家罗杰斯认为建立新型的师生关系，最主要的就是要求教师对学习者抱着真诚、理解和接受的情感态度，并创造这样一种氛围，在其中与学习者平等相处，坦诚相待。

从人本主义心理学的视角看，在主题活动中，教师不仅要与幼儿有认知上的交流，更要有情感上的互动，这样才能从根本上营造一种和谐的氛围。这就需要教师对幼儿、幼儿的活动保持关注和兴趣，关注和兴趣是一种发自内心的情感和态度，其外在表现是在与幼儿交往时，教师能够真诚地接纳每个幼儿，并且力图从幼儿的角度来体验他们在活动中此时此地的感受。当教师真正关注幼儿和幼儿在主题活动中的状态时，就会有意识地观察、了解幼儿当下的需要、情绪状态及感兴趣的话题，不仅能够在言语、体态、手势、面部表情、眼神等方面表现出对幼儿及其当下状态的关注，而且能从心理上贴近幼儿，从心理上参与到幼儿正在进行的活动中。这时教师对幼儿、幼儿当下的活动的真诚关注和感兴趣就能够与外在的一系列表现自然地融为一体，并能为幼儿所感知，从而为建立和谐的师幼关系创设良好的情感基础。

阅读推荐

1. 王春燕. 幼儿园课程概论［M］.3 版. 北京：高等教育出版社，2019.

该书主要介绍了幼儿园课程的内涵与类型、幼儿园课程开发模式与设计取向、幼儿园课程目标、幼儿园课程内容的选择与组织、幼儿园课程的实施、幼儿园课程评价、幼儿园教育活动设计、中西方经典幼儿园课程理论与方案以及幼儿园园本课程等内容。该书是幼儿园课程领域内容较新、较全面的一本教材。

2. 冯晓霞. 幼儿园课程［M］. 北京：北京师范大学出版社，2000.

该书主要介绍了幼儿园课程的概念、幼儿园课程编制的基本原理、国内外几种较有影响的课程方案及其理论基础、几种类型的幼儿园教育活动的设计，内容全面、语言精练。

3. 郑健成. 学前教育学［M］. 上海：复旦大学出版社，2007.

该书主要包括学前教育基本概述，教育机构里的学前教育，学前教育课程的基本问题，学前教育课程的目标内容与组织，学前教育课程的实施与评价，幼儿园日常生活活动、游戏、教学活动，学前儿童班级保教工作管理，学前教育机构与家庭、社区、小学等内容。

4. 陈晓芳. 幼儿园教育活动设计策略与案例评析［M］. 北京：北京师范大学出版社，2007.

该书主要介绍了幼儿园教育活动设计的基本策略，从活动目标、内容及方法等方面提出了一些基本的设计策略。全书分为理论篇与实践篇两部分。理论篇从教育活动目标、内容、方法层面论述幼儿园教育活动设计策略分析，从活动方案预设计策略、生成策略以及"预设"与"生成"转化策略三个方面分析了主题活动方案设计策略。实践篇包括小、中、大班活动案例及分析，小、中、大班主题活动设计方案及反思分析。

思考与探索

1. 查找主题活动的相关书籍，或浏览相关网站，选取几个你认为主题活动环境创设比较好的案例，尝试分析其特征。

2. 以小组为单位，设计一个主题活动环境创设方案，向其他小组介绍本组的主题活动环境创设思路，特别对环境创设过程中为什么按照这种思路开展进行解释，并相互评价各组主题活动环境创设方案的优点与不足。

3. 以个人或小组为单位，对附近幼儿园的教师展开调查，从主题展示区环境布置与区角环境布置两个方面了解这些教师在开展主题活动过程中是如何创设主题活动环境的。

4. 你认为在主题活动环境创设中，教师、幼儿以及家长在其中各自起着什么样的作用？教师如何调动幼儿与家长积极参与主题活动环境创设？

5. 你认为班级主题墙创设存在哪些误区？应采取哪些策略避免误区？

6. 在"主题活动环境的初步创设"与"主题展开过程中环境创设的跟进"两个环节中，教师对环境的关注发生了哪些方面的变化？

第五章
幼儿园活动区与功能室的环境创设

　　教育是要在儿童自身的基础上，过滤并运用环境的影响，以培养加强发挥这创造力，使他长得更有力量，以贡献于民族与人类。教育不能创造什么，但它能启发解放儿童创造力以从事于创造之工作。

——陶行知

　　环境变化的程度越高，人格改变的程度也越高。

——华生

□ 内容提要

　　本章分为三个部分，第一部分主要讨论常设活动区的环境创设，介绍了常设活动区环境创设的基本要求及美工区、建构区、表演区等各类活动区的环境创设；第二个部分主要讨论临时活动区环境创设的基本要求，介绍了编织区、烹饪区等临时活动区环境创设的基本要求；第三部分对幼儿园功能室的环境创设做了介绍，探讨了功能室环境创设的基本要求及阅览室、音乐室、美术室、科学室这四类功能室的环境创设。

□ 学习目标

　　1. 掌握常设活动区、临时活动区及各类功能室环境创设的基本要求，了解如何创设各类型的活动区及投放材料。
　　2. 能够分析实践中各类活动区及功能室环境创设的现状与问题，尝试为不同的活动区创设环境。

问题情境

中一班王老师在班上精心设置了美工区，投放了各种颜色的橡皮泥和模具，以便幼儿用橡皮泥做出不同的形状。开始，幼儿很喜欢美工区，大家争先恐后地要进去，导致美工区"僧多粥少"，入区的每个幼儿拿到的橡皮泥都很少，捏不出自己想要捏的形状。该区几次开放后，愿意进美工区的幼儿越来越少，最后变得"人烟稀少"。王老师脑筋一动，放上了各种各样的白色贝壳，让幼儿在贝壳上画上各种漂亮的花纹，幼儿的参与热情又上来了，但没多久，美工区又受冷落了。旁边的音乐区经常敲锣打鼓，热闹非常，幼儿的心思都跑到音乐区去了，不少已入美工区的幼儿还常常放下没有做好的手工，跑到音乐区去玩。

面对上述情况，王老师觉得很困惑：怎样控制活动区的人数？如何投放活动区的材料？单纯通过更换材料就能够抓住幼儿的兴趣吗？如何创设不同的活动区，才能将它们相互之间的干扰降到最低？活动区之间有可能是互相促进的吗？

幼儿园活动区常被称为活动角或游戏区，是教师依据幼儿的兴趣、需要以及身心发展水平，结合幼儿园教育目标对空间进行划分后形成的活动环境。一般来说，幼儿园会根据幼儿的年龄特点、课程需要以及空间大小，将每个班级的活动室隔成若干个小型的活动区，有时这些活动区会延伸到走廊、大厅和户外等公共区域，供多个班级的幼儿共同使用；此外，还有的幼儿园会将某个活动区扩展为专门的功能室，供全园幼儿共同使用。无论是活动区还是功能室实际上都是教师根据幼儿的兴趣、需要与能力以及幼儿园园舍条件设计的多样化环境，给幼儿提供自主探索和游戏的空间。

一般情况下幼儿可以自由选择活动区或功能室，教师在活动形式、内容上干预较少。因而幼儿有较大的自主权，可以根据自己的兴趣爱好决定选择什么活动区或功能室，在活动区或功能室中具体选择什么内容，与谁来完成活动，活动持续的时间等。也正是因为具有自由性，所以幼儿的主动性、积极性、创造性可以得到最大限度地发挥。

在活动区或功能室中，幼儿更多地通过与环境中材料的互动获得认知、情感、交往等方面的发展。可以说，其价值主要通过幼儿操作材料实现，所以操作材料包含着活动区和功能室的主要价值。本章主要探讨室内活动区与功能室的环境创设，对常设活动区、临时活动区及功能室三种类型的环境创设展开讨论。

第一节 幼儿园常设活动区的环境创设

幼儿园活动区的环境创设主要包括选择与确定活动区的数量与内容、规划和布置活动区空间、选择和投放活动材料、制定管理规则等。活动区是幼儿园课程的一部分，是幼儿与环境相互作用的场所，每一个活动区都蕴含着满足幼儿不同兴趣、需要和能力发展的机会。幼儿园可创设的活动区有很多，本节根据幼儿园的教育目标和幼儿的年龄特点阐述幼儿园常设活动区环境的创设。

一、常设活动区创设的基本要求

常设活动区是指幼儿园中常见的区域设置，如美工区、建构区、表演区、科学区、阅读区、木工区、音乐区、沙水区、电脑区、益智区、语言区、数学区等，这些区域是实现幼儿园教育目标的重要依托，是实现幼儿发展的重要平台。下面从六个方面分析常设活动区环境创设的基本要求。

（一）活动区的选择

教师可以根据幼儿的年龄特征、需要和兴趣，教育目标以及现有的资源等进行活动区的选择。根据小班幼儿的特点，教育重点主要放在情感、动作、语言以及行为规则的培养上，可以设置阅读区、娃娃家、音乐区、美工区。根据中大班幼儿的特点，教育重点主要放在探究能力、思维能力、解决问题能力的培养上，可以设置科学区、表演区、语言区、数学区、建构区、美工区、木工区、电脑区等。

《幼儿园工作规程》指出，幼儿园的任务是"实施德、智、体、美等方面全面发展的教育，促进幼儿身心和谐发展"。除了考虑幼儿的年龄特征、需要和兴趣外，教师还要结合教育目标选择活动区，不同的活动区由于活动内容和提供材料的差异，所能达成的主要目标也是存在一定差异的。如主要以促进幼儿身体发展为目标的活动区有建构区、沙水区等；主要以促进幼儿语言发展为目标的活动区有语言区、阅读区等；主要以促进幼儿认知发展为目标的活动区有益智区、科学区等；主要以促进幼儿社会性发展为目标的活动区有表演区等；主要以促进幼儿美感发展为目标的活动区有音乐区、美工区等。

此外教师还要考虑现有的资源条件，如活动室空间的布局、幼儿园已有的材料设施、便于收集和获取的资料等因素决定设置哪些活动区。

活动区数量一般根据活动室大小来确定，一般来说，30人左右的班级活动室可同时设立4~6个活动区。在确定了活动区的种类、数量以后，教师还可给每个活动区精心命名。活动区的名称一般是活动区功能和活动内容的概括或体现，应该是易于幼儿理解的，朗朗上口的。教师可以和幼儿一起讨论活动区的命名，先让幼儿自己给活动区命名，再集体讨论选用，从而创设幼儿"自己的"

活动区。如广州市凤凰城碧桂园幼儿园的活动区名称就值得借鉴：把语言区改为"书吧""语言分享吧""雅言讲堂""诗意小屋""畅所欲言""童言趣语"；把科学区改为"生活奥秘""探索与发现"；把美工区改为"绘画坊""创意DIY""艺术摇篮""编织坊""美工DIY"；把数学区改为"数量对对碰""数学屋""益智直通车""脑筋急转弯""IQ考验"；把建构区改为"创意建构区""交换空间""拼拼搭搭"；把娃娃家改为"我爱我家""温馨小筑"等。

（二）活动区的空间利用

1. 活动区的面积要恰当

空间的大小影响着幼儿的活动。一般而言，每个活动区的活动面积应不小于 6 m²。如果活动区的面积过小，就容易造成幼儿之间的行动不便，引起他们的争吵，甚至是身体的攻击。但如果活动区面积过大，则会造成幼儿互动交流减少，所以教师要根据活动区人数的多少，恰当地进行空间布局。例如，阅读多数是独立进行的活动，所以阅读区的面积可以相对小一些，腾出更多的空间给别的活动区，但积木区的面积就可以相对大一些，因为在积木区中，幼儿可能会"筑长城""起高楼"，空间大有利于幼儿根据自己的兴趣和需要进行建构。

2. 活动区的空间利用要充分

不少教师抱怨室内空间太小，造成活动区的空间不足或者活动区的种类太少，教师可以采取以下方法进行空间利用。

充分利用好"半室外"的空间，如阳台、走廊等。阳台的阳光较充足，相对比较安静，可以设置阅读区。在走廊等地方，由于经常会有人走过，对幼儿的活动会带来一定的干扰，不适合进行较安静的活动，可以设置音乐区、表演区等相对热闹的活动区，如图5-1。

图5-1 幼儿在走廊里开展区域活动[1]

（三）活动区的功能开发及情境布置

1. 活动区可展示幼儿的作品

---

[1] 图片由广州市东方红幼儿园提供。

活动区除了可以提供材料，让幼儿进行活动外，还可以成为幼儿作品展示的舞台。例如，在区域之间作为分隔的布帘，可以换成幼儿亲手制作的风铃；美工区的墙壁可以贴上幼儿的美术作品。这样做不仅可以营造活动区的氛围，还可以通过作品展示，鼓励幼儿积极地参与活动。

2. 利用环境暗示规则

在某些幼儿园经常可以看到这样的现象：幼儿进行区域活动，教师要在旁边提醒规则，如鞋子要放好，材料要放在哪个颜色的盒子中等。

☞利用环境暗示规则示例

虽然区域活动是幼儿的自主活动，但没有规矩不成方圆，活动区的规则同样重要。教师要善于让环境说话，用活动区的环境来暗示规则。例如，在活动区的门口贴上几个小脚丫，幼儿就知道应该将鞋子放在"小脚丫"上。将架子上的书籍和物品放得整整齐齐，幼儿就明白活动结束之后，要收拾材料，放回原处。在箱子上贴上积木的标签，幼儿就知道要将积木放在这个箱子里。

▶【案例 5-1】

"娃娃家"是小班幼儿最喜欢去的活动区。这天，跃跃、兰兰、圆圆和明明四位小朋友来到了"娃娃家"，她们把鞋子整齐地摆放在小脚印上。过了一会儿，芳芳和冰冰也来了，看到小脚印上已放满了鞋子，芳芳嘟起了小嘴，显得很失望。冰冰对她说："我们先去串珠子吧，等一会儿再来。"没多久，兰兰和圆圆去别的活动区玩了，芳芳和冰冰便愉快地进入了"娃娃家"。

案例中通过小脚印提醒幼儿：小脚印上放满了鞋子，表示人数已满了。芳芳和冰冰接受了这个规则，在耐心等待后，获得了进入"娃娃家"的机会。

3. 适当布置活动区的情境

在活动区中，教师不仅要重视材料的提供，还要重视活动区情境的布置，因为活动区的环境不仅包括操作材料，还包括活动区的墙面、储藏柜、布帘等。它们都是活动区环境的一部分，影响着幼儿心理气氛的形成。

例如，在阅读区中，教师应该创设一种宁静舒服的环境，让幼儿静下心来阅读，教师可以在地面铺上暖色调的地毯，放上几个靠枕，摆上色彩柔和淡雅的书架和书桌。在木工区中，教师可以贴上"注意！前面施工中"的告示牌，让幼儿感觉自己像一个真正的木工，让他们模仿成人"辛勤"地"工作"。在建构区中，教师可以摆上各种各样的建构模型，幼儿看到新奇漂亮的模型，可能会想进行模仿建构，引导幼儿进行建构活动。

☞恰当放置活动材料示例

4. 恰当放置活动材料

活动材料要方便幼儿拿取，放置的高度应跟幼儿的身高相适宜。活动材料可以放在篮子或透明的塑料箱中，便于幼儿看清楚。每个篮子或塑料箱应做好记号，便于幼儿识别和收拾材料。如在建构区中，在放积木的篮子上贴上积木的记号；在娃娃家中，在放娃娃的塑料箱上画上娃娃的图案。一些不常用的物品可以放在抽屉中，以免幼儿拿来玩，如美工区中有各种画笔和画纸，不是每一种都会经常用到，平时可以放在抽屉中，需要时再拿出来用。

（四）活动区的人数管理

教师有时会碰到这样一种情况：某些活动区人数过多，活动区面积有限，幼儿之间容易出现碰撞，也很容易导致幼儿争抢材料。而有些活动区人数太少，显得冷清，教师悉心准备好的材料没有被充分利用。

活动区的人数影响活动的质量，面对这种情况，教师一定要在区域活动开始前确定每个活动区的人数，对活动区人数进行管理。

1. 设置进区卡

教师根据活动和幼儿的需要，为每个活动区准备进区卡，幼儿拿到某个进区卡后，才可以进入活动区。如数学区只设置了四张进区卡，有四个幼儿已经拿了，那么第五个幼儿只能选择其他活动区了。

2. 设置"身份卡"

教师为每个幼儿准备一张"身份卡"，如果是大班的幼儿，可以在卡片上写上他们的名字；如果是小班的幼儿，可以贴上他们的照片。在每个活动区的门口设置一个牌子，上面有一定数量的挂钩，当幼儿想进入活动区时，只需要将"身份卡"挂在挂钩上。在活动前，教师要根据幼儿的人数和活动区的大小准备好挂钩的数目。当幼儿想进入该活动区时，看见自己的"身份卡"没有挂钩可以挂，就知道该活动区已经满员了。

（五）活动区的分隔

1. 活动区之间的分隔应明显

活动区之间的界限应该清晰，否则幼儿在进行活动时会不小心从一个活动区走到另外一个活动区。在室内，教师可以用橱柜、布帘等物品分隔活动区，橱柜不仅可以将两个活动区隔开，还有储物的功能，一物多用，节省空间；用布帘做分隔物，也同样有利于空间的节省。这些物品方便移动，有利于随时对活动区进行调整，适应不同的活动要求。如根据活动需要，要布置一个大的娃娃家，让更多的幼儿可以在区内活动，原有的娃娃家面积不够，那么教师可以暂时搬开建构区的橱柜，让建构区成为娃娃家的一部分，让建构区中的积木成为娃娃家的材料。再如，教师在美工区中放置了很多美丽的贝壳，很多幼儿想用这些贝壳来做手工，而旁边的数学区只有一两个幼儿在活动，那么教师可以通过移动橱柜或者布帘等，将数学区的一部分空间腾出来给美工区。

2. 关联性大的活动区应相邻设置

活动区的类型主要包括：主静和主动的、易脏和干净的、独立和合作的、用水和不用水的、室内和室外的等。

主静的活动区有数学区、阅读区、益智区、电脑区、美工区等。主动的活动区有表演区、建构区、音乐区。所以在设置活动区的时候，教师要将相对安静的活动区和热闹的活动区分开，这样才不会造成干扰。

易脏的活动区有沙水区、美工区等，干净的活动区有阅读区、益智区、电脑区等。教师可以将易脏的活动区设置在洗手间或者其他水源附近，幼儿可以及时进行清洗。

一般活动区是设置在室内的。如果室内的空间有限，一些大型的活动区可以设置在室外或者设置功能室，例如，沙水区需要的面积比较大，可以将它设置在室外。

在活动区的功能上，教师可以考虑以下的关联，如表 5-1 所示。

表 5-1　相关的活动区

活动区	相关联的活动区
建构区	表演区、数学区、沙水区、科学区
电脑区	数学区、美工区、阅读区
数学区	电脑区、建构区、科学区、阅读区
阅读区	科学区、数学区、电脑区
美工区	木工区、表演区、建构区
音乐区	体育区、阅读区、数学区、表演区
科学区	阅读区、数学区、电脑区
表演区	建构区、美工区、音乐区
体育区	建构区、音乐区、数学区、表演区
木工区	美工区、表演区、电脑区

例如，科学区有纸制的、铁制的"小船"，幼儿将它们放在水中，发现铁制的小船会下沉，而纸制的小船会浮在水面上，幼儿对这一现象感到很好奇，教师就可以在与科学区相邻的阅读区中放置有关浮力和密度的图书，让幼儿去查阅。当幼儿在科学区发现了问题，在阅读区找到了答案时，幼儿会对科学探索更感兴趣，同时也会更喜欢看书。

3. 活动区之间的封闭性应不同

虽然活动区之间要用橱柜、布帘等隔开，但根据活动区之间的关联性，活动区之间的封闭性也应有所不同。阅读区和表演区之间的封闭性应强一些，避免表演区发出的声音影响阅读区幼儿的阅读。科学区和阅读区的开放性可以大一些，如教师在科学区设计了摩擦力实验，同时为了幼儿能自己探索摩擦力的奥秘，在阅读区中放置了几本有关摩擦力的图书，幼儿在做摩擦力实验时，遇到了问题，可以到阅读区查阅图书。

大班活动区和小班活动区的分隔也有所不同，小班幼儿独立活动比较多，而且容易受其他幼儿的影响，所以活动区之间的封闭性应强一些。大班幼儿的社会性行为较多，合作性强，活动区之间可以更"开放"，便于不同活动区之间的交流。

此外，教师要保证橱柜等分隔物不能太高，以免活动区太"封闭"，妨碍教师对活动的观察。

4. 保证活动区之间的"路线"流畅和安全

为了保证活动区之间的"路线"流畅和安全，活动区应该靠墙设置，最好一个活动区一个入口。如果进入某个活动区时要经过另一个活动区，容易造成拥挤和碰撞，要尽量避免。除了某些需要用水和易脏的活动区，如美工、沙水区需要设在洗手间旁边，其他活动区尽量不要设置在人多出入的地方。活动区要避免死角位置，因为幼儿在死角位置活动，教师难以观察幼儿的情况，教师可以在这些死角位置摆上储物柜来避免这个问题。

▶【案例 5-2】

幼儿园某大班活动区环境创设的平面图如图 5-2 所示。

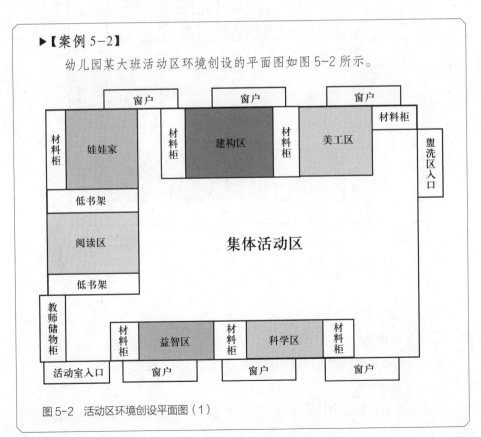

图 5-2　活动区环境创设平面图（1）

从图5-2我们可以发现，这个班设置的活动区从布局上来看种类丰富，数量适宜，有助于幼儿的全面发展，活动区之间的分隔也比较明显，但部分活动区不太适合大班幼儿的发展水平，存在活动区之间相互干扰、活动路线不够流畅的情况。具体不足如下：

1. "娃娃家"对于大班幼儿来说，其角色吸引力不如其他社会角色，结合大班幼儿对社会角色的兴趣和数学认知水平，建议将这一角色游戏区改为"超市"，为幼儿开展各种买卖活动和社会交往活动提供环境支持。

2. 阅读区需要安静和光线明亮的环境，最好远离活动室入口和相对吵闹的表演活动区。

3. 建构区相对吵闹，与相对安静的美工区相邻是不适宜的。

4. 益智区相对安静，应远离活动室入口。

5. 科学区有时候需要用到水，应设置在与水源相邻的区域。

综上，我们对该大班活动区的布局进行了调整，见图5-3。

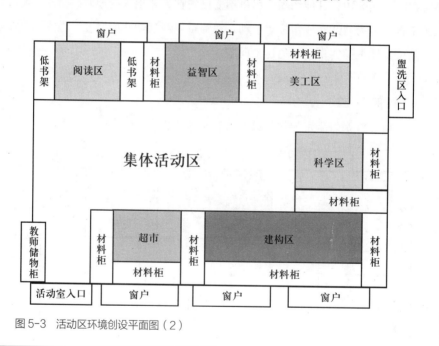

图5-3 活动区环境创设平面图（2）

（六）活动区材料及其投放要求

1. 材料的种类

按照材料的结构化程度活动区材料可以分为以下三种类型：

（1）目标导向式

这类材料属于高结构性的材料。教师通过材料玩法的设计，引导幼儿按照要求进行操作，如棋类。

（2）自由开放式

这类材料属于非结构性或低结构性材料。幼儿可以根据自己的意愿自由操作材料，如积木和黏土。

（3）探索发现式

教师设置问题情境，投放材料，让幼儿观察和思考，动手操作，使他们发现问题，提出问题，解决问题。如摩擦力实验、蒸发的现象。

2. 材料的获得

（1）市场上选购

活动区的材料可以在市场上选购，但成本较高，不一定符合活动需要，如阅读区的童话书、建构区的积木和娃娃家的用品。

（2）教师制作

活动区的材料可以由教师根据活动需要自己制作，为幼儿"量身定做"，具有针对性，还可以节省成本。缺点是花费的精力较多，而且某些材料的耐用性可能不及市场上的成品，如数学区和阅读区中的自制图书，美工区中的手工"原料"。

（3）幼儿和家长共同制作

幼儿和家长共同制作材料，可以增进亲子间的感情，也可以让家长了解教师工作的辛苦。幼儿参与制作，会对材料更加珍惜。缺点是材料的实用性和针对性可能不强，而且教师需要加强与家长的沟通工作。

3. 材料投放要求

（1）目的性

有些幼儿园过于重视活动区的外观，而忽视了活动区的教育目标和内容，造成活动区流于形式，材料的投放缺乏目的性，不利于发挥活动区的教育功能。

没有明确的教育目标和内容，环境的创设就会零散、随意，在这样的环境中，幼儿难以通过环境有效地建构自己的知识。教师在布置活动区时，必须全面考虑幼儿的兴趣、已有经验和发展需要等，教师不仅要考虑幼儿自身的因素，还必须将幼儿与环境联系起来，思考如何通过材料促进幼儿的发展，从而确定教育目标和内容。

（2）层次性

每个幼儿都有自己的发展水平，即使是同一个幼儿，在不同的发展阶段也有不同的需要。在某些活动区中，材料的层次性不明显，每种材料都只有一个难度水平，导致有的幼儿"吃不饱"，有的幼儿"不会吃"，这样的活动区难以使幼儿产生兴趣，也难以使幼儿深入地进行知识建构。

为了促使每个幼儿都能得到发展，对同一活动内容，教师可以投放不同难度的材料，来满足幼儿的需要。例如，为了锻炼手部肌肉的发展，教师在活动区中投放了穿木珠的材料，但由于每个幼儿手部小肌肉的发展情况不同，教师就分别投放了硬绳、软绳、吸管，让手部肌肉没那么发达的幼儿用吸管穿木珠，让手部动作较灵活的幼儿用硬绳穿木珠，让手部动作非常灵活的幼儿用软绳穿木珠，这样就照顾到了不同幼儿的需要。

（3）多样性

有些活动区的材料种类不足，例如，认识四边形时，教师只投放了正方形材料，幼儿就很容易将四边形等同于正方形。布置活动区时，教师要考虑材料的多样性，幼儿建构概念需要通过反复操作，获得多种经验，在此基础上，概念才能逐渐建构，所以种类多样的材料，对幼儿来说十分重要。教师让幼儿认识四边形，可以提供正方形、长方形、菱形等多种图形。但多样性并不代表材料杂乱无章，材料过多过杂，反而容易让幼儿分心，也不利于知识的建构。

（4）年龄差异性

材料的投放要符合幼儿的年龄特征，不同年龄的幼儿有不同的活动需要。

小班幼儿自我中心意识强，喜欢独自游戏，以独立操作为主，所以材料种类不宜太多，但数量要多，满足多个幼儿独立游戏的需要。小班幼儿动作欠缺灵活性，所以需要比较大的活动空间。他们喜欢咬和摸材料，因此材料不能太小，避免他们吞食，并且需要消毒。

中班幼儿的抽象思维能力提高了，理解力、自控力都得到了发展，合作竞争意识加强，教师可增加合作、竞赛、挑战性强的游戏材料，如棋类、扑克、拼图。

大班幼儿的社会合作性较强，而且兴趣丰富，教师可以投放多种材料，但应减少同种材料的数量，促进他们的合作行为。

幼儿随着年龄增长，除了社会合作性增强，认知能力也会提高，活动区的目标和内容也要相应地做出调整，表5-2通过材料提供、活动目标及活动提示来展示不同年龄段数学区材料的运用。

表5-2 小、中、大班数学区内容①

年龄段	活动名称	材料提供	活动目标	活动提示
小班	三色猫	操作盒（月饼盒上贴红色、黄色、蓝色小猫。小猫口处挖空），红、黄、蓝三色小鱼	1. 感知颜色配对 2. 发展手指小肌肉 3. 学说一句话"×色猫，请你吃×色的鱼"	1. 从方盒里取一条鱼放入同色小猫嘴里 2. 边放边说"×色猫，请你吃×色的鱼" 3. 打开盒盖，检查盒内小鱼是否放置正确

① 林佩芬.幼儿园区域活动的实践与研究[M].宁波：宁波出版社，2004：60.

续表

年龄段	活动名称	材料提供	活动目标	活动提示
中班	小熊找东西	大小不同的材料（玩具熊、面包图片、椅子、玩具碗）各5个	1. 通过操作，了解从大到小、从小到大的排列顺序 2. 培养幼儿一一对应的能力	1. 将箩筐中的小熊按从大到小或从小到大排成一排 2. 将椅子、碗、面包一一对应地排列在玩具熊下面
大班	自然测量	底板两块，长颈鹿、大象、熊猫、小鸡、小白兔的图片，树叶、小棒、小圆片若干，记录纸一张	用树叶、小棒、圆片等材料测量动物的身高，能用正确的方法进行测量	1. 将两块底板拼在一起 2. 将小动物放在规定的线上 3. 用树叶、小棒、圆片当测量工具，测量小动物的身高是几根小棒、几片树叶、几个圆片 4. 及时记录测量结果

（5）动态性

一些活动区的材料常年不变，在材料刚开始投放的时候，幼儿兴致勃勃地去玩，但一段时间后，没有新材料的加入，幼儿就会慢慢地失去兴趣。最终，活动区的材料成了摆设。

活动区的材料必须具有动态性，根据幼儿的需要及时更新，但并不是说需要全部替换，教师可以用增加、删减或者组合的方式使材料处于变化之中。

例如，在"分豆豆"的游戏中，教师再加上几种豆，分类的难度就增大了。增加材料的种类也可以引发幼儿新的探索活动。下面这个案例就体现了增加材料种类的价值。

▶【案例 5-3】①

　　美工区的幼儿在进行竹根的装饰彩绘，教师观察到大部分幼儿只是根据竹根的自然形状把竹根简单地装饰成一个娃娃或大树，她适时地增添了棉花、橡皮泥、小细管等材料，新材料给幼儿的制作带来了新的刺激、新的目标，很多幼儿又纷纷拿起竹根继续装饰，进行新的探索。有的幼儿利用棉花把竹根装饰成了长长的一条"龙"，有的幼儿利用橡皮泥做辅助把竹根装饰成了一台"机器人"，等等。

组合材料也可使幼儿的活动变得不同。例如，教师将积木放到娃娃家中，娃

---

① 秦元东，王春燕.幼儿园区域活动新论：一种生态学的视角[M].北京：北京师范大学出版社，2008：143.

娃家的材料就会更加丰富，创造出新的玩法。

同一材料也可以在不同时间重复投放，因为幼儿的知识经验是不断增加的，即使是同一材料，对于不同阶段的幼儿，也有着不同的意义。幼儿掌握了新的知识经验后，会改变材料的玩法。

二、各类常设活动区的环境创设

教师可以根据幼儿和活动的需要来设置活动区，幼儿园常见的活动区包括美工区、建构区、表演区、科学区、阅读区、木工区、音乐区、沙水区、电脑区、益智区、语言区、数学区。

（一）美工区

美工区是让幼儿进行美术和手工创作的活动区。在这里，幼儿可以画画、涂色、搅拌、折纸、制作图书等。

☞美工区环境
创设示例

基于美工区活动可以发展幼儿的审美能力、创造力，美工区的创设一方面要充分体现各种形态、色彩、秩序之美；另一方面需提供多样化的低结构材料，如小石子、树叶、毛线、纸片等。

1. 区域目标

（1）尝试用不同的材料，表达自己的想法和感受。

（2）锻炼小肌肉能力。

（3）发展审美能力。

（4）发展创造力和想象力。

2. 区域布局

（1）美工区的位置

美工区的位置应接近水源，阳光充足，可以与木工区、表演区临近。

（2）美工区的桌椅

美工区可以放竖立的小画板，也可以放大型的桌子，让幼儿集体进行美术和手工创作，桌子上应铺上透明的水晶板，方便擦洗和清理。地面可以铺上塑料胶或者布，以免弄脏地面。

（3）美工区的作品展示

美工区的作品可以贴在墙上，或者用夹子夹在绳子上。一些手工作品，如风铃、贺卡等，可以悬挂在天花板上；一些大型手工作品可以作为活动区之间的分隔物。

（4）美工区的材料储藏

美工区的材料众多，如纸张和涂色用品都有很多种，不是每次都需要用到。教师可以将材料分层次摆放，将常用的及允许幼儿自由取放的材料摆放在高度较低的架子上，将不常用的材料放在高处或者抽屉中，如图5-4。

图 5-4　美工区材料的储藏[①]

3. 基本器材

（1）各种纸张

素描纸、白纸、卡纸（多种颜色、大小和质地）、报纸、玻璃纸、贺卡、明信片、旧杂志、月历或生活照片。

（2）图画器材

彩色笔、蜡笔、粉笔、画笔、水彩笔、水粉笔、毛笔、水彩颜料、墨汁、调色板、牙刷、水杯、水桶、玻璃瓶或铁罐、海绵、棉花、毛巾、小盒子、纸杯、纸盘、标签、碎纸、羽毛、贝壳、棉花球、纽扣、吸管、亮片、牙签、橡皮擦、橡皮泥。

（3）装订工具

安全剪刀、订书机、订书钉、打洞器、糨糊、胶水、双面胶、透明胶、纸夹、铁丝、细绳、纱线、绷带、鞋带、针、线。

（4）其他

绘画罩衣或旧衬衫、大的布和塑料胶、清洁剂、抹布、扫帚、垃圾桶、垃圾铲。

（二）建构区

建构区是让幼儿操作建构材料的活动区，在这里，幼儿能利用建构材料自由地进行建构和组合。

1. 区域目标

（1）发展幼儿的空间知觉。

（2）促进幼儿与他人合作能力的发展。

（3）促进幼儿表达能力的发展。

2. 区域布局

（1）建构区的位置

☞建构区环境
创设示例

---

① 图片由广州市凤凰城中英文幼儿园提供。

建构区的位置应远离安静的活动区，并需要较大的、地面平坦的空间。可以与表演区临近，区域内最好有能够保留和展示幼儿作品的空间；地面可铺设地垫、地毯以减震、除噪，也可作为区域的划分界限。

（2）建构材料的储藏

建构材料可以按照形状、大小、材质等进行分类放置，可以放在篮子、透明的箱子或盒子里。而其他小车子、小动物等辅助材料可以另外放置。

3. 基本器材

（1）建造材料

大型积木，中型积木，小型积木，乐高积木，各种造型积木，各种积塑材料，废旧物品如易拉罐、塑料瓶、包装箱、纸盒等。

（2）辅助活动材料

手推车、玩具卡车、搬运车、汽车、巴士、飞机、直升机、船、火车、小人、小动物、小树、小房子、农场、动物园、森林、交通标志等。

（3）其他

取放活动材料的工具，如小筐、小盒等，幼儿用积木堆成的建筑物的照片，建构模型，建构图例等。

（三）表演区

表演区是幼儿进行角色扮演的活动区，经验是角色游戏的基础，因此，教师要根据幼儿经验去创设具体的活动场景。表演区包括餐厅、超级市场、医院、建筑工地、车站、肉菜市场、娃娃家（图5-5）等。表演区的场景都是幼儿日常生活的内容。

图5-5　娃娃家①

1. 区域目标

（1）能清楚理解所扮演的角色。

---

① 图片由广州市东方红幼儿园提供。

（2）能与其他幼儿合作，发展人际交往能力。

（3）能清楚地表达自己的想法。

2. 区域布局

（1）表演区的位置

表演区需要较大的空间，活动时幼儿常常会走来走去，大声交谈，因而要远离较安静的区域如阅读区，可与建构区等区域相邻。

（2）表演区的氛围创设

表演区可设计一些隔断，用家具、矮架子、纸箱、积木等材料围起来以确定本区的活动范围。在区域范围内，采用多种装饰材料，创设与角色扮演相适宜的氛围。

3. 基本器材（表 5-3）

表 5-3　表演区所需基本器材

表演区场景	材料
餐厅	餐具、餐巾、餐桌、餐椅、托盘、调味罐、菜单、点菜本、铅笔、塑料食物、烹饪用具、围裙、毛巾、收银机、电话、玩具钞票
超市	各种食物、购物车、购物篮、玩具钞票、收银机、宣传标语、超市广告单、货架
医院	听诊器、体重计、纱布、绷带、胶带、玩具针筒、白衬衫或白外套、空药罐、床、椅子、桌子、口罩、手套、护士帽、娃娃、棉签、担架
建筑工地	锤子、锯子、螺丝钉、工具箱、油漆刷、水桶、安全帽、工作服、卷尺
车站	站牌、候车椅、红绿灯、玩具车
肉菜市场	砧板、秤、玩具钞票、塑料水果、塑料蔬菜和肉类、环保袋、玩具刀
娃娃家	娃娃、床、椅子、桌子、电视柜、电视、奶瓶、毛巾、牙刷、牙膏、锅、煤气炉、碟子、碗筷、锅铲、杯子、瓶子

（四）科学区

科学区是幼儿进行科学探索的活动区，探索的内容包括动植物、物理现象、化学现象等，通过观察和实验，发现问题、提出问题和解决问题。科学区在氛围营造、空间布局、场地设置、物品陈列、墙面环境等方面要能凸显科学区活动的特点，利用各种科学元素创设浓浓的科学探究氛围。

1. 区域目标

（1）激发幼儿的好奇心和探究欲望，发展认知能力。

（2）培养幼儿喜欢观察，乐于动手动脑、发现和解决问题的态度。

（3）培养幼儿愿意与同伴共同探究，能用适当的方式表达各自的发现，并相互交流的能力。

（4）鼓励幼儿用多种方式表现自己的探索过程和结果，并与他人交流、分享。

2. 区域布局

（1）科学区的位置

科学区应该位于安静和阳光充足的地方，有利于幼儿进行观察和探索。科学区可以与阅读区临近。

（2）科学区的材料摆放

科学区的材料可以按材料的不同功能归类摆放，将易碎、易损物品摆放在幼儿不易接触的地方，将常用物品摆放在方便幼儿取放的地方。

3. 基本器材

（1）实验器材

望远镜、三棱镜、地球仪、人体模型、磁铁、放大镜、手套、镊子、玻璃缸（养鱼）、小动物（如仓鼠）、盆子（用作栽培植物）、海绵、吸管、天平、测量工具、杯子、勺子、镜子、塑料水桶、小铲子、大型滤器、漏斗、电池、电路板、地图。

（2）书写用具

纸张、笔记本、铅笔、圆珠笔、贴纸。

（3）辅助器材

安全剪刀、订书机、打洞器、糨糊、胶水、胶带、橡皮筋、橡皮擦、铁丝、细绳子。

（五）阅读区

阅读区（图5-6）是幼儿进行阅读的活动区。在这里，幼儿可以阅读图书，一起讨论图书的内容，培养幼儿的文字理解能力以及阅读兴趣。

图5-6　阅读区[①]

---

① 图片由广州市东方红幼儿园提供。

1. 区域目标

（1）培养幼儿良好的阅读习惯和阅读兴趣。

（2）让幼儿接触优秀的文学作品，感受语言的丰富和优美。

2. 区域布局

（1）阅读区的位置

阅读区应位于光线充足和安静的地方，可以临近科学区和电脑区。

（2）阅读区的环境

阅读区的环境应该是温馨舒服的。教师可以设置一张大圆桌或沙发；可以在地上铺上地毯，让幼儿坐在地毯上进行阅读；也可以配置抱枕等，增添环境的舒适性。

3. 基本器材

（1）阅读材料

各类纸质图书、布书、报纸、杂志、图片、标识、月历、卡片、书信。

（2）其他

桌子、椅子、沙发、抱枕、地毯。

（六）木工区

木工区是幼儿用木材等材料，制作各种各样物品的活动区。在木工区中，幼儿用木头、螺丝钉、铁锤、钳子等，制作一些小的物品，如小盒子、小架子等。

1. 区域目标

（1）锻炼幼儿动手操作的能力。

（2）培养幼儿制作物品的能力。

（3）培养幼儿在制作过程中发现问题、解决问题的能力。

2. 区域布局

（1）木工区的位置

木工区需要对原材料进行加工，使用的工具较多，可以与美工区临近，在必要时可借用美工区的物品。另外，由于木工区会有较大声音，产生较多木屑、纸屑等垃圾，适宜将其安排在走廊或室外等地方。

（2）木工区的材料摆放

木工区的材料品种不太多，但有些工具具有一定的危险性，因此木工区的工具应放在专用的工具箱中，木工区的建造材料也应靠边或靠墙摆放，以免绊倒幼儿。

3. 基本器材

（1）建造工具与材料

铁锤、拔钉铁锤、锯子、卷尺、木板、木条、标签、树皮、砂纸。

（2）连接器材

钉子、螺丝钉、螺帽、牙签、铁丝。

（七）音乐区

☞音乐区环境
创设示例

音乐区是通过音乐元素的运用和音乐氛围的营造来引导幼儿欣赏音乐作品，表达音乐情绪，进行音乐表演和创作的活动区。在音乐区中，幼儿可以进行弹奏乐器、听音乐、音乐表演等活动。

1. 区域目标

（1）了解和使用音乐区内不同的乐器。

（2）喜欢音乐活动，能用音乐的方式大胆地表现自己的感受与体验。

（3）乐于与同伴一起娱乐、表演、创作。

2. 区域布局

（1）音乐区的位置

音乐区产生的声音比较大，所以可以安排在走廊、阳台等地方，或者设置功能室（将在本章第三节详细介绍），避免干扰其他活动区的活动。

（2）音乐区的空间设置

在音乐区中，幼儿经常会有对音乐情绪的表达和音乐表演，因而空间相对要大，地面不宜过于光滑，以免幼儿在跳跃时摔倒。

3. 基本器材

（1）乐器

鼓、三角铁、铃鼓、碰铃、口琴、摇铃、木鱼、电子琴、砂槌。

（2）舞蹈道具

斗篷、头饰、扇子、彩带、丝巾。

（3）辅助材料

录音机、CD机、耳塞、磁带、CD。

（八）沙水区

在沙水区（图5-7），幼儿可以体验玩沙和玩水的乐趣，幼儿可以堆砌堡垒、围栅栏、在沙地上写字，发挥其创造力和想象力。同时，幼儿可以通过混合、填充、塑造等操作方式，学习空间、数字等概念。

1. 区域目标

（1）发展小肌肉能力。

（2）发展创造力和想象力。

（3）利用沙和水的特性，尝试解决问题。

2. 区域布局

沙水区的位置要靠近水源，而且面积要大，最好是在室外，这样便于清洁，排水较好。

图 5-7　沙水区^①

3. 基本器材

（1）沙水器具与材料

小水桶、小铲子、量杯、漏斗、滤器、喷水罐、沙袋、塑料管、海绵、天平、盆子、勺子、细沙、石头、木片、贝壳。

（2）游戏道具

塑料动物、塑料人、塑料船。

（3）其他

防水罩衣。

（九）电脑区

现今，电脑已经非常普及，多种电脑学习软件能帮助幼儿学习，用电脑学习的好处在于电脑的反馈明确，跟幼儿的互动性强。所以有条件的幼儿园应该在活动室中设置电脑区。

1. 区域目标

（1）幼儿喜欢并能够正确地使用电脑学习软件。

（2）幼儿能够用电脑来画简单的画和进行文字输入。

2. 区域布局

电脑区应该光线充足、安静，电脑所用的电线和插座较多，为防止幼儿触摸或者绊倒，电脑区最好设置在角落和靠墙的位置。

3. 基本器材

电脑、学习软件、桌子、椅子。

（十）益智区

益智区主要是在桌面上进行小型游戏，可以锻炼幼儿的手部小肌肉，促进幼儿思考问题。

☞益智区环境

创设示例

---

① 图片由广州市东方红幼儿园提供。

1. 区域目标

（1）锻炼幼儿的思维能力。

（2）锻炼幼儿的小肌肉能力。

2. 区域布局

益智区应该设置在较安静的地方，远离表演区、音乐区等声音较大的活动区，让幼儿可以在安静的环境中思考问题。

3. 基本器材

小型积木、拼图、飞行棋、六子棋、象棋、围棋、跳棋、七巧板、魔方、乐高玩具、益智游戏材料。

（十一）语言区

语言区是创设丰富的语言环境，激发幼儿语言表达与运用的兴趣，提高幼儿语言表达能力的活动区。在语言区中，幼儿可以进行听故事、朗诵、演讲等活动。

☞语言区环境
创设示例

1. 区域目标

（1）培养幼儿的语言表达能力及欣赏能力。

（2）培养幼儿对文字的兴趣，认识一些日常的汉字和词语。

2. 区域布局

语言区应该设置在较安静的地方，也可以与阅读区临近。

3. 基本器材

（1）视觉材料

汉字卡片（如卡片"石"和卡片"宛"，让幼儿找到这两张卡片组合在一起）、汉字图书（如看到苹果的图画，要将写有"苹果"的卡片贴在图画上）。

（2）听觉材料

听故事和诗歌的设备。

（3）辅助材料

圆珠笔、铅笔、橡皮、纸、道具麦克风。

（十二）数学区

数学区是创设充满数学元素的环境，激发幼儿探索数量、几何的世界，发展其数、量、形、空间等概念的活动区。在数学区中幼儿可以开展与数字、形状、空间等有关的活动。

☞数学区环境
创设示例

1. 区域目标

（1）培养幼儿对数学的兴趣。

（2）培养幼儿认识数量、分类、守恒、图形的能力。

2. 区域布局

数学区应该设置在安静的地方，且需要的空间不大。

3. 基本器材

尺子、纸、笔、几何图形等。

第二节　幼儿园临时活动区的环境创设

幼儿园根据教育教学需要，有时会设置临时活动区，相对于常设活动区，临时活动区具有使用时间短、设置临时的性质。临时活动区的内容和形式更容易与正在进行的课程相匹配，具有针对性强，灵活易调整的优点，是对常设活动区的一种良性补充。

一、临时活动区环境创设的基本要求

（一）多用性

临时活动区使用的时间短，如果材料仅仅适用于该临时活动区，那么当这个区域被撤掉的时候，就会造成资源的浪费，因此，临时活动区的材料最好具有多用性，可以适用于其他常设活动区。

（二）针对性

临时活动区是教师根据需要临时设置的，具有灵活、针对性强等特点。在遇到以下情况的时候，教师可以设置临时活动区。

1. 为正式活动做准备

某些活动在开始之前，先要进行一个"热身"活动。例如，"认识叶子"的主题活动，教师希望幼儿在进行活动之前就已经对叶子有一定的认识，那么就可以设置"认识叶子"的临时活动区。在临时活动区中，教师放上介绍叶子的图书和不同的叶子标本，让幼儿去探究。

2. 满足幼儿的兴趣和需要

创设临时活动区，能够满足幼儿短期的指向某一内容的兴趣或需要。幼儿的某些兴趣"来得快，去得也快"，某些活动也不具备长期操作的特点，所以只需要设置临时活动区。例如，教师偶尔发现了幼儿对围巾的兴趣，因此设置了临时编织区，在经过一段时间的探索与尝试后，幼儿对编织区的兴趣减弱了，教师就可以撤掉这个区域。

3. 作为常设活动区的"试验基地"

某些幼儿园的空间和材料有限，要有选择地设置一些活动区，但教师不知道哪些活动区的可行性更大，更能吸引幼儿的兴趣，就可以先设置临时活动区，作为常设活动区的"试验基地"，之后再决定该活动区的去留。

（三）灵活性

有一些活动区使用频率较低，如果设置为常设活动区，既占据了空间，也浪费了材料。因而可以在有需要的时候才设置，使用之后再撤掉。另外，与常设活动区相比，临时活动区一般规模较小，材料便于移动，因而其材料与功能的调整也具有较高的灵活性。

二、临时活动区环境创设举例

（一）编织区

案例：有一天，大班的李老师戴了一条围巾，小朋友们都说很漂亮，都想摸一下，李老师突发奇想，既然小朋友们这么喜欢，为什么不让他们也尝试织围巾呢？于是，李老师设置了"编织区"这一临时活动区。

1. 活动目标

锻炼幼儿手部的小肌肉。

2. 活动材料

各种颜色的毛线、各种型号的毛线针（幼儿可以根据自己的动手能力选择不同类型的毛线针）、地毯、贴有名字的袋子。

3. 活动过程

教师教幼儿织最简单的平针，幼儿学会之后，就可以在编织区中织围巾了。幼儿不想再织了，就可以将围巾、毛线针和毛线放在贴有自己名字的袋子中，等下次活动时再继续织。

（二）烹饪区

案例：中班的小朋友每个月都会举行一次烹饪活动，所以，每个月教师都会在活动室中设置临时烹饪区，而每次烹饪的内容都不同。

1. 活动目标

（1）锻炼幼儿的动手能力。

（2）培养幼儿对烹饪的兴趣，增强他们的自信心。

（3）使幼儿学会珍惜食物。

2. 活动材料

糯米团、电磁炉、锅、花生、油等。

3. 活动过程

教师先向幼儿示范如何包汤圆，然后让幼儿自己动手学习包汤圆。汤圆包完后放在锅中煮，最后，教师让每个幼儿品尝自己的"劳动成果"。

第三节 幼儿园功能室的环境创设

在幼儿园，除了各班级设置的活动区外，还有一类功能区，不专属某个班级，而是专门针对幼儿发展的某一类需要创设，是各年龄班可以共用的环境，称为功能室，如阅览室、音乐室、美术室、科学室等。功能室的针对性较强，因而可以集中地为幼儿提供促进某些方面发展的环境，使幼儿获得更深入、充分的发展。由于功能室一般都是公共的，可以在一定程度上节约资源，也可以促进不同年龄和班级幼儿之间的沟通与互动。功能室的环境创设与班级内相关活动区的环境创设有一定的关联性，但又有其特殊性，本节主要对较常见的阅览室、音乐室、美术室、科学室这四类功能室进行介绍。

一、功能室环境创设的基本要求

（一）兼容性

一般情况下，幼儿园专门创设的功能室都是不同年龄和不同班级可以共用的，这就要求各类功能室的环境创设具有一定的兼容性，既能够满足不同年龄段幼儿的差异性需求，又能够满足同一年龄段不同班级幼儿的多元化需求。例如，在阅览室中既有适宜小班幼儿阅读的图画书，又有适合大班幼儿阅读的带有少量文字的图书。再如，在科学室中既为动手能力较强的幼儿提供相对复杂的材料，又为动手能力较弱的幼儿提供相对简单的材料。

（二）可调整性

功能室要尽量减少固定化、不可拆卸的环境布置，以便在使用功能室时可以根据幼儿的需要来进行调整。功能室的整体氛围也需要有一定的可调整性，如音乐室的灯光是可变换的，当幼儿欣赏欢快、明亮的音乐时就可以使用暖色调的灯光；当幼儿感受沉稳、忧伤的音乐时就可以使用冷色调的灯光。

（三）丰富性和深入性

专门创设的功能室与幼儿园班级内活动区的最大不同之处就在于功能室更具丰富性和深入性，拥有能够表现某个领域内容的更丰富和全面的材料，为幼儿提供挖掘其某个方面潜能的更大的机会。如在美术室，既有常见的各种绘画材料，又有日常生活中不常见的诸如民族特色的艺术表现材料；既有中国传统的绘画表现材料，又有西方绘画艺术的表现材料。可以说，功能室是某个领域的"百宝箱"和"博览会"。

（四）特色性

对于大多数幼儿园而言，每一类功能室都设置显然是不现实的。幼儿园可以根据本园幼儿的需求及现有资源，有选择地创设功能室。这种选择需要立足于本园幼儿的需要与兴趣，立足于本园幼儿发展中出现的问题，这样的功能室可以成为幼儿园真正的特色。需要注意的是，功能室不能成为幼儿园进行物质攀比与炫耀的手段。

二、各类功能室的环境创设

（一）阅览室的环境创设

1. 阅览室环境创设的价值

目前，许多幼儿园都在班级设置了阅读区，作为幼儿自由阅读的活动区。但是，这种阅读区存在着一些局限性，主要体现在以下几个方面。

第一，阅读区的场地有限，摆放的图书数量也有限。在每个班级配备充足图书，势必造成成本的增加，给幼儿园造成经济压力。

第二，阅读区是一个开放性的角落，通常与其他活动区连在一起，容易造成图书的损坏或丢失，既不利于幼儿阅读活动的管理，也不利于幼儿安静地阅读，容易导致幼儿阅读兴趣的下降。[1]

由此可见，幼儿园将各班级的阅读区科学地整合为阅览室，不仅可以为幼儿创设良好的阅读环境，同时也是幼儿园节省开支、最大限度地利用现有空间与资金的必然选择。

2. 阅览室环境创设的基本要求

阅览室是利用丰富的图书文献信息资料为读者服务。幼儿园建设阅览室不必"大而全"，关键是根据幼儿园独特的环境、幼儿的年龄特点，办出自己的特色。

（1）创设良好的阅读环境

有关资料表明，聪慧儿童的共同特点之一就是喜欢阅读。较早开始阅读识字的幼儿，智力发展较迅速，阅读能力较强，但幼儿持久阅读的兴趣与习惯主要在于后天环境的熏陶与培养。阅览室应在阅读环境的布置上下功夫，因地制宜精心设计，以长久吸引幼儿的阅读兴趣。如要特别考虑墙壁、书桌椅、书架等的色彩搭配。科学研究发现，较为柔和的冷色调可使活泼的幼儿变得沉稳一些，浅蓝色和黄绿色有助于提高幼儿的智商。阅览室不应使用阴冷、阴暗的色彩，以免使幼儿情绪消极，影响阅览效果；而应采用柔和的暖色调或适当选用冷色调，以利于幼儿保持安静、专心的状态，同时不影响其思维的活跃性，从而培养幼儿良好的阅读习惯及阅读兴趣。再如，阅览室的图书摆放应便于幼儿取阅，书架的高度应在幼儿视线能及的范围内；图书的分类及检索应符合幼儿的认知特点，采用一些图示或者幼儿能够辨认的符号来标记。

（2）建立有幼儿园特色的藏书体系

阅览室的图书采集有订购、邮购、现购等各种方式。此外，值得大力提倡、

---

① 雷勇.浅谈幼儿园图书资料室的建设[J].学前教育研究，2006（7-8）：48.

推广的是接受家长的捐赠。大班幼儿毕业离园前，幼儿园可组织家长将一些保存较好的低幼读物捐出来，盖上捐赠章，签上捐赠者的姓名作为留念。这不仅是一件十分有意义的活动，而且也是对潜在图书资源的有效利用。幼儿园选择图书时，必须考虑幼儿的心理特征、阅读倾向、知识结构和教育要求，选择适合他们阅读水平与兴趣的图书资料，主要应考虑以下几个方面的因素。

第一，幼儿的认知活动主要依靠感知觉和具体的形象，他们比较喜欢图片丰富、色彩鲜明的画册、图书，幼儿园可以大量采购这类低幼读物。同时，幼儿园也可以收藏一些童话故事书、科普读物及动漫书等，供教师、家长借阅。

第二，针对部分幼儿的特定爱好，专门收藏一些个性化的图书资料，如根据不少男孩喜欢舞枪弄刀、欣赏和痴迷各种兵器的特点，幼儿园可收集一些古今中外各种兵器的图画及相关故事书等，以满足他们的心理需求。

第三，增加音像、电子读物的采购。随着信息技术的发展，文献载体发生了较大变化，少儿类的多媒体资料不断涌现。阅览室应适当采购适合幼儿阅读的多媒体读物，在形式上给幼儿新颖的刺激。

第四，补充必备的学前教育文献资源。阅览室还应重视教师的需要，注意收集必备的工具书、各类专业报刊和教育教学理论书籍。同时，阅览室不仅要收藏印刷资料，还要收集教具、教学图片及模型等。

（3）合理划区，整体协调

阅览室应根据房舍原有结构特点及幼儿阅览活动内容、形式的需要进行整体规划，使其功能更完备，使用更便捷。如可以把阅览室大体划分为"资料库房区""主要阅览区""分散阅览区""视听阅览区""辅助工具存放架"等区域，各区域相对有区分，又相互联系，便于相互转换。

（4）巧妙设计和合理布置阅览辅助工具

阅览辅助工具主要是指除那些较大的阅览设备以外的、便于幼儿进行阅读活动的各种设施。若这些工具设计合理，往往起到既方便幼儿使用，又促进幼儿阅读活动的作用。如在阅览室入口附近设置工具架，架上整齐挂着几十个配套的"挂式活页记录本"，以方便幼儿在阅读时随时记（画）下自己感兴趣的内容，同时也能让幼儿初步学会"记录"，为学习能力的形成奠定基础。再如，在阅览室的一些地方摆放小型流动资料车，幼儿通过协商并自发组合，一同拉走一小车资料到自选区阅读、讨论，使幼儿有合作和交流的机会；在阅览室的一些地方摆放小提篮，主要供单个幼儿使用，幼儿根据需要，选择几种资料放进小提篮，提到自选区阅读。另外，工具架上还可以摆放一定数量的放大镜，便于幼儿观察资料中的细微部分等。

3. 阅览室的管理

阅览室的管理可以采取以下几个方面的措施。

（1）建立制度

阅览室面向幼儿，既要考虑让阅览室制度类似社会公共图书馆的制度，同时还要设法让幼儿懂得"规矩"，这就需要阅览室在建立制度时突出幼儿特色。阅览室制度主要有：幼儿阅览活动中心须知、班级外借制、幼儿个人外借制、家长外借制、专人管理制、教师轮流管理制等。通过让幼儿阅读此类制度（均以图文并茂、形象生动有趣的形式表示）以及幼儿听教师讲解的方式使幼儿掌握相关的制度。根据不同年龄班及不同种类资料的特点，制作相应的借阅卡（证）。

（2）增加幼儿在阅览室的跨班伙伴和跨园伙伴

在阅览室进行不同年龄班混合阅读活动以及家长与幼儿的共同活动，既能增强不同班级幼儿之间以及家长与幼儿之间的交流，又能营造一种"公共活动区域"的氛围。这种活动的管理可以采用统一安排和班组安排相结合的方式。统一安排，是指跨班、跨园阅读活动的时间、内容、形式等全园统一安排；班组安排，是指各班组（同一年龄班组、不同年龄班组）根据本组活动目标，相互协商后确定共同的阅读活动。

（3）阅览室活动与班级、社会阅读活动相互协调、互为延伸

从空间位置和活动内容、形式看，阅览室活动与班级、社会阅读活动是相互独立的，但它们又有密切的联系。幼儿在阅览室里的活动可以在班级阅读活动中得以强化，而班级阅读的内容也可在阅览室中得以丰富。周围生活中的阅读资料可以及时地充实阅览室，而阅览室中的补充资料又可及时反映周围社会生活的新信息。另外，阅览室活动和班级阅读活动都有多种观察幼儿阅读活动情况的方式，例如，教师通过幼儿投入不同小盒中的不同标志来了解幼儿在这些区域中活动的内容、方式（阅读的次数，阅读物的种类，阅读、查阅、记载的方法等），并有针对性地在班级阅读活动中对幼儿加以指导。

此外，阅览室要逐步在图书采购、分类、编目、流通等方面实行计算机管理，积极推进阅览室的现代化进程，并通过网络将阅读活动渗透到每个幼儿的家庭。总之，随着学前教育事业的蓬勃发展，阅览室作为连接幼儿园、家长和幼儿的纽带，其重要作用愈发彰显。

（二）音乐室的环境创设

1. 音乐室环境创设的价值

音乐于人，不仅是一种技能的习得，更是一种人生品性的熏陶，是一种快乐与美的体验。当前的幼儿园音乐教育常忽视幼儿的主体性，将幼儿视为教育的客体，音乐活动的设计、组织、实施都只注重幼儿唱歌、跳舞学习的表面效果等，是一种偏重知识技能学习与训练的"标准化"音乐教育。在这种教育之下，幼儿往往缺乏对音乐的独特感觉和理解。幼儿园音乐教育的核心是审美，而审美是以体验的方式存在的，幼儿应在对音乐的体验中主动自由地发展。幼儿园音乐室的创

设可以有效地发挥幼儿的主体作用，让幼儿在体验、探索中感知音乐，发现音乐之美。

音乐室以幼儿的审美体验为基础，使幼儿的情感体验与音乐产生共鸣，理解和感悟音乐的美，从而自主地、创造性地表现音乐，最终实现音乐的审美教育价值。

音乐室强调幼儿在音乐活动中的主体性，并在教育过程中充分尊重、发挥、完善幼儿的主体性。尊重幼儿的个人经验与音乐偏好，尊重幼儿对音乐的独特理解与表现，努力创设各种条件，引导幼儿主动探索、体验、表现音乐。

2. 音乐室环境创设的基本要求

音乐室的环境氛围是轻松愉快的，幼儿在音乐活动中不知不觉地感受音乐的美，享受参与音乐活动的乐趣并学习一些简单的音乐知识和技能。

（1）体验性

在音乐室中，体验是幼儿开展一切音乐活动的基础。与班级内音乐区不同的是，音乐室的功能更加专门化，创设的氛围更有针对性。音乐室应做好充分的材料准备，在歌唱、韵律、打击乐演奏等活动中，创造机会让幼儿充分感受、体验音乐的美，在此基础上轻松自然地学习和探索音乐。音乐室的环境创设在整体氛围上要使幼儿感到放松、愉悦，空间不能过于拥挤，使幼儿在一个自由、开阔的环境中体验音乐的力量。

（2）互动性

音乐室是幼儿自由体验、感知、表现和创造的空间，应随着幼儿活动的展开，不断地与幼儿"对话"。幼儿与环境的互动过程就是其主动学习的过程，幼儿在与音乐材料的交互作用中学会观察，学会评价，学会与人分享自己的想法和经验等，从而积累经验，锻炼交往能力、语言表达能力。音乐室中的材料、设备应具有"亲和力"，使幼儿愿意而且有机会与各种音乐元素充分互动。如要有充足数量的乐器，乐器的摆放要便于幼儿取用。

（3）表现性

幼儿有意义的学习经验往往是在开放的时间和空间中获得的，这样才能尽兴地探索、充分地活动。音乐室要将整合的思想运用到艺术环境的创设上，注重各个艺术区域的有机联系，充分挖掘其中的教育意义。

幼儿从表演中能够获得满足和快乐。幼儿的音乐能力是在不断表现的过程中逐渐发展起来的。如在音乐室为幼儿搭建表演舞台，不仅扩展了他们的艺术表现形式，更挖掘了艺术教育的情感功能。

（4）游戏性

幼儿由于年龄的关系还不能把音乐活动当作一种有意识、有目的的审美创造活动，只是因为自己喜欢才去从事音乐活动。幼儿热衷于追求音乐活动过程中的快乐，以游戏为手段的音乐教育能真正地满足幼儿的心灵需要。音乐室中的各种音乐游戏材料，能让幼儿在游戏中发现美、体验美，使音乐游戏成为一种审美活动。

3. 音乐室的管理

创设音乐室的主要目的在于使幼儿充分地感受、体验和表达音乐的美，音乐室的管理和使用要注意以下两个方面。

（1）安排专门的时间让幼儿熟悉音乐室的材料

音乐室有很多幼儿平时没有接触过的乐器，幼儿最初都会对音乐室中的乐器产生极大的兴趣，总想要尝试演奏这些乐器，这样就会分散幼儿的注意力，影响活动的质量。教师可以安排专门的时间提前带幼儿到音乐室认识音乐室的材料，了解这些材料如何使用，如何保护音乐室的乐器等。幼儿只有在熟悉音乐室之后，才会将注意力转向感受与欣赏音乐的美方面。

（2）将音乐室中的音乐元素与班级及家庭中的音乐元素结合起来

教师在带领幼儿使用音乐室之后，要尽可能地将音乐室中涉及的音乐元素与幼儿的班级活动及家庭生活结合起来。如教师将幼儿在音乐室中感受到的音乐情绪渗透到日常游戏中，让幼儿在家中与爸爸妈妈一起练习音乐室中学习的音乐节奏，使音乐室真正成为启迪幼儿音乐智能的一扇窗户，引领幼儿在生活中感受和体验音乐的美。

（三）美工室的环境创设

1. 美工室环境创设的价值

美工室是富有艺术情趣和美感的艺术创作室，是专门的美术作品展示空间和艺术鉴赏互动空间。美工室的布置是幼儿园艺术美的重要体现。在美工室中，精心布置的艺术空间要直接给予幼儿美的感受和体验，同时也要为幼儿提供多种可自由发挥的创作材料和可供选择、鉴赏的美术作品等。

通过美工室的设置，幼儿能在全方位的艺术氛围引导下，全身心地参与美术创作，用绘画或手工这些外在的符号形式，按照自己的意愿和兴趣表达体验和情感，展示才能，并享受创造的快乐，获得精神上的满足。

2. 美工室环境创设的基本要求

（1）欣赏性

美术欣赏是美术创作的前提，因此，美工室的环境创设首先要考虑幼儿美术欣赏的需要。周密考虑室内颜色、形状、结构、线条和图案的空间安排，突出艺术性，陈设简洁美观，色彩鲜明和谐，富有吸引力，并符合幼儿的审美情趣。搜集和投放各类美术作品，如国画、油画、水彩画、素描、剪纸、雕塑、蜡染等或者各类美术作品的图片，引导幼儿欣赏美术作品，激发幼儿进行美术创作的兴趣和愿望。

（2）创造性

美工室强调幼儿美术创作的过程，注重幼儿创造力的发展。在美工室环境的创设过程中，一方面，美工室要给幼儿提供充足的创作材料，如各种类型的纸张，包括不同大小、颜色、质地的纸；各种类型的笔，包括油画棒、蜡笔、水彩笔、毛笔、铅笔；还有不同种类的颜料、容器、画架、建材工具、黏合剂、清洁用具以及非常规的材料如瓜子壳、贝壳、树叶、玉米皮等。材料丰富，幼儿才有机会充分展开想象力与创造力进行美术创作。另一方面，材料的布局与安排也要为幼儿开展创作提供便利。如美工室应有水源，便于幼儿洗手、清洗画笔、清洁桌面和地板；应有足够的空间供每一个幼儿完成创作，避免因过于拥挤而发生挤压、碰撞、泼溅等问题。此外，美工室还要给幼儿提供充分展示作品的空间，设置幼儿作品摆放区，使幼儿可以体验创作的成就感，也增加了幼儿之间交流和欣赏的机会。

（3）差异性

幼儿的成长过程和发展情况是不相同的，就像树上没有完全相同的两片树叶一样，这就要求美工室的环境创设要适合不同能力幼儿的发展。例如，用吸管粘贴美术作品，教师就可以投放长短不一、粗细不一的吸管，以满足各种水平幼儿的需要。

3. 美工室的管理

（1）建立合理的规章制度

美工室的材料庞杂又有很多易碎、易损物品，建立合理的规章制度是保证美工室良性运转的必要条件。如材料取放的规定，规定哪些材料幼儿可以自由取放，哪些材料需要教师取放；材料使用的规定，颜料如何使用、胶水如何使用等；工具清洁及整理的规定；使用材料后检查的规定。合理的规章制度可以让幼儿在安全、有序、自由的环境中进行美术创作。

（2）及时补充材料

美工室的很多材料是损耗性材料，如纸张、颜料、笔、胶水等，在使用过程中需要不断补充新的材料。材料的补充途径：一方面，可以购买新的材料；另一方面，也可以充分调动幼儿及家长的积极性，适当补充一些非常规的材料，如包装盒、饮料罐等。

（四）科学室的环境创设

1. 科学室创设的价值

科学室，又称科学发现室或科学活动室，是幼儿园专门为培养幼儿的科学兴趣和创新精神，培养幼儿进行科学探索活动而设立的场所。科学室模拟了现实生活中的科学环境，为幼儿提供了较完善的实验设施，准备了丰富多样、难度适宜、不同层次的活动材料。在科学室中，幼儿可以根据自己的兴趣和需要选择材料,去发现、探索,从而实现做个"小小科学家"的梦想。

科学室给幼儿的科学发现和科学探索提供了专门的空间和设施,表现在以下几个方面。

(1)为幼儿提供了一个自由活动的空间

科学室一般面积比较大,空间选择自由度大。在科学室中,幼儿可以对各种材料展开探索,充分感受科学世界的奥妙,尝试发现问题、解决问题。

(2)为幼儿提供了丰富多彩的活动材料

科学室有图书、画册供幼儿阅读,学习知识;有实验仪器供幼儿操作,观察事物;有手工材料供幼儿制作,开发智力。这些材料易于操作,难度适中具有层次性,不同年龄段的幼儿在科学室里都能找到适合自己的材料。这些材料引导幼儿逐步发现科学规律,挖掘其科学研究的潜能,如表5-4所示。

表5-4　科学探索材料一览表[①]

学具名称	材料准备
摸一摸	各种质地的纸、布、镜子、小篮子
好玩的磁铁	磁铁、回形针、木块、石头、小篮子
自制手电筒	小灯泡、电线、电池、小篮子
听听什么声音	装有沙、豆、石头、纸片的小瓶子
摩擦起电	塑料棒、丝绸、盛有碎纸屑的小碗
磁铁吸物	迷宫图、绑有磁铁的小人两个、小磁铁两个
自制传声筒	一次性纸杯若干、小篮子
闻一闻	装有醋、油、酱油的瓶子
动物走迷宫	迷宫板一个
称一称	自制的天平、各种物体
自制哈哈镜	镜子一块、贴有反光纸的硬纸板
自制沙漏	装有沙的小碗、自制沙漏
物体的滚动	自制斜坡、各种几何形物体
物体的沉与浮	各种材质的物品(石头、木块、折好的小船、塑料玩具)
放大镜	放大镜若干
自制风车	风车、房子

---

① 资料来源于广州市凤凰城碧桂园幼儿园。

学具名称	材料准备
颜色变魔术	水粉颜料、勺子、杯子、记录卡
智力拼图	剪开的拼图及拼图原图
针筒吸水	针筒、小杯子

（3）为幼儿塑造科学探索的氛围，激发幼儿科学探索的兴趣

科学室里摆放着各种活动材料，墙壁上还贴着各种与科学有关的图画。幼儿一进入科学室，就会感受到一种科学的氛围。幼儿在这种氛围的影响下，对科学探索的兴趣会极大提高，更加专注地投入到科学探索活动中。

（4）培养幼儿互相交流、团结合作的能力

科学室里的活动有些幼儿可以独立完成，有些则需要多名幼儿合作才能完成，如让幼儿合作完成一幅宣传图。在完成这幅宣传图时，有的幼儿负责选材料，有的幼儿负责选工具，有的幼儿负责设计，负责不同任务的幼儿之间需要达成默契，把自己的想法表达出来让同伴能理解。另外幼儿还需要有团队精神，懂得放弃一些想法来服从整体意愿，团结合作才能完成一幅好的作品。

2. 科学室环境创设的基本要求

（1）材料应该科学性、趣味性兼备，并及时更换

科学室里的材料是为了幼儿进行科学探索活动使用的，因此投放的材料一定要具备一定的科学性。太过于死板的材料，会让幼儿失去兴趣，因此材料的趣味性也是科学室材料的特点之一。科学室材料应及时更换，再有趣的材料，幼儿在反复操作后也会失去兴趣。科学室可根据幼儿的兴趣点投放材料；也可根据幼儿新学习的知识，投放与新知识相关的材料，以促进幼儿新知识的巩固和科学精神的发展。

（2）材料应具有启发性

材料投放的目的是让幼儿在活动中发现科学问题，探索科学规律，因此材料应该具有启发性。幼儿在操作材料时，能够观察许多有趣的现象，并对这些现象产生疑问。操作过程中投放的材料应能够帮助幼儿思考，提供更多的侧面信息帮助幼儿寻求答案。

（3）主、辅材料应合理搭配

主、辅材料应合理搭配，保持主材料基本不变，适当加入辅助材料。幼儿在操作材料的过程中，会发现一些现象，并提出许多问题，对于这些问题，教师不要直接给予解答，而应通过不断增添辅助材料引导幼儿自己去探索，寻找答案，最后教师再给出正确解答。例如，让幼儿操作自制材料"弹子轨道"，弹子和弧

度轨道是主材料。一开始教师只是简单地让幼儿把弹子放在不同的弧度轨道上滚下，观察弹子在不同轨道上的滚动速度。但幼儿在操作一段时间后，便不满足于现状了，他们会拿其他的球体来玩。出现这种现象后，教师应该加入辅助材料，如准备重量不同、大小相同的球体，重量相同、大小不同的球体，根据幼儿的操作情况和问题产生的情况逐步地投入，引导幼儿在操作过程中逐渐明白不同球体在滚动的过程中其速度不同的道理。从这里可以看出，主、辅材料的合理搭配，不但能激发幼儿不断操作材料的兴趣，而且能使他们通过对一些现象的观察而懂得一些科学道理，使其思维能力不断得到发展。

3. 科学室的管理

科学室需要放置的材料很多，在科学活动进行完以后，材料往往会被幼儿放得到处都是，这会影响以后活动的进行，所以有效的科学室管理格外重要，它是幼儿正常开展科学活动的重要保证。科学室的管理主要包括以下几个方面。

（1）选择合适的教师来管理科学室

科学室的管理人员要对科学室的内容十分熟悉，对幼儿的活动了如指掌，并且有着场馆管理方面的知识，从而可以科学有效地安排科学室的活动，为幼儿提供更好的服务。另外，管理人员要有责任心，严格地按照规定管理科学室，保持科学室整齐干净，材料完整，为幼儿提供一个良好的环境。

（2）合理安排幼儿在科学室的活动

科学室的活动要根据活动内容，幼儿的年龄、人数，活动室的大小，按照不同活动间的幼儿互不干扰，充分利用科学室材料的原则进行安排，既让科学室的材料能够高效利用，又让幼儿在科学室里能够专心探索，充分享受活动带来的乐趣。

（3）制定必要的规章制度

规章制度是科学管理科学室的必要条件。规章制度应明确规定幼儿在科学室的注意事项，教师在科学室的职责。明确的规章制度不仅可以让科学室使用起来有条不紊，而且还可以培养幼儿良好的科学实验习惯，培养他们爱护科学室材料、保护科学室环境卫生的美德。

（4）材料要及时整理、修复

每次活动后，科学室里难免会有些混乱。如有的幼儿没有按规定放回图书，有些材料被损坏。这时教师要及时地把科学室恢复原状，把损坏的材料及时修复。对于有些幼儿可以参与的整理、修复工作，教师可以引导幼儿去完成。

（5）材料要及时更换、更新

一些陈旧、没有多少使用价值的材料，一些损坏无法修复的材料，要及时更换，这样可以有效利用科学室的空间，防止空间浪费。另外，科学室的其他材料也要定期更新，这样做是为了让幼儿始终保持新鲜感及兴趣。更新材料可采取定期更新部分材料的方式，做到既有变化，又有一定的稳定性，使能力不同的幼儿可根据各自的需要选择材料。

阅读推荐

1. 秦元东，王春燕. 幼儿园区域活动新论：一种生态学的视角 [M]. 北京：北京师范大学出版社，2008.

该书运用生态学的视角，重新审视幼儿园的区域活动，对生态式幼儿园区域活动的概念、空间策略、材料策略等都进行了探讨。

2. 林佩芬. 幼儿园区域活动的实践与研究 [M]. 宁波：宁波出版社，2004.

该书详细介绍了区域活动的材料和活动设计，有大量的案例，与幼儿园的实际教学联系紧密，是一线幼儿园教师的好帮手。

3. 吴邵萍. 数字时代的幼儿园区域活动指导：基于幼儿的关键经验 [M]. 北京：教育科学出版社，2019.

该书以文字、图片、视频相结合的方式，生动地呈现了各活动区的创设理念、环境与材料提供、活动内容、教师指导、师幼互动、现代技术在区域活动中的应用等真实情景。

4. 王微丽. 幼儿园区域活动：环境创设与活动设计方法 [M]. 北京：中国轻工业出版社，2014.

该书采用大量图片和案例对区域环境创设、区域活动材料投放、区域活动设计与指导在实践中的要点进行解读，具有较强的实践指导意义。

5. 王微丽，霍力岩. 幼儿园区域活动材料丛书 [M]. 北京：中国轻工业出版社，2018.

该套丛书通过大量实例示范了如何利用材料引导幼儿开展区域活动，细致地介绍了各区域的环境创设、材料设计与投放、区域活动设计与评价的方法。

思考与探索

1. 什么是幼儿园活动区？幼儿园活动区有什么教育价值？

2. 幼儿园活动区创设的要求是什么？

3. 活动区材料怎样进行更新？活动区材料越多越好吗？

4. 活动区的活动需要教师指导吗？如何平衡教师指导与幼儿自主之间的关系？

5. 活动区环境的评价应从哪些方面进行？

6. 实地观察某一班级的活动区设置，对其进行评价。

7. 实地观察某一幼儿园小、中、大班的活动区，分析不同年龄班活动区材料有哪些不同。

8. 请针对某一班级的具体情况，为其设计活动区类型，并进行合理安排。

9. 阅读以下案例，试分析为什么第二个场景热闹非凡，而第一个场景却无人问津？如果你是这位教师，应如何改进第一个场景？

某幼儿园中班教师创设的娃娃家包含了两个场景。第一个场景是"卧室"，该场景紧靠阅读区，与阅读区用一排不能打开的装饰性柜子隔开，里面放置了一张用纸箱搭建的不能坐也不能躺的床。第二个场景是"厨房"，教师用若干洗衣机外包装箱做成了一个半封闭的仿真小屋，里面有灶台和灶具，在外包装箱做的仿真小屋的"墙面"上挖出一个"小窗户"，在"窗户"外放置了一张小桌子、几个小凳子。在整个区角活动中，第一个场景几乎无人问津，第二个场景却热闹非凡，幼儿们在里面炒菜、切水果，从窗户递出做好的饭菜给窗外的同伴，玩得非常开心。

第六章
幼儿园特色活动的环境创设

刺激就是从环境来的，好的刺激，就得到好的印象；坏的刺激就得到坏的印象。

——陈鹤琴

给儿童创造一个适宜的环境，也就是提供了最有利于儿童生长和发展的外部条件。

——蒙台梭利

□ 内容提要

本章的主要任务是厘清幼儿园特色活动的概念及特点，分析特色活动与环境创设的关系并举例说明；阐述幼儿园特色活动对环境的基本要求及展示特色活动成果。

□ 学习目标

掌握幼儿园特色活动的特点，了解特色活动开展对环境创设的要求，联系实际领会特色活动开展过程中如何创设适宜的环境。

问题情境

情境一：作为幼儿园的一个重要特色，一年一度的中班艺术作品展示活动开始了，各班教师都在认真组织幼儿进行艺术作品的创作，并且为了让幼儿更加积极地参与活动，以及让更多的兄弟幼儿园、领导、家长和幼儿了解活动，该幼儿园还把幼儿的作品集中到入园必经的长廊上进行展示，以便幼儿们欣赏、交流。展出时间为两天，幼儿可以在全园向教师、家长和其他幼儿拉票，最后还要评选出十大最受欢迎的作品。为此，教师们加班加点制作了精美的海报和邀请函，幼儿园还专门请木工做了相应的展示架和装饰物，当看到幼儿的作品摆放得整齐漂亮，颇有点大型艺术作品展的感觉时，园领导和教师们都很高兴。看到自己的作品以这样的形式被展示出来的幼儿们也很兴奋，他们一直围在正在摆放作品的教师周围，向同伴或其他班的幼儿自豪地介绍自己的作品，甚至还时不时好奇地碰一下别人的作品。看到这种情形，园领导和教师有些急了，担心才展出的作品就被损坏，连忙制止幼儿："谁让你们现在就过来的？去！到其他地方去玩。老师没布置好之前，不准过来！"幼儿们只好悻悻走开了。为了避免幼儿们在不注意的情况下又去触摸作品，教师想出了一个办法：就是把架子升到幼儿碰不到作品的高度。这下可好了，幼儿触摸不到作品，一个个只好乖乖去别的地方玩了。结果，两天的作品展，作品保存得很好，也得到了相关领导、兄弟幼儿园以及家长的称赞，他们也热情地投了票，但来自幼儿的投票几乎没有，评比只好不了了之。

情境二：每年离六一国际儿童节还有两个月，覃老师就开始焦虑，因为又得为儿童节活动进行大量的准备工作，如布置墙饰、购买各种装饰品。为了能让家长、园领导满意，覃老师停下了正常的活动安排，一天中大部分时间都用来排练儿童节节目，幼儿的游戏时间也基本取消，覃老师和班上的幼儿都累得人仰马翻。一些幼儿甚至偷偷地盼望儿童节早点来，不是因为过节可以收到很多礼物，而是终于可以自由活动了。所以，当儿童节活动结束的时候，不止教师，幼儿们也是长长地舒了一口气。而节日一过，装饰品也马上就收起来了，幼儿园又与平时没有任何区别了。

对于很多幼儿园教师来说，上述情形似乎再寻常不过。一方面，随着学前教育的市场化，私立学前教育机构在我国大量出现，幼儿园之间的竞争越来越激烈；另一方面，当今社会崇尚个性、对人才需求多样化，在这样的情况下，大部分幼儿园为了自身生存和发展的需要，根据其办学理念、优势资源、所处环境、管理者、教师、家长、幼儿等因素的不同，确立了各自的特色活动，可谓五花八门。因此，特色活动已成为幼儿园的一种客观存在，并被大力提倡，在实践中也得到了社会各界的认可，引起了大家的热切关注。任何一个幼儿园，每学期或多或少都有一些大型的特色活动，幼儿园为此投入了不少的人力、物力。为了让这些活动出彩，幼儿园上上下下都被发动起来，辛苦是有目共睹的，难怪很多教师常常抱怨：幼儿园工作太多、太累！然而不少教师也发现，有时辛苦过后一些预期的活动效果并没有达到，下次活动还是没有什么改进。有些幼儿园甚至还出现盲从、跟风现象，什么流行就以什么为特色活动，或直接照搬别人的特色活动，因此，活动虽开展得多，最后却落入了为了活动而做活动的怪圈。

为什么幼儿园教师的工作会陷入这样一种恶性循环中呢？什么样的活动才是特色活动？特色活动有什么价值？应何如开展？特色活动对环境有什么要求？本章我们将就这些问题一一展开分析。

第一节　特色活动概述

要界定"特色活动"，先要明确"特色"这个概念。

一、特色的概念

"特色"是一个中性的概念。如《现代汉语词典》对"特色"一词的注释是："事物所表现的独特的色彩、风格等。"[①] 在英语中"特色"表述成"distinguishing feature"，意为"区别于其他事物的特征"。生活中所提及的"特色"是指事物或活动的某些与其他事物或活动有区别的优秀方面，是积极的、正面的。本书中所指的"特色"也是含有积极意义的"特殊"，是这一事物或活动显著区别于其他事物或活动的风格或形式。

二、特色活动的界定

"特色活动"可以解释为显著区别于其他事物或活动风格、形式的活动。不同领域都有本领域的特色活动。就教育领域而言，对特色活动的研究在 20 世纪八九十年代较为突出，但主要集中在中小学阶段，幼儿阶段很少，已有研究方向也多为如何创设特色幼儿园，对"什么是幼儿园特色活动"以及"如何开展幼儿园特色活动"的讨论和分析不多。"特色幼儿园"与"幼儿园特色活动"并不是形式不同、实质一致的两个概念，二者既有区别，又有联系。"活动"是展现"特色幼儿园""特色"的常用方式之一，"特色活动"体现着幼儿园的"特色"。

---

① 中国社会科学院语言研究所词典编辑室.现代汉语词典［M］.7 版.北京：商务印书馆，2016：1281.

因此，本书把幼儿园特色活动界定为幼儿园为凸显优势，表现出独特的色彩、风格，在结合本园的优势资源、家长的需求、幼儿的经验等基础上有目的、有计划地实施某个方案的过程，可以通过一次活动，也可以通过一系列活动完成。在大力提倡探索园本课程的今天，一些幼儿园特色活动正是与园本课程结合在一起的，不同幼儿园的特色活动可能有所不同。

既然有"特色活动"，就有与之相对应的"常规活动"，"常规活动"在此指所有幼儿园为发展幼儿的身心、实现幼儿园教育目标都会开展的活动。"特色活动"既有"常规活动"的特点，又显著区别于一般的"常规活动"。当然，"特色活动"与"常规活动"是相对而言的，并不是绝对的，它们之间既有区别，也有联系，有时甚至会相互转化。如在我国，20 世纪 80 年代一些幼儿园以开展"主题活动"作为特色活动，但在目前幼儿园普遍进行主题活动时，它又成为常规活动。

特色活动的开展有其必要性。一方面，开展特色活动可以充分利用幼儿园的资源，促进幼儿园的发展，体现学前教育的差异化，满足学前教育不同环境、不同层次的需求，通过特色活动的诉求与系统性，打响幼儿园的品牌，形成口碑传播；另一方面，特色活动作为常规活动的有益补充，能更好地促进幼儿的发展，尤其在当今对人才需求多样化的环境下，显得更为重要。

三、特色活动的特点

（一）独特性

独特性是特色活动的首要特征。缺乏独特性，就谈不上什么特色活动。独特性有两层含义：一层是相对"常规活动"而言的。2016 年，教育部颁布的《幼儿园工作规程》明确提出，幼儿园教育应当"贯彻国家的教育方针，按照保育与教育相结合的原则，遵循幼儿身心发展特点和规律，实施德、智、体、美等方面全面发展的教育"，而要促进幼儿全面发展，常规活动是必须的。特色活动的最终目的虽然也是为了促进幼儿的发展，但其具体目标并不完全与常规活动一致，是常规活动的有益补充，部分特色活动如民族美术特色活动的主要目标是为了让幼儿了解一些有民族特色的美术技法和作品。另一层是相对其他幼儿园而言，由于不同幼儿园的资源、理念等不同，其特色活动的开展或多或少存在差异，而这种差异可以加强幼儿园在激烈竞争中的优势地位。然而，也要防止一些幼儿园为了片面追求"与众不同"而本末倒置，影响幼儿正常活动。

（二）长期性

真正的特色活动，并不是靠宣传在短时间内确立的，而是经得起长期检验的。因此，幼儿园要充分利用已有资源，开展既能体现时代特点，又能突出本土特色的活动，这样特色活动才能持续发展下去。单纯追求短期经济效益而开展一些短期的特色活动实际是损害了幼儿的利益，浪费了时间与精力，对幼儿的教育影响也不深刻与持久，有时还起反作用。

当然，特色活动的长期性是相对的，并非要一成不变，如果各方面条件都发生了变化，特色活动依然不变的话，则很快就会跟不上时代的步伐，因此，幼儿园还要注意根据条件与时俱进。

（三）全体性

这是针对特色活动的参与主体而言的。一些幼儿园对特色活动有所误解，以为特色活动就是为部分幼儿开展的"特长班"，如"珠心算""绘画班"等。真正的特色活动应面向全体幼儿，且幼儿全程参与。

（四）优质性

好的特色活动应该是优质的。特色活动应具有坚实的基础，是促进幼儿发展、为幼儿所喜爱的活动，经受过实践的检验。因此，在确立特色活动之前，幼儿园要发挥教师、幼儿、家长多方优势，充分论证，既要有创新，也要立足于幼儿园的自身资源与需要。杜绝一些为追求表面形式的新颖，而没有实质内涵的特色活动。事实上，在幼儿园的实际工作中，充斥着不少这样的特色活动，华而不实，不仅浪费了幼儿园的资源，也浪费了幼儿的时间，不能称为优质的特色活动。

四、特色活动与环境创设

幼儿的发展离不开与之相适应的环境。《幼儿园教育指导纲要（试行）》指出，"环境是重要的教育资源，应通过环境的创设和利用，有效地促进幼儿的发展"。特色活动的开展更是与环境息息相关，特色的形成需要在一定的环境基础上进行，特色活动的开展更需要以幼儿的经验、能力、兴趣、需要和活动的目标为出发点，整合利用一切相应的环境，具体表现为：

（一）环境影响特色活动的产生和发展

环境是幼儿发展和活动开展的背景。特色活动的产生依赖一定的环境，来源于幼儿的生活。

1. 特色活动的产生依赖幼儿园已有的物质条件

幼儿园应该充分利用本地、本园资源因地制宜地开展特色活动，这样才能保证特色活动开展时有源源不断的供给，真正打造有影响力的特色活动，从而促进幼儿园和幼儿的持续发展。如有的幼儿园在山区，可以开展与大自然相关的特色活动，而不需要一味地追求艺术、英语特色。有的幼儿园地处艺术类高校，幼儿也大多来自从事艺术工作的家庭，则幼儿园可以以艺术为特色开展活动。

2. 特色活动的产生还表现在对幼儿家庭环境的依赖，与当地人文环境有密切的联系

幼儿带着家庭生活环境的烙印来到幼儿园，在环境中积极主动地建构着个人

☞特色活动示例：惠州特产铺

的经验。因此，特色活动的产生需要教师认真观察幼儿在环境中的表现，也需要权衡可利用的环境资源。例如，"粤语童谣"特色活动的开展就是源于该幼儿园地处广州市的老城区，周边几乎都是祖祖辈辈生活在此的市民，日常口语以粤语为主，幼儿也多数来自这些以粤语为母语的家庭。以往，幼儿园为响应国家和社会发展的需要，提倡和教育幼儿说普通话，于是不少幼儿普通话流利，反而不会讲粤语，不会唱粤语童谣。而当幼儿回到家，也会出现这样的情形：幼儿听不懂、不会说粤语，爷爷奶奶、外公外婆又听不懂普通话，几乎无法沟通。这就引起了社会各界的担忧：传统的粤语文化会不会慢慢消失？如何保护粤语民俗，促进交流和沟通？成为大家思考的问题。在这样的情况下，幼儿园经过研究发现：讲粤语与说普通话并不是相互抵触的，粤语中不少优秀的文化需要不断地继承、发展；粤语童谣是适合幼儿年龄特点的一种粤语文化形式，其语言朗朗上口，很有韵味，有时还带有一定的故事情节，如《落雨大》《凼凼转》等，深得幼儿喜爱。当然，有些粤语童谣表现的生活离幼儿现在的生活有一定的距离，但可以加以改编，加进一些幼儿生活的内容，他们就容易理解了。因此，有这样的幼儿家庭和社区环境为背景，"粤语童谣"特色活动的产生就自然而然了。类似的生成于幼儿周围环境之中的幼儿园特色活动不在少数。

除了物质环境外，特色活动的开展还要依赖一定的精神环境。一般来说，特色活动的开展是建立在轻松平等的师幼关系、和谐的幼儿园环境和家庭环境之上的，需要幼儿园、家庭等多方面的相互支持和理解。

▶【案例 6-1】

幼儿园准备举办一次大型国庆节庆祝活动，教师和幼儿一起布置活动的场地。幼儿在墙上挂起了长长的彩带，并想在彩带上挂些漂亮的气球来增加节日气氛。可是，挂来挂去，他们老是觉得有些气球间隔得太远，有些又间隔得太近，试了多次，都不满意，有的时候还不小心把吹好的气球弄破了。教师并没有责怪幼儿，反而鼓励他们寻找更好的办法。整个活动都是在这样的愉快氛围中进行的，幼儿参与的积极性极高，活动也取得很好的效果。

上述案例充分体现了良好精神环境的重要性。如果幼儿处于高压环境中，非但特色活动的开展达不到预期的效果，甚至正常的教育活动也得不到保障。

（二）特色活动的开展反过来制约着环境的创设

活动的开展需要相应的环境，环境的好坏直接影响活动的质量。特色活动更是如此，特色活动的开展需要某些特定的材料、场地、时间以及来自各方面的支持和配合，这样才能体现出特色活动的独特性。一旦特色活动确定后，幼儿园领导、教师就要分析特色活动的开展需要什么环境，环境的创设就应该以此为出发点，并跟随特色活动的进程不断加以调整。特色活动开展对环境创设的制约主要体现为以下两个方面。

1. 物质环境

☞特色活动示
例：中药馆

没有相应的物质环境，特色活动几乎无法开展。如"我与植物共成长"需要有一定的场地，并种植相应的植物。进行"端午节"民族特色活动前期，为了能够让幼儿对端午节有深入的了解，园领导和教师需要在幼儿园和活动室等不同的地方布置相应的墙饰，并展示幼儿与家长一起收集的有关端午节的资料；活动当天，幼儿园还需要为幼儿的表演搭建舞台，在这样的场景中幼儿才能更好地朗诵屈原的作品，表演汉服走秀，亲身感受传统文化。包粽子比赛，相应的材料更是必不可少。"中药馆"特色活动的开展需要教师充分挖掘家庭资源，幼儿从家中带来了各种各样的中草药，从物质上保障了后续活动的顺利进行。有了这样的物质环境，特色活动的价值才能被充分地挖掘出来。

2. 精神环境

不少特色活动的开展需要幼儿有一定的知识经验，因此，为了更好地开展特色活动，教师要在常规活动中丰富幼儿的经验，让幼儿对特色活动可能涉及的内容有所认识和感知，这也是把特色活动融入常规活动的表现，还能让幼儿在体验到活动整体性的同时减轻教师的负担。在活动开展过程中，轻松积极的氛围是必不可少的，教师需要为幼儿提供尽可能多的机会，与他们一起创设环境，让他们主动参与、体验活动，支持幼儿的想法和做法。

五、特色活动环境创设举例与说明

目前，几乎每个幼儿园都有自己的特色活动，每个特色活动的开展都要依赖环境的创设。一般来说，特色活动的物质环境创设需要考虑以下几个方面。

（一）特色活动的理念和目标

环境要渗透特色活动的理念，突出文化底蕴。一所幼儿园要办好特色活动，必须用理论筑牢幼儿园创建特色活动的根基，并能根据教育改革与发展的趋势，不断丰富和完善自己的"特色理论"，保证幼儿园创建的特色活动具有旺盛的生命力。幼儿园要从本园条件、所处的地域特点、社会经济文化背景出发，以特色活动的发展理念为前提，充分挖掘、合理利用资源。许多幼儿园建园几十年，具有不少优良的传统，这些都是优质的资源。"如果我们能用今天的眼光处理好继承与创新的关系，重新挖掘历史中有生命力的、积极的东西，取其精华使之自然地、有机地融入现在，并不断加以丰富完善，就有可能形成自己鲜明的特色。"[①]

---

① 袁爱玲.学前创造教育课程论 [M].北京：北京师范大学出版社，2001：66.

因此，环境好不仅仅是指优美、整洁，它更多的是传递信息，通过一些载体和某种表现形式告诉外界其所蕴含的独特文化、承载的培养任务和独特的内涵。因此，积淀幼儿园的文化底蕴，是形成特色的关键。

特色活动的目标是环境创设的重要因素，不同目标的特色活动环境创设不同。如艺术特色活动要求环境偏艺术化，"文明礼仪"特色活动则要求环境更多呈现与之相关的元素。在特色活动开展的不同阶段，活动目标有所不同，环境创设还要注意随目标而变化。如幼儿园开展的"英语特色活动""英语口语演讲比赛"和"英语童话剧"的活动目标不同，对环境的要求也是不同的。

（二）幼儿园的资源和条件

特色活动的环境创设要考虑幼儿园自身的条件，并与其相适应，这样既能更好地开展活动，又能减少不必要的人力、物力成本。幼儿园条件主要包括幼儿园原有的环境、教师的水平和幼儿园的经费。环境创设并非要追求精美好看，实用应是环境创设的重要标准，应尽量利用幼儿园已有的物质条件，这样不但可以减少浪费，还能减轻教师和幼儿的负担，把有限的时间和精力更多地放在如何通过特色促进幼儿发展上。有时，幼儿园的经费有限，有些活动材料幼儿园可以自制，不一定要买现成的，而制作相应的活动材料本身就是特色活动开展的一个重要组成部分。此外，环境创设还应考虑教师的水平，如果教师的环境创设水平高，则可以对环境的审美、复杂程度有相对高的要求；如果教师的环境创设水平不高，一开始可将标准放低点，让其逐渐积累经验。

（三）幼儿发展的需要

特色活动的开展是为了促进幼儿的发展，因此，环境创设也要体现幼儿发展的需要。从环境内容来看，内容要健康、积极、向上，并与幼儿的生活紧密联系，来源于幼儿的生活；从环境创作主体来看，主体既应有教师，也应有幼儿，环境是为幼儿服务的，要体现幼儿的想法；从环境的布局来看，最佳高度应是幼儿看得见、摸得着的高度，能调动幼儿全方位的体验，激发他们的兴趣与求知欲，幼儿还可以及时变更其中的内容，增强对活动的兴趣和责任感。

（四）活动动态发展的要求

特色活动的开展是动态的，幼儿也是在与环境的相互作用中不断变化发展的，因此，环境的创设也应随着活动的开展不断地进行变化。也就是说，在特色活动开展的过程中，要不断评估所创设的环境与幼儿的发展水平，使环境与活动的开展相适宜。当发现环境不合适或活动已进入到另一个阶段时，教师就需要及时更新材料，在让幼儿对活动保持兴趣的同时还可以从环境中获得新知识、新经验、新发展，从而促进特色活动的顺利进行。

特色活动的环境创设主要从以下几个方面来看：一是园区公共环境；二是班级环境；三是幼儿园外的环境，包括家庭及其他环境。在此以某幼儿园特色活动的环境创设为例进行说明。

▶【案例 6-2】

"我与植物共同成长" ①

一、活动简介

（一）活动的产生

人类本性是喜欢亲近大自然的，随着社会的发展和城市化进程的加快，越来越多的幼儿远离了大自然，缺乏与大自然接触的机会，导致不少幼儿在人文、科学等方面素养的缺失，这些问题引起了人们的重视。《幼儿园教育指导纲要（试行）》更是在科学领域中把"爱护动植物，关心周围环境，亲近大自然，珍惜自然资源，有初步的环保意识"作为一项重要目标提了出来。于是，很多幼儿园在各班级设立了自然角，提供一些动植物供幼儿观察。但由于缺乏有计划、有目的的指导，幼儿的观察带有极大的随意性，一些幼儿新鲜感一过，就对这些动植物不感兴趣了。

为了培养幼儿仔细观察、探索植物的兴趣，南宁市第二幼儿园想出了一个好办法，开展全园性的幼儿观察记录评比活动。评比调动了教师和幼儿的积极性，不少教师有意识地指导幼儿进行观察、记录，慢慢地，幼儿的兴趣越来越大，各班幼儿还会相互交流自己班上植物的生长情况。一次，中班的一名幼儿对教师说了自己的想法："老师，要是我们幼儿园有个植物园就好了，我们所有的小朋友都可以一起观察、交流了。"

当时幼儿园在做园本教研活动，还不知道如何确定本园的特色园本课程，幼儿的提议给了幼儿园领导和教师很大的启发。可是幼儿园的场地十分有限，在哪里开辟"植物园"比较好呢？最后，经过一番考察和讨论，大家决定利用幼儿园教学楼的楼顶开辟"种植园"，并把这个特色活动命名为"我与植物共同成长"。

（二）活动的开展

确定好场地后，教师把楼顶的面积按班级划分为7份，每个班1份。土壤和肥料由幼儿园提供，但究竟种什么则由各班教师和幼儿共同商议确定，既可以是蔬菜，也可以是花卉，随季节而变化。不少班级也发动了家长，一起播种、浇水。

植物播种后，在天气好的时候，每天上午、下午各有一个时间段，

---

① 本案例根据南宁市第二幼儿园的观察记录和园长访谈整理。

教师会与幼儿一起观察、交流、记录，接孩子的家长也可以选择每周的三个下午跟孩子一起观察所种的植物。各班还在活动室的墙上开辟了一块空间，专门张贴幼儿的记录和发现，把特色活动融入班级的常规活动中。

在特色活动的开展过程中，幼儿经常会观察到一些没有见过的现象。例如，有一次，幼儿奇怪地发现：南瓜苗为什么只开花不结果呢？经过商量，他们决定回家咨询家长、查阅相关资料，最后形成共识：原来南瓜苗往往开了很多朵雄花之后才开一朵雌花。幼儿园为表示对幼儿的支持，在走廊上以展板的形式展示他们的发现及探索过程。

接着，幼儿又有疑问了：那么，雄花和雌花有什么区别呢？于是，周末很多幼儿自发要求跟爸爸妈妈去郊区观察南瓜花、咨询菜农，寻找雄花和雌花的差异……

在观察和管理植物生长的过程中，越来越多的家长也参与进来了，他们高兴地向教师反映：孩子有了很大的变化，每天早上非常乐意上幼儿园，急着去了解植物的生长变化，也善于观察生活中的变化了，知道了要爱护动植物，对学习充满了好奇心。听了家长的反映，园领导和教师更加肯定了这一特色活动开展的价值，并决定邀请更多的家长参与到活动中来，部分班级甚至全体家长参与。由于人员多，幼儿园又在旁边增加了三块地，由家长和孩子认种植物，培养幼儿的责任感和主动性。一些班级种植地的管理员还采取民主推荐的形式请家长来担任。其中一个班是由一名幼儿的奶奶担任管理员。这位奶奶有一定的蔬菜种植经验，她每天都会去关注蔬菜的生长情况，及时跟教师和幼儿分享。一天，她发现一些豆角熟了，担心教师和幼儿不能分辨生豆角和熟豆角，于是，她想了一个办法：每根熟豆角身上都用绳子绑一个蝴蝶结，以此来提醒教师和幼儿这根豆角熟了。

幼儿第二天进行观察时，发现豆角地里有了这些变化，在教师的引导下观察绑蝴蝶结和没绑蝴蝶结的豆角的区别。最后，教师请奶奶来评价大家的分析，并在这个基础上给别的班级的熟豆角绑蝴蝶结。

幼儿所有的这些活动都会被教师用相机记录下来。照片一部分用在班级墙饰中；一部分通过幼儿园大环境展示；还有一部分被教师放进幼儿的成长档案袋中，与家长共同分享幼儿的发展变化，并成为幼儿将来永久的记忆。

二、环境创设

（一）室外环境

1. 特色活动场地

把幼儿园教学楼的楼顶改成一个"植物园"，划分为 7 个班级区域，铺上泥土，让各班的教师、家长和幼儿体验种植的乐趣，发现大自然的秘密。

2. 幼儿园活动展示墙

依班级进行划分。随时根据幼儿活动的开展更新展示的内容，这些内容由班级教师和幼儿共同选择。

（二）室内环境

室内环境主要包括特色活动墙、家园栏和区角。

1. 特色活动墙

幼儿园每个班级活动室都设有一面特色活动墙，走进任何一个班级的活动室，看墙的内容，就会知道目前该班特色活动的进展情况。在特色活动墙的创设中，教师还会根据活动的需要把部分墙进行留白，让幼儿自行设计、自主探索，并把相应的活动记录和幼儿的观察记录在这里展示。自由活动时，幼儿们会聚集在这里交流活动的发现。随着活动的变化，教师会及时引导幼儿更换或添加新的内容，这样做增强了幼儿对活动的兴趣，并给幼儿提供了很好的锻炼机会。

2. 家园栏

家园栏及时通报特色活动的进展，让家长知道活动的开展情况，并把需要家长配合的方面告知家长。

3. 区角

区角中的美工区：投放各种废旧材料，鼓励幼儿用不同的工具记录自己的发现，表达自己的心情。

区角中的阅读区：提供相关的植物生长资料，幼儿根据观察制作的植物生长方面的自制图书。

（三）其他

相应器材的配备：每个班都配备一架数码相机和一笔洗照片的资金，及时记录幼儿在特色活动中的表现，方便与家长进行分享。

总结汇报和分享：每个月幼儿园都会有一次大型的集体总结汇报，幼儿园邀请家长参加，幼儿以照片、幻灯片和口头语言的形式汇报本月特色活动的进展。

在蔬菜成熟的季节里，幼儿园会邀请家长与幼儿一起分享自己的劳动成果。

在"我与植物共同成长"特色活动环境的创设中，幼儿园领导和教师根据活动的目的和进展创设了相应的环境。从活动的产生背景看，这个特色活动建立在幼儿已经具备一定的经验和兴趣的基础上，在幼儿园的实践中产生，与幼儿园的每一位成员息息相关，这为后面活动的开展和环境的创设提供了有利条件，人人参与、人人喜欢，并可以持续进行。先从物质环境的创设来看，既有幼儿园大环境，又有各班小环境。幼儿园大环境有特色活动展示墙，在幼儿园入园的必经之路上，每个月的总结汇报让幼儿园与家长更加容易沟通活动的进展；各班小环境有室内的特色活动墙、家园栏、区角，还有特色活动的成长档案袋等。此外，幼儿园还把家长吸引到活动中来，避免了以往的特色活动"幼儿园是主角、家长是观众"的现象，真正实现家园共育。从精神环境的创设看，首先，幼儿园、家长、幼儿之间的相互理解和合作是非常重要的；其次，幼儿全程参与活动，在活动中得到了锻炼，对学习更加充满了热情，避免了一些特色活动"只有形式，没有真正内容"的现象，充分挖掘了特色活动的价值。

▶【案例 6-3】

坚持以主体性发展游戏为特色，继续开辟园所建设新局面[①]

一、简介

红霞幼儿园始终坚持"以幼儿发展为本"的办园理念，以求真务实的工作作风和不断提升的工作业绩赢得了越来越高的社会声望。从2000年开始，用时10年不断摸索实践，总结经验，逐步形成了特色的主体性发展游戏活动，并于2006年出版了《现代幼儿园主体性发展游戏》一书，使经验得以推广。红霞幼儿园教师原创的游戏有一百多个，都是经过实践检验遴选的，并且有一个共同点——益智健身，适合幼儿身心特点，简单易学，自主游戏。游戏的组织者可以是教师也可以是幼儿，游戏的材料大多是生活中容易找到的物品或废旧材料。幼儿可以自由选择喜欢的游戏，选择玩伴，自主控制游戏时间，也可以确立新的游戏规则。经过不断地探索，2007年，红霞幼儿园将游戏的组织形式进行大胆创新，每月固定时间，各班活动室就是游戏区，向全园幼儿开放，幼儿带上游戏卡，结伴自由地选择游戏活动。2008年，幼儿园又将游戏扩展到室外，将操场分成十个游戏区，教师设计了主体性民间体育游戏，幼儿高兴地玩起了抬花轿、跳竹竿、老鹰捉小鸡等游戏。室外可选择的体育游戏有十多种，如球类、大绳、小绳、体操圈、体操棒等；室内可选择的体育游戏也有十多种。该园还创设了二十多种利用废

---

① 本案例根据黑龙江省示范性幼儿园园长培训经验交流材料整理。

旧材料开展的科技游戏，如磁场游乐场、静电游乐场、小小美食城、小小实验室等。幼儿动手动脑，学习粗浅的科学知识，了解自然现象、简单生活常识等，并且提高了动手操作水平。在促进社会性发展方面，该园开展了肯德基仿真游戏、招聘经理、动物运动会、环保小卫士、小小出租队等十几种主体性发展游戏。主体性发展游戏更新了教师的教育观念，在游戏活动中，教师使用鼓励性评价，促进幼儿创造力的发展。教师注重师幼互动，为幼儿创设平等、宽松、自由的游戏环境。

二、环境创设

（一）室外环境

特色活动场地：室外，将操场分成十个游戏区，教师设计了主体性民间体育游戏，幼儿可以自主选择。

（二）室内环境

创设了二十多种利用废旧材料开展的科技游戏。如磁场游乐场、静电游乐场、小小美食城、小小实验室等。

（三）其他

开展肯德基仿真游戏、招聘经理、动物运动会、环保小卫士、小小出租队等十几种主体性发展游戏，促进幼儿社会性发展。

红霞幼儿园针对主体性发展游戏所创设的环境具有以下特点：

第一，开放性。开放性表现在两个方面：一是活动空间面向全体幼儿开放。该幼儿园充分利用室内外空间，创设能使幼儿充分活动的游戏空间，为幼儿创造开展各种游戏的条件。"一个良好的游戏环境是一个渗透着教育者意图、充满智慧和儿童情趣的生活活动空间。它不仅仅是一般意义上的物质空间，而是一个布局合理、结构优良、材料丰富、儿童可以充分活动的游戏环境。为了达成这样的游戏环境，教师需要根据特定的课程目标与具体内容创设与课程主题相关的物质环境并营造适宜的心理氛围。儿童在这样的环境中，可以自主选择，自由、充分地活动，从而获得发展的关键经验。"[①] 二是保证幼儿充分的游戏时间。游戏时间的增加意味着幼儿有更多的自主选择、自主活动、自主游戏、自主管理的机会。该园既注重物质环境的创设，又在心理环境的营造方面上给予幼儿舒适的空间和自由度，充分体现主体性发展游戏自主、发展、愉悦、健身的特征。这种做法既促进了幼儿身体的生长发育以及社会性发展，也激发了幼儿的好奇心，满足了幼儿的情感需要。

第二，合理选择并提供充足多样化的游戏材料。游戏材料是开展游戏活动的

---

① 王春燕，陈倩巧．游戏整合幼儿园课程的可能性与策略［J］．学前教育研究，2008（7）：47.

基础和重要支撑。同时，游戏材料的丰富、适当与否，直接影响游戏的开展效果及质量。因此，红霞幼儿园为幼儿提供了各种类别、各种性质、各种用途的游戏材料，以确保主体性发展游戏顺利开展。事实也证明，充足且多样化的游戏材料不仅丰富了游戏的形式，也提高了游戏的质量和深度。

第三，教师是幼儿游戏环境的创设者。教师本身就是一个重要的环境资源，是幼儿游戏环境的创设者。同时，教师也是幼儿游戏需要的反应者，是游戏材料的提供者。教师不仅要有为幼儿创设环境的意识，还要给幼儿主动提供活动所需的一切材料。该园教师为幼儿自创的一百多个游戏，充分说明教师具有给幼儿提供各种资源的主动意识。

☞"我是中国人"主题环境图

▶【案例6-4】

"我是中国人"特色活动的环境创设①

一、活动设计意图

平时，大班幼儿经常会讨论自己所住的城市、所经历的独特节日、首都北京等话题，并希望进一步了解。因此，大班教师结合幼儿的生活经验和《3~6岁儿童学习与发展指南》的发展目标，选择开展"我是中国人"特色活动。活动从幼儿熟悉的本土文化入手，最终提升幼儿对家乡、对祖国的自豪感。

二、活动开展过程中的环境创设

主题确定后，级组所有教师首先开展主题审议，明确主题网络，以及各班确定的环境创设的风格及切入点，接着撰写主题环境创设方案，并发放主题倡议书，动员家长收集相关资料并合作创作。

主题环境创设根据主题开展进程而不断发展变化，分为环境创设前期、中期和后期。下面以其中一个大班为例进行展示。

（一）创设意图及理念

由于幼儿园地处东江边，根据东江文化建筑的特点，该班级利用收集的各种材料从整体上创设具有惠州"东江韵味"的环境。环境创设过程中落实"幼儿是环境创设的主人"的教育理念，如1.2m以下的主题墙、作品墙等位置留白，支持和引导幼儿根据主题的开展参与环境创设。

（二）创设过程

随着特色活动的深入，进一步落实"幼儿是环境创设的主人"的教育理念，幼儿和教师充分利用幼儿的探究痕迹和作品进行环境的创设，

---

① 本案例根据惠州市机关第一幼儿园提供的素材整理。

引导幼儿与环境积极互动，并发动家长参与环境创设。

在此期间，整个特色活动环境创设分为几个部分，下面以墙面部分为例说明。墙面背景是惠州老街房屋，包括：

（1）灵活的隐形教育大门（图6-1），大门两侧和里面可以随教育主题不同更换不同的素材，显示幼儿参与活动的轨迹，如这是"我去过的地方"。

图6-1　隐形教育大门

（2）幼儿参与性强的记录板，锻炼幼儿的思维能力。

（3）谈话用的活动板块"开门大吉"（图6-2）。

图6-2　活动板块"开门大吉"

（三）结束环节

利用幼儿的相片、记录表、作品等主题探究成果丰富环境创设，引导幼儿梳理知识经验，建构自己的知识体系（图6-3、图6-4）。

图6-3 主题探究成果展示（1）　　　图6-4 主题探究成果展示（2）

"我是中国人"特色活动的环境创设具有以下特点：

第一，遵循"幼儿是环境创设的主人"的教育理念。一方面，幼儿参与环境的布置和安排；另一方面，环境创设使用的材料主要为幼儿自己的素材和作品。

第二，环境创设融入了当地本土文化。东江文化是该幼儿园所处城市的文化，该班级利用幼儿非常熟悉的"东江文化"贯穿特色活动始终，让幼儿在进一步了解本土文化的过程中增强文化自信，萌发爱家乡的情感，并由爱家乡升华到爱祖国。

第三，环境随活动开展而动态变化。从环境创设过程中可以看到，环境创设与特色活动的开展相伴而行，从前期环境材料较少到后期越来越丰富。

第四，家长参与到环境创设中。教师通过发布倡议书让家长知悉幼儿园正在开展的活动，发动家长集思广益收集相关材料，并在活动过程中把家庭、社区本土文化积极地融入活动和环境中，让幼儿感受到教育与生活的整体性，有助于活动的持续开展。

第二节　环境与特色活动的配合

环境与特色活动之间相辅相成。环境制约着特色活动主题及方向，特色活动的开展反过来令环境具有生命力，动态地影响环境。

一、特色活动对环境的基本要求

（一）物质环境

1. 内容丰富、适宜，符合幼儿年龄特征

特色活动往往需要丰富、适宜的环境，因此，教师要充分利用室内外的地面、墙面和空间，尽可能多地为幼儿提供相关的信息和刺激，而且要更换方便。有时为了活动需要，教师还要布置一些大型的舞台或场地，如特色活动"童话剧"表演，教师需要与幼儿一起设计剧场背景。在进行环境创设的时候，不能全部用现成的材料或者教师的作品，应该有幼儿自己的作品，体现其作为活动主人的身份。

2. 幼儿、家长参与环境创设

教师、家长、幼儿三方面的参与，构成了特色活动的整体环境。活动是幼儿的活动，环境也应是幼儿的环境，环境创设是更好地促进幼儿发展的工具。作为自己的环境，幼儿有权利参与创设。教师可以根据不同年龄班幼儿的特点，适当地让幼儿分担环境创设的任务。同时，教师也可根据实际情况充分利用家长资源。如"安全教育"特色活动，有幼儿家长是警察，幼儿园通过联系，请警察家长来园给幼儿演示面对一些意外情况时的处理方法。除此之外，教师也应倡导和发动家长一起收集活动所需材料，这样不仅可以让家长有机会参与幼儿园特色活动的环境创设，了解幼儿园所开展的活动，增强家园沟通，也可以减少教师在进行环境创设时的工作强度和难度。

3. 规划、设计合理

幼儿园空间环境应进行合理规划，墙面布置和活动材料摆放的高度应该与幼儿视线的高度相适宜，让幼儿有充分的机会接触环境创设，让环境创设真正对幼儿园特色活动的开展起作用。大型场地的设计应体现幼儿的身心发展特点，避免过于精美化、成人化。有时还要考虑应对一些突发情况，如"环保"特色活动，在一次环保游园活动中，活动场地不够大，人多比较拥挤，教师事先没有向幼儿介绍活动的种类，导致一些活动拥挤不堪；而另一些活动却几乎无人问津。

（二）精神环境

只有全体幼儿全身心投入活动中，活动开展才能取得最好效果。因此，特色活动对幼儿园的精神环境也有一定的要求，主要体现在以下几个方面。

1. 尊重所有幼儿

在一些特色活动中，部分幼儿园领导和教师为了展示活动最好的一面，往往对参与活动的幼儿事先进行选择，表现好、能力强的幼儿才能参与活动，好的作品才能被展示出来，而能力稍弱的幼儿只能成为观众，甚至有时能力弱的幼儿被教师大声批评指责。这样的特色活动就失去意义了。

2. 建立优秀的教师队伍

要开展好幼儿园特色活动，必须有一支与之相适应的素质优良的教师队伍，这是幼儿园发展的坚强后盾。要着力建设一支热爱学前教育事业、勤奋好学、业务水平较高、师德修养好、团结协作、富有创新精神的师资队伍，使幼儿园特色活动的开展具有良好的基础保障。更为重要的是幼儿园上下全体成员有着一致的教育理念，有着共同的课程信念，并将这种教育理念和课程信念转化为自身言行、教育行为。

二、特色活动成果的展示

☞特色活动示例：绘汉服

（一）特色活动成果展示的价值

成果展示也是特色活动的一大特色，在特色活动中有着尤为重要的价值，既是幼儿学习的过程，也是成人了解幼儿的重要途径。幼儿园每一个精心准备的成果展示都向各位来访者、家长传达着幼儿园的办学理念、幼儿发展的动态等，一目了然，鲜活生动。特色活动成果的展示具有以下价值。

1. 从幼儿角度看

作为特色活动的主体，幼儿有权利也愿意将自己的活动成果进行展示。因为展示是自我成就体现的途径，提高幼儿的满足感，最终实现自我效能感。幼儿在特色活动中充分发挥主体意识，形成学习动机，进而将这种积极的情绪投入到各项活动中。展示既是幼儿活动成果的展示，更是幼儿内心世界向外打开的窗口和展台。从特色活动促进个性发展的角度而言，展示是发挥个体自由创作、交流合作的平台。

2. 从教师角度看

展示不仅仅是给幼儿提供的平台，也是教师了解幼儿，与幼儿对话合作的重要途径。展示是教学活动的最终归属，能充分体现教师的教育理念、专业素养、教学水平。评价教师在展示过程中的作用，重点是在活动的过程中，教师给予幼儿多大的自由发挥空间，给予幼儿多少及时且必要的帮助，是否提供了活动所需要的材料，是否激发了幼儿的创造力，是否关注了每个幼儿的表现，是否和幼儿进行了交流、沟通、合作。

3. 从幼儿园角度看

特色活动的展示不仅能体现园本活动的特色、课程开发的理念，充分发挥幼儿的兴趣和潜能，调动幼儿参与活动的积极性，更能增强幼儿园班际之间、园际之间、幼儿园与社区之间的交流与沟通。特色活动的展示是一个面向社会的开放性平台，这个平台让外界更广泛的群体有机会了解幼儿园，使幼儿园的园本特色能够得到更广泛的宣传，扩大幼儿园影响力，并能够及时了解社会的反响和建议，改进幼儿园的建设。

（二）展示的内容、场地和方式

特色活动的成果应依据活动类型和目标的不同有针对性地进行选择。同时，特色活动具有独特性、长期性、全体性和优质性的特点，在选择活动成果时，也要从这些角度出发进行选择。

1. 展示的内容

（1）成果可以是物质的，也可以是精神的

在选择特色活动展示成果时，师幼可以共同讨论哪些作品可以作为活动成果进行展示。如在"民族特色"艺术活动中，在活动中创作的刮蜡画、吹画等都可以作为成果进行展示，幼儿自己与家长制作的服装也可以作为展示的作品。活动开展过程中的一些教育故事、记录活动过程的图片也可以作为一种精神成果来展示。活动成果展示的顺序要科学、合理，避免杂乱无章。有时，一系列的特色活动分几个阶段进行，在这种情况下，活动成果可以分专题进行展示。

（2）成果可以是静态的，也可以是动态的

静态的成果包括作品、照片、资料等，如"陶艺"特色活动中幼儿做的陶艺品。动态的作品可以是一些表演、活动的现场汇报、评比等，如在"争做环保小卫士"特色活动中，其中一个展示是家长和幼儿一起用各种废旧物品如环保袋、报纸等，设计环保服装，然后家长和幼儿一起进行服装表演。

（3）成果可以是活动的结果，也可以是活动的过程

展示的成果可以是活动结束后的结果，如"快乐英语"特色活动中的"英语童话剧"表演。也可以是教师和幼儿在活动开展过程中克服困难的过程性资料。如"我与植物共同成长"中幼儿遇到的问题：小白菜的叶子为什么变黄了呢？怎么分辨玉米的雄花和雌花？什么样的玉米才是成熟了的？幼儿通过各种方式解决问题，在这一过程中，幼儿各方面的能力得到了很大的提高，这种活动过程性资料的展示可以激发幼儿的成就感和自豪感。由于幼儿识字不多，又处于具体形象思维阶段，因此，活动过程性资料的展示应以图片和实物为主，文字为辅。

总之，展示不应把走过场、赢得领导和同行的赞誉作为目的，而应从幼儿发展的角度出发，让全体幼儿都有表现的机会。展示可以分时期、分阶段进行，而不仅仅是一次性的结果展示。

2. 展示的场地

展示场地位置的选择要符合展示的目的。一般而言，静态的物质成果展示适宜在幼儿园显眼的长廊处进行，这样便于家长了解和交流。场地的布置要适合幼儿，幼儿是活动的主角。因此，布置场地时最好教师和幼儿一起进行。但一些大

的复杂场地，如舞台背景的展示则以教师为主，教师可以在宏观层面进行把控，幼儿可以针对细节提出修改建议。

3. 展示的方式

由于特色活动种类繁多，活动开展的阶段也有所不同，因此，展示的途径和方式是多种多样的，归纳起来有以下几种。

（1）展板

通过文字和图片的形式制作展板展示特色活动成果是常用的方式。如在"争做环保小卫士"特色活动中，幼儿园选取幼儿活动的照片和一些实物制作了活动展板，并配上了一些文字说明，让人一目了然，家长们也津津乐道孩子在活动中的表现。展板的空间相对有限，不能呈现全部的内容，另外，展板的制作费用相对较高，因此，展板不适合一些大型的特色活动。

（2）墙饰

墙饰（图6-5）是幼儿园特色活动成果展示的主要途径之一，它具有空间多、保存长久的优点。一些幼儿园把自己的特色活动成果粘贴在墙面上，并在墙饰外面装上玻璃。

图6-5　墙饰[①]

（3）活动档案

活动档案也是不少幼儿园展示和保存特色活动成果的一种方式，幼儿的活动照片、成果可以张贴在档案上，并加上文字说明；一些不能直接张贴的成果，可以拍成照片的形式保存。

（4）网站

为便于更多的关心幼儿园特色活动的人全面了解活动，一些幼儿园还开发了网站，及时发布特色活动的进展情况，并允许网友讨论和提出自己的建议。这些讨论和建议既扩大了特色活动的影响力，也促进了特色活动的更好

---

① 图片由广西壮族自治区教育厅幼儿园提供。

开展。

（5）汇报表演

一些特色活动是需要通过幼儿及时的表现来展示的，如"快乐英语"特色活动，最后以"英语童话剧"的形式展示特色活动的成果，让家长更好地了解幼儿在特色活动中所取得的进步。

（6）共同分享

有时一些特色活动成果展示可以采取共同分享的形式进行。如"我与植物共同成长"特色活动，每到收获季节，幼儿园都会邀请家长与幼儿、教师一起分享特色活动成果，共同体验参与活动的乐趣。

（7）走出幼儿园，面向社区

☞春江幼儿园区域特色活动环境布置表

《幼儿园教育指导纲要（试行）》提出："幼儿园应与家庭、社区密切合作，与小学相互衔接，综合利用各种教育资源，共同为幼儿的发展创造良好的条件。"社区资源包括社区软资源和社区硬资源。社区软资源包括社区成员和文化资源，社区硬资源包括服务设施、公共设施、绿化美化等。对于幼儿园的特色活动来说，面向社区不但能够宣传本园，让更多的人了解幼儿园的特色活动，也能让幼儿充分地展示自己，增长经验。特色活动的展示通常利用社区的公共设施，例如，城市幼儿园通常利用的公共设施有电影院、文化宫、博物馆、科技馆、公园、绿地等，如幼儿园经常利用附近的露天广场演出，有时将幼儿的作品陈列在广场。

街道办事处可以作为所辖行政区域的社区教育组织者、实施者、监督者、协调者，建立起街道牵头、社会参与、双向服务的运行机制，充分发挥各种资源的作用。建立以幼儿园为主体的活动性社区教育模式，幼儿园作为社区教育的组织者、协调者，利用自身办学资源和优势组织或参加各种形式的社区教育活动，并向社区居民开放园内特色活动设施。幼儿园可以充分运用社区资源设计关于特色活动的系列主题。

以上并没有穷尽特色活动展示的方式。在实际操作中，幼儿园应根据具体情况加以选择或创新。有时，一个特色活动成果的展示可以采取多种方式，全面展示特色活动成果。

阅读推荐

1. 赵明．幼儿园特色主题活动设计与实施［M］．北京：中国轻工业出版社，2017.

该书共五个专题：专题一"幼儿成长主题活动设计与实施"；专题二"节日活动设计与实施"；专题三"社会实践活动设计与实施"；专题四"园所文化活

动设计与实施";专题五"家园共育活动设计与实施"。每个专题都根据幼儿的年龄特点设计了不同的主题活动,且都有详细的教育活动案例。

2. 吴丹,陆瑾. 书香润泽心灵:核心素养背景下幼儿园"书香"特色课程的建构[M]. 上海:华东师范大学出版社,2019.

该书介绍了华东师范大学附属幼儿园的"书香"特色课程。"书香"特色课程从幼儿的生活、教育出发,以培养幼儿对中华优秀传统文化的亲切感和认同感为重点,以养成其"人文底蕴"为立足点,从"人文积淀""人文情怀""审美情趣"入手,通过"PLAY"(Picture books 书香美绘本、Lesson 启蒙幼学堂、Activity room 陶冶活动室、Yesterday 智慧博物馆)进行浸入式教育,成效卓然。

思考与探索

1. 简述幼儿园特色活动的特点。

2. 特色活动的物质环境、精神环境创设需要考虑哪些方面?

3. 特色活动成果的展示方式有哪些?

4. 调研你身边一所具有知名特色活动的幼儿园,追寻该幼儿园特色活动发展的历程,并分析影响其特色活动创建与开展的因素。

5. 幼儿园特色活动与园本课程的关系是什么?

主要参考文献

[1]爱德华兹，甘第尼，福尔曼.儿童的一百种语言——转型时期的瑞吉欧·艾米利亚经验：第 3 版 [M].尹坚勤，王坚红，沈尹婧，译.南京：南京师范大学出版社，2014.

[2]布拉德.0—8 岁儿童学习环境创设：第 3 版 [M].陈妃燕，苏丹，译.南京：南京师范大学出版社，2020.

[3]华生.行为主义 [M].李维，译.北京：北京大学出版社，2012.

[4]埃利奥特.0—5 岁：大脑发育的黄金五年 [M].章薇，译.上海：上海社会科学院出版社，2020.

[5]舒飒.心智、脑与教育：教育神经科学对课堂教学的启示 [M].周加仙，等译.上海：华东师范大学出版社，2012.

[6]斯泰茜.幼儿园探究性环境创设：让孩子成为热情主动的学习者 [M].康丹，陈恺丹，译.北京：中国轻工业出版社，2019.

[7]蔡秀萍.幼儿园探究式环境创设 [M].北京：北京师范大学出版社，2013.

[8]陈桂萍，郑天竺.幼儿园环境创设 [M].上海：华东师范大学出版社，2016.

[9]陈慧军，张肖芹.幼儿园环境设计与指导 [M].上海：华东师范大学出版社，2013.

[10]崔岚，许玭.孩子眼前一面墙：图解幼儿园班级主题墙的虚与实 [M].上海：华东师范大学出版社，2017.

[11]董旭花，张升峰，臧冬玲，等.幼儿园环境创设 [M].北京：中国人民大学出版社，2018.

[12]郭本禹.西方心理学史 [M].北京：人民卫生出版社，2019.

[13]郭力平，吴龙英.早期教育环境创设 [M].上海：华东师范大学

出版社，2019.

[14] 胡金平，周采.中外学前教育史 [M].北京：高等教育出版社，2011.

[15] 霍力岩，孙蔷蔷，等.学前比较教育学 [M].北京：北京师范大学出版社，2015.

[16] 金晓梅，李泠，李佳慧.幼儿园环境创设 [M].北京：北京理工大学出版社，2018.

[17] 刘晓东.学前教育学 [M].2 版.南京：江苏教育出版社，2009.

[18] 刘占兰.学前儿童科学教育 [M].2 版.北京：北京师范大学出版社，2008.

[19] 吕袁媛，华丽，王玉月.幼儿园环境设计的整合与创建：从"环境设计"到"环境布置" [M].北京：科学出版社，2018.

[20] 彭俊英，魏婷，欧阳新梅，等.幼儿园游戏活动的组织与指导 [M].北京：教育科学出版社，2014.

[21] 秦莉.幼儿园区域活动与环境创设 [M].重庆：西南师范大学出版社，2018.

[22] 邱学青.学前儿童游戏 [M].5 版.南京：江苏教育出版社，2020.

[23] 苏彦捷.环境心理学 [M].北京：高等教育出版社，2016.

[24] 汤志民.幼儿园环境创设指导与实例 [M].上海：华东师范大学出版社，2013.

[25] 唐淑.学前教育史 [M].北京：人民教育出版社，2009.

[26] 王海英.儿童视野的幼儿园环境创设 [M].北京：人民教育出版社，2019.

[27] 王小英.国内外学前教育改革与发展趋势 [M].长春：东北师范大学出版社，2017.

[28] 王振宇.儿童心理发展理论 [M].2 版.上海：华东师范大学出版社，2016.

[29] 杨枫.幼儿园教育环境创设与玩教具制作 [M].北京：高等教育出版社，2018.

[30] 叶浩生.心理学史 [M].2 版.北京：高等教育出版社，2011.

[31] 叶萍恺.幼儿园教育环境创设学与教 [M].杭州：浙江大学出版社，2017.

[32] 幼师口袋.图解幼儿园环境创设（上册）[M].上海：华东师范大学出版社，2018.

［33］幼师口袋.图解幼儿园环境创设（下册）［M］.上海：华东师范大学出版社，2018.

［34］虞永平，等.学前课程的多视角透视［M］.南京：江苏教育出版社，2006.

［35］张厚粲.行为主义心理学［M］.杭州：浙江教育出版社，2003.

［36］朱家雄.幼儿园课程的理论与实践［M］.上海：华东师范大学出版社，2010.

［37］丁海东.幼儿园区域环境的游戏性缺失与回归［J］.学前教育研究，2019(12).

［38］樊永玲.回归幼儿本真的幼儿园户外环境创设［J］.学前教育研究，2020(9).

［39］冯鑫.幼儿园开放性游戏环境的创设［J］.学前教育研究，2020(10).

［40］郭星白.幼儿园环境创设的策略［J］.学前教育研究，2012(4).

［41］黄豪，杨晓萍.走向符号实践：论幼儿园教育环境的意义创设逻辑［J］.浙江师范大学学报（社会科学版），2017(6).

［42］蒋晨.幼儿园支持性环境的创设［J］.学前教育研究，2013(2).

［43］李亚娟，于海燕.生态学视域下幼儿园环境创设实践的解读［J］.上海教育科研，2012(12).

［44］吴冬梅.幼儿园室内环境的教育价值及其创设［J］.学前教育研究，2009(10).

［45］杨恩慧.生态学视野下幼儿园户外游戏环境的意义、特征与优化［J］.学前教育研究，2021(4).

［46］叶明芳.促进幼儿与材料互动的主题环境创设［J］.学前教育研究，2017(2).

［47］张娜.幼儿园动态教育环境的创设［J］.学前教育研究，2009(6).